杨纪珂◎著

杨纪珂自述

THE AUTOBIOGRAPHY OF YANG JIKE

20世纪中国科学口述史

湖南教育出版社

《20世纪中国科学口述史》丛书编委会

主　编：樊洪业
副主编：王扬宗　黄楚芳
编　委（按音序）：
　　　　樊洪业　黄楚芳　李小娜　王扬宗
　　　　杨　舰　杨虚杰　张大庆　张　藜

杨纪珂（摄于2009年）

席泽宗序

正当 21 世纪开头的时候，湖南教育出版社策划编辑出版一套《20世纪中国科学口述史》丛书，有计划地访问一些当事人，希望他们能将亲历、亲见、亲闻的史实回忆口述，让采访者整理成文字和音像资料，为后人留下一些宝贵的文化财富。这是一件很有意义的事，应该得到各方面的支持。

口述历史很重要。《论语》就不是孔子（前551—前479）的著作，而是口述。这情形与希腊的苏格拉底（约前470—前399）及其以前的哲学家们相似。那个时代学者们还没有自己著书立说的习惯，思想学说都是靠自己口述而由门人弟子记录下来的。正如《汉书·艺文志》所说："《论语》者，孔子应答弟子、时人，及弟子相与言而接闻于夫子之语也。当时弟子各有所记，夫子既卒，门人相与辑而论篡，故谓之《论语》。"《论语》被奉为儒家经典，流传两千多年，一字值千金。我们当代人的所见、所闻、所历，不能与之相比，但"集腋成裘，聚沙成塔"，贡献出来，流传下去，对社会还是有益的。

司马迁著《史记》，上古部分文献太少，主要根据"传说"

席泽宗（1927—2008），天文史学家，中国科学院院士（1991）。

（一代一代"传"下来的"说"，即口述、口述、再口述），准确的年代只能从西周共和元年（前841年）算起，这不仅给年代学留下了一个空当，因而有今日的"夏商周断代工程"，还给后人提供了怀疑的口实。辛亥革命前后，国内外出现了疑古思潮，提出"东周以前无史"论，企图把中国文明史砍去一半。幸而这时在河南安阳殷墟发现了甲骨文，王国维于1917年写了《殷卜辞中所见先公先王考》及《续考》，指出甲骨文中发现的殷商王室的世系，与《史记·殷本纪》中所载相吻合，《殷本纪》中的口述记载只有个别错误。这就把中国有文字可考的历史，由东周上推了近千年。由此，王国维提出"二重证据法"："古书之未得证明者，不能加以否定，而其已得证明者，不能不加以肯定。"他又于1926年在上海《科学》杂志第11卷第6期上发表《最近二三十年中国新发现之学问》一文，指出中国历代出现的新学问大都是由于新的发现。他举了很多例子，最重要的是汉代曲阜孔壁中古文和西晋汲冢竹书的发现，说明新材料对于学术的推动作用。与此同时，胡适于1928年在《新月》第1卷第9期上写了一篇《治学的方法与材料》，进一步指出，我们不仅是要找埋在地下的古书，更重要的是要面向自然界找实物材料。他说："材料可以帮助方法；材料的不够，可以限制做学问的方法；而且材料的不同，又可以使做学问的结果与成绩不同。"他用1600年到1645年间的一段历史，进行中西对比，指出所用材料不同，成绩便有绝大的不同。这一段时间，中国正是顾炎武（1613—1682）、阎若璩（1636—1704）这些大师们活动的时代，他们做学问也走上了新的道路，站在证据上求证明。顾炎武为了证明衣服的"服"字古音读做"逼"，竟然找出了162个例证，真可谓小心求证。但是，他们所用的材料是从书本到书本。和他们同时代的西方学者则大不相同,像开普勒、伽利略、牛顿、列文虎克、哈维、波义耳,他们研究学问所用的材料就不仅仅是书本,更重要的是自然界的东西。哈维在他的《血液循环论·自序》中说:"我学解剖学和教授解剖学,都不是从书本上来的,是从实际解剖来的;不是从哲学家的学说上来的,是从自然界的条理上来的。"结果是,他们奠定了近代科学的基础,开辟了一个新的科学世界。而我们呢,只有两部《皇清经解》做我们300年来的学术成绩。

1915年《科学》的创刊和中国科学社的成立,标志着近代科学开始在中国落地、扎根,但成长、壮大、开花和结果,还有待于努力。中央研究院(1928)、北平研究院(1929)、中央工业试验所(1929)、中央农业试验所(1931)等国家科研机构的相继建立,《大学组织法》(1929)、《大学规程》(1929)和《学位授予法》(1934)等的颁布,都为科学的进一步发展提供了必要条件。至1949年,全国已有700多位科学家在200余所高等院校、60多个科研机构、40多个学术团体中工作。用卢嘉锡半开玩笑的话来说,"这是一支物美价廉、经久耐用的队伍"。李约瑟把他记述抗战时期中国科学家工作的一本书,取名《科学前哨》(*Science Outpost*)。他在序中说:"书名似乎应当稍加解释。并不是我们中英科学合作馆的英籍同事远在中国而以科学前哨自居。我所指的是我们全体,不论英国人或中国人,构成中国西部的前哨。""这本书如有任何永久性的价值,一定是因为它提供了一类记录(虽然不甚充分)……看到中国这一代科学家们所具有的创造力、牺牲精神、坚韧、忠诚和希望,我们以和他们在一起为荣,今天的前哨就将成为明天的中心和司令部。"

李约瑟的预言即将实现。1949年中华人民共和国的成立,为科学的发展提供了前所未有的有利条件。1956年制定的《1956—1967年科学技术发展远景规划纲要》，通过十几个重大项目、几十个重点研究任务、几百个中心课题，把第二次世界大战以来的新科学和尖端技术都涵盖于其中，下决心，攀高峰。据杨振宁搜集起来的10项产品的年代比照，我们的赶超速度是很快的。从原子弹到氢弹，我们所花费的时间最少：法国8年，美国7年，英国5年，苏联4年，中国3年，爆炸在法国之前。还要注意一点，别的国家的科学家，是全力以赴搞科学，中国科学家要政治学习、劳动锻炼、下乡"四清"，至于"文化大革命"那样的干扰，更是史无前例，就连"中国核弹之父"钱三强也不能幸免。1978年以后，抛弃以"阶级斗争为纲"，才把书桌子放稳，安下心来搞科研，然而在市场经济大潮的冲击下，也有新的问题。科学是没有阶级性的，但是科学家是在社会中生活的，科学事业是社会建构的一部分，都有时代的烙印。与过去300年相比，科学在20世纪的中国，特别是后50年，取得了举世瞩目的成就。总结这段历史经验，对于21世纪科学的发展无疑是有借鉴意义的。这项工作国内有许多人在做。

湖南教育出版社邀请有经验的专家组成编委会，派人准备从人物（包括科研组织管理工作者）、学科、事件等方面进行访谈和旧籍整理，这无疑是一种新的形式。口述历史虽然是历史学的最初形态，但那时没有录音、摄像等设备，也没有现在的严密组织准备，效果是不一样的。因此，我相信，这套书一定能成功，故为之序。

2007年10月于北京

杨纪珂自述
The Autobiography of Yang Jike
韩启德序

20世纪是中国社会巨变的一个世纪，也是中国科学大发展的一个世纪。

中国的现代科学是在西方科学传入之后发展起来的。远在明末清初，西方科学就传到了中国。但从明末到清末，300年的"西学东渐"，其主要成果不过是翻译介绍了一些西方科学著作，传播了一些科学知识。到了20世纪，中国才出现了现代意义的科学事业和科学家。

20世纪之初，在以"新政"为标榜的政治和社会改革风潮中，延续千年的科举制度被废除，近代新学制开始在全国范围内实施，现代科学被纳入我国教育体制，从此科学知识成为中国读书人的必修课程，科学观念逐步深入人心。"赛先生"与"德先生"成为五四新文化运动的两面旗帜。

20世纪二三十年代，特别是国民政府成立之后，国立和私立大学的科学教育和科研水平稳步提高，以中央研究院为代表的专门科研机构逐步建立，一系列专业学会成立起来并开展各种学术活动，奠定了我国现代科学各主要学科的基础。然而，

韩启德（1945—），病理生理学家，中国科学院院士（1997）。现任全国人大常委会副委员长，九三学社中央主席，中国科学技术协会主席。

日本侵华战争使我国刚刚起步的现代科学事业遭到严重摧残。抗战胜利后，内战又使科学事业在短期内无法恢复元气。

中华人民共和国成立之后，在中国共产党的领导下，科学事业受到前所未有的重视。建国后不久，国家就陆续成立了从中央到地方的各级综合性和专业性科研机构，调整和新建了一大批高等院校，组织实施了一系列重大科研计划。在20世纪的50年代末到60年代，以"两弹"（原子弹和导弹）研制、大庆油田的开发和人工合成结晶牛胰岛素等重大成就为标志，我国科学事业实现了跨越式的发展。不幸的是，不断升级的政治运动严重干扰和破坏了科学事业。"文化大革命"十年动乱，使我国科学不进反退，拉大了我们与世界先进水平的差距。

改革开放迎来了中国科学的春天，知识分子终于彻底摘掉了"臭老九"的帽子，我国科技工作者焕发出前所未有的活力。经过科技体制改革的探索，在20世纪末，我国确立了"科教兴国"战略。近年来，国家对科技的投入大幅增长，科研水平稳步提高，我国科学技术全面发展的时代正在到来。

一个世纪之前，中国的现代科学事业几乎还是一张白纸。今天的中国科学已经以崭新的面貌自立于世界。"两弹一星"、杂交水稻、载人航天等一系列成就，标志着我国科学技术事业的空前发展，同时也极大地提升了我国的国际地位。但我们也应清醒地认识到，我们与国际科学技术的先进水平还存在相当差距，我们仍然在探索适合中国国情的科技发展道路，建立完善的现代科研体制的任务还没有完成。

中国现代科学技术的发展既有顺利的坦途，也历经坎坷和曲折。艰苦的物质条件和严酷的政治运动没有动摇中国科技工作者的爱国报国之心和求索创新之志。为中国科学技术事业建立功勋的既有像"两弹元勋"一样的科学英雄，更有许多默默无闻、甘于奉献的科技工作者。他们的名字，他们的事迹，是中国现代历史中的重要篇章。比较令人遗憾的是，我们很少见到中国科学家的自述、自传一类的作品。因此，许多科学家的事迹，他们的奋斗与探索，还不大为社会所了解；许多珍贵的历史资料，随着一些重要当事人的老去而永远消失，铸成无法挽回的损失。

湖南教育出版社出版的这套《20世纪中国科学口述史》丛书，在一定程度上弥补了这个缺憾。口述历史的特点是真实生动、细节丰满、可读性强。这套丛书中，无论是口述自传、个人或专题访谈录，还是科学家自述，都出自科学家、科技管理者、科学普及工作者或科技战线的其他工作者的亲口或亲笔叙述，是中国现代科学事业的参与者回忆亲历、亲见、亲闻的史实，提供了许多鲜为人知、鲜活逼真的历史篇章，可以补充文献记载的缺失，是我们研究中国现代科学发展史的珍贵资料。同时，书中也展现了我国科技工作者爱国敬业、艰苦探索、勇于创新、无怨无悔的精神境界，必将激励后来者为发展我国的科学技术而努力奋斗。

近年来，访谈类节目在电视、电台热播，大受欢迎。我相信，《20世纪中国科学口述史》丛书也一定能赢得读者的喜爱，在我国科学文化建设中发挥应有的作用。故乐为之序。

2007年10月于北京

杨纪珂自述
The Autobiography of Yang Jike

主编的话

以挖掘和抢救史料为急务

  自文艺复兴以来,西方经过宗教改革、世界地理大发现、科学革命和产业革命,建立了资本主义主导的全球市场和近代文明。在此过程中,科学技术为社会发展提供了最强大的动力,其影响至20世纪最为显著。

  在从传统社会向近代社会的转型中,国人知识结构的质变,第一代科学家群体的登场,与世界接轨的科学体制的建立,现代科学技术学科体系的形成与发展,乃至以"两弹一星"为标志的一系列重大科技成就的取得,都发生在20世纪。自1895年严复喊出"西学格致救亡",至1995年中共中央、国务院确定"科教兴国"的国策,百年中国,这"科学"是与"国运"紧密关联着的。百年中国的科学,也就有太多太多的行进轨迹需要梳理,有太多太多的经验教训需要总结。

  关于20世纪中国历史的研究,可能是格于专业背景方面的条件,治通史的学者较少关注科学事业的发展,专习20世纪科学史者起步较晚,尚未形成气候。无论精治通史的大家学者,或是研习专史的散兵游勇,都共同面临着一个难题——史料的缺乏。

史料，是治史的基础。根据20世纪中国科学史研究的特点，搜求新史料的工作主要涉及文字记载、亲历记忆、图像资料和实物遗存这四个方面。

20世纪对于我们，望其首已遥不可及，抚其尾则相去未远。亲身经历过这个世纪科学事业发展且做出过重要贡献的科学家和领导干部，大都已是高龄。以80岁左右的老人为例，他们在少年时代亲历抗日战争，大学毕业于共和国诞生之初，而国家科学事业发展的黄金十年时期（1956—1966）则正是他们施展才华、奉献青春、燃烧激情的岁月。这些留存在记忆中的历史，对报刊、档案等文字记载类史料而言，不仅可以大大填补其缺失，增加其佐证，纠正其讹误，而且还可以展示为当年文字所不能记述或难以记述的时代忌讳、人际关系和个人的心路历程。科学研究过程中的失败挫折和灵感顿悟，学术交流中的辩争和启迪，社会环境中非科学因素的激励和干扰等等，许多为论文报告所难以言道者，当事人的记忆却有助于我们还原历史的全景。

湖南教育出版社欲以承担挖掘和抢救亲历记忆类史料为己任，于2006年启动了《20世纪中国科学口述史》丛书的工作计划，在学界前辈和同道的支持下，成立了丛书编委会，于科学史界和科学记者群中招兵买马，认真探索采访整理工作规范和成书体例。通过多方精诚合作，在近两年中已出版图书20种，得到了学术界和读者的认可。

近年兴起的口述史（Oral History）热潮，强调采访者的责任，强调采访者与受访者之间的互动，强调留下"有声音的历史"。不过，口述史内容的"核心"是"被提取和保存的记忆"（唐纳德·里奇《大家来做口述历史》）。把记忆于头脑中

的信息提取出来,方法上有口述与笔述之差别,但就获取的内容而言,并无实质性的差别。因此,本丛书当前在积极组织从事口述史采访队伍的同时,也积极动员资深科学家撰写回忆文本,作为"笔述系列"纳入本丛书中来。

科学,作为一种社会事业,除科学研究之外,还包括科学教育、科学组织、科学管理、科学出版、科学普及等各个领域,与此相关的人物和专题皆可列入选题。

本丛书根据迄今践行的实际情况,在大致统一编辑规范的基础上,将书稿划分为5种体例:

1. 口述自传——以第一人称主述,由访问者协助整理。
2. 人物访谈录——以问答对话方式成文。
3. 自述——由亲历者笔述成文。
4. 专题访谈录——以重大事件、成果、学科、机构等为主题,做群体访谈。
5. 旧籍整理——选择符合本丛书宗旨的国内外已有文本重新编译出版。

形式服务于内容,还可视实际需要而增加其他体例。

受访者与访问整理者,同为口述史成品的作者。忆述内容应以亲历者的科学生涯和有关活动为主线展开,强调以人带史,以事系史,忆述那些自己亲历亲闻的重要人物、机构和事件,努力挖掘科学事业发展历程中的鲜活细节。

书中开辟"背景资料"栏,列入相关文献,尤其注重未经披露的史料,同时还要求受访者提供有历史价值的图片。这些既是为了有助于读者更好地理解忆述正文的内容,也是为了使全书尽可能地发挥"富集"史料的作用。

有必要指出,每个人都会受到学识、修养、经验、环境的局限,尤其是人生老来在记忆力方面的变化,这些会影响到对史实忆述的客观性，但不能因此而否定口述史的重要价值。书籍、报刊、档案、日记、信函、照片，任何一类史料都有它们各自的局限性。参与口述史工作的受访者和访问者，即便是能百分之百做到"实事求是"，也不能保证因此而成就一部完整的信史。按名家唐德刚先生在《文学与口述历史》一文中的说法，口述史"并不是一个人讲一个人记的历史，而是口述史料"。史学研究自有其学术规范，不仅要用各种史料相互参证，而且面对每种史料都要经历一个"去粗取精，去伪存真"的过程。本丛书捧给大家看的，都是可供研究20世纪中国科学史的史料，囿限于斯，珍贵亦于斯。

受访者口述中出现的历史争议，如果不能在访谈过程中得以澄清或解决，可由访问者视需要而酌情加以必要的注释和说明。若对某些重要史实有不同的说法，则尽可能存异，不强求统一，并可酌情做必要的说明或考证。因此，读者不必视为定论，可以质疑、辨伪和提出新的史料证据。

本丛书将认真遵循求真原则和史学规范，以挖掘和抢救史料为急务，搜求各种亲历回忆类史料，推动20世纪中国科学史的研究！

欢迎各界朋友供稿或提供组稿线索，诚望识者的批评指教。谨以此序告白于20世纪中国科学史的研究者和爱好者。

樊洪业

2008年10月于中关村

2011年元月修改于中关村

杨纪珂自述

The Autobiography of Yang Jike

目录

前记	001
第1章 幼年时代	**002**
我的家世	002
跟爸爸妈妈念唐诗	006
妈妈和我们玩的游戏	009
爸爸爱听的琴声从街上传来	009
爸爸把我丢失在大街上	011
小兄弟间的两则小故事	012
军阀混战逃难的岁月	013
第2章 青少年时代	**016**
5岁上小学	016
昆虫:我在小学年代的玩具	018
初中年代的吉光片羽	021
离家上高中	025
怀念张枕蓉先生	028
光华附中的老同学们	031

	忆松江沦陷	032
	在日寇铁蹄下苟延残喘	036
	在上海孤岛的日子	040
	我行将入蜀，奋志欲埋头！	043
第3章	**大学时代**	**048**
	72道拐和24道拐	048
	上云南大学	051
	因病辍学	056
	我爱上了石拱桥	057
	严师出高徒	061
	教我们冶金学的王钧豪教授	063
	一位糟糕的好老师	064
	暑期矿山实习	065
	同窗益友	068
	我级一位同学的悲剧	069
	平越生活一斑	070
	终于毕业了	073
第4章	**大学毕业后的迷惘**	**076**
	在大渡口钢铁厂当工务员	076
	在仙女洞接受军训	078
	抗战胜利的一年	081
	汪安琦的烦恼和喜悦	084
	我经历了"昆明事件"	087
	一次千辛万苦的旅行	088

	青春作伴好还乡	092
	安琦和我先后赴美留学	094

第5章 在美国半工半读   100

    一次难忘的旅行   100
    在俄亥俄州立大学   101
    平民结婚前后   104
    牺牲两个博士换得两个佳儿   105
    抚育管教孩子的几点经验心得   107
    记一位朋友的来访   110
    怀念两位中国同学   111
    当上了炊事员   115
    帮余老板干的几桩杂事   115
    我成了美国工人阶级的一员   119
    两次经商失败的经验   121

第6章 在美国当工程师   126

    到朗乃法给水工程公司工作   126
    来到凡洛工程师事务所   129
    在福格森公司   133
    我们告别美国   138

第7章 在科学院工作   142

    在苏州和北京的休闲时光   142
    帮叶渚沛先生创建化工冶金研究所   146
    早期中关村生活中的喜与忧   149
    "雏凤"成了"内定右派"   153

	炼钢炼铁的研究	154
	异军突起：传播统计方法	158
	吟诗酬识华罗庚	163

第8章 "文革" 前后在中国科技大学　168
　　试图恢复生物统计学和数量遗传学　168
　　邓拓说我是个杂家　172
　　做了沈括《梦溪笔谈》的知音人　174
　　正式调至中国科技大学　176
　　"文革" 时期有了特务嫌疑　177
　　挽救优良地方纯种猪　184

第9章 无意之中步入政界　192
　　在全国科学大会上　192
　　李昌书记把我带进了农业现代化的领域　193
　　对宝钢上马放了一炮　195
　　出任安徽省副省长　196
　　对农村能源建设和环境保护所做的努力　199
　　寄语青年：保护中华大地　202

附录　205
杨纪珂年表　206
杨纪珂主要著述目录　209
汪安琦回忆文选　212
人名索引　275

前 记

父亲今年89岁了，年初因突发脑梗塞住院。病发的前一天，他像往常一样坐公交车去了单位，还去参加了一个会议。回想起来很后怕，发病幸亏在晚饭后，如果在去单位的路上，那后果是不堪设想的。

坐公交车上班，是父亲近年来非常自豪的一件事。他说这样既为国家节省了专车的费用，又锻炼了身体。父亲一生勤奋，有早起的习惯。他告诉我们，自己20多岁时是早上6点起床，后来每隔15年起床的时间就提前1个小时：三四十岁提早到5点，五六十岁到4点，七八十岁到3点。起床后阅读、写作、翻译。多年来父亲的译著加起来有数十万字。去年，父亲开始写这本回忆录，可惜，还没有来得及写从政以后的经历，"文革"期间的经历也只写了一小部分，他的身体已不能支撑这个工作量了。

在丛书编委会的建议下，由我代笔补充了第八、九章的内容，其中第八章的部分内容取材于方黑虎先生写的《杨纪珂访谈录》（《江淮文史》2009年第1期），也有一部分是我协助父亲回忆整理的。第九章里父亲当副省长以后的部分取材于父亲的口述、以前的文稿以及报刊上的访谈报道。最后都经父亲审定。

父亲原想为本书写一篇短短的自序，也已开始动笔拟提纲，说在他的成长过程中对他影响最大的人有两位，一位是他的父亲，一位是唐山交大的罗忠忱教授。而在他从政岁月中最为感激的人是万里和顾卓新。再往下……身体情况不好，致使他又搁下了笔。

母亲汪安琦生前写过多篇回忆文章，父亲本希望把这些遗稿单独出一本书，但后来没有精力办这件事了。丛书编委会认为，我母亲是遗传学家，父祖辈又是中国现代早期的教育大家，这些文章很有史料价值，因此决定将这些文章作为本书的附录，这也了却了父亲的一桩心愿。

写上这几句话，算是对本书完成的情况向读者做个交代。

衷心感谢方黑虎先生的工作，为本书提供了重要宝贵的资料；感谢杨小林女士的支持、协助，使父亲出版这本书的心愿得以实现。

杨周美
2010 年 7 月

每当我背书背得好，妈妈就拿出糖莲心、蜜枣给我吃。所以我不到六七岁就装了满脑子的中国古文经典，终身受益。

第1章 幼年时代

我的家世

我家世居松江县城南十二里的南村。始祖杨君锡是个算命先生,他从家乡浙江海宁一路替人算命,迤逦到了南村,娶妻生子,定居下来,成了当地农民。经过了砚岩、成嘉、德新、茂林、锦良、云亭、小云、凤皋,到我已是第十代了。到了第七代云亭公,以务农致富,至他的儿子小云,也就是我的祖父,竟成了村里拥有田产800亩的大地主。

云亭公活了81岁,我没有见过。只从春节祭祖时挂出的画像里看到他,是一位飘着鹤发白须的慈祥老人。我们都叫他"白须太太"(松江人称曾祖一辈,不论男女都叫"太太")。

祖父小云,我也只在他生前以及67岁死后各见过一次。印象中是个胖老头。关于他的故事,我知道的不多,但有一件事我却忘不了。我家有只祖传量米的斛(一斛是半石),是旁有两对木柄的量米用的梯形木容器。

和别人家的斛不同之处，在于这只斛的内底上钉了一块元宝形状的木块。这是祖父做的"好事"。那就是在佃农向他交纳租米时需用这只斛量米，有了这块木元宝在里面，农民每交一斛就可少交一升。于是农民说："杨昭相是好人，做了积德事。"农民叫他"杨昭相"，是对他的尊称。其实农民不知道，他丰年时贱买，荒年时贵卖，从中获的厚利远超过了这块木元宝。不然他怎能成为大地主呢？

祖父成了土财主后，想让孩子们读书。但是乡下没有私塾可上，于是请了一位松江城里的落第秀才钱韵亭来教凤鸣、凤皋、凤仪和凤章四个儿子。祖母头两胎生的都是女儿，照例是不读书的。她们早就出嫁，很早去世。我没有见过这两位姑妈，但见过姑父们。大姑妈有个女儿，是我的表姐，常来我家，我们叫她新姐。她和我年龄相差太大，从不理我，只和妈妈说得来。二姑妈有个儿子，叫吴文希，比我大十几岁，长得很帅，穿得也漂亮，学中医，写得一手好赵体字，是我小时候羡慕的对象。

我曾经见过父亲读过的《论语》《孟子》等书，封面上就是钱老师写的书名和父亲的名字，一手台阁体的绝好书法。据说祖母为了儿子们长大有出息，非常优待这位老师，除优俸外，膳食餐餐有鱼有肉。可是伯父凤鸣是个不争气的大少爷，婚后染上了比抽鸦片还高一等的打吗啡针（土话"戳药水"）的恶习，早早死亡；五叔凤仪虽然不吸毒，但不爱读书；六叔凤章是个哑巴，潜心作画；只有爸爸凤皋能跟着老师用心读书。祖母在邻居因霍乱去世前往吊唁时不幸染病，回家后也去世了。

那时候风行留学东洋，于是父亲成年后和他的小舅舅蒋醴生一同去日本学法律。在日本，父亲加入了同盟会，拜章太炎为师，并订了份中国同盟会的机关报《民报》。两年后正在学有所得之时，父亲不幸得了严重的胃病，只好回乡在家养病，病愈后就到松江拜访地方上的士绅。其中有位中过举人的黄渊甫对他特别赏识，就把女儿许给他为妻。富家的小姐嫁到农村土财主家，旧习难改，奢侈一如既往。翌年生了大哥纪璋，隔两年后生了二哥纪瑜，不幸到生第三胎时，却是由于难产，母子俱亡。父亲25岁时续娶了我的母亲，她当时24岁。

现在需要讲讲我母亲的家庭。她的父亲也就是我的外祖父是当师爷的，所谓师爷乃是军事或行政长官的参谋或者幕僚，都必须具备办理公务和出谋划策的能力。他在当师爷时收入足以维持家用，在松江南门外有所住宅。据母亲告诉我他最喜爱她，说她聪明，要是个男孩肯定会出人头地。但外婆对她不怎样，不让她读书，只让她干活。外公早死，一家没有了经济来源，她就更苦了。那时从浦南进城到岳庙烧香的农民都要路过南门外的外婆家门口，外婆就糊纸元宝卖给他们以维持一家生计，母亲于是成了外婆不给工资的劳动力。母亲小时候得了疟疾和乳痈也无力看病吃药，母亲的疟疾经历了8年才自然痊愈，她的乳痈愈后只剩了一个乳房。一个小女孩子带病还要干活，苦难之深，无法想象。

母亲嫁到南村时，两个叔叔都成了亲，也分了家。父亲分到的家产已因奢靡而中落，母亲嫁过来时已负债累累。当时母亲鼓励父亲振作起来，不顾他人耻笑，内外操劳，克勤克俭。

祖父续娶了三次，每次都是继妻死后续娶的。母亲所遇到的是第四个继婆婆，是个悍婆婆。那时大伯母念佛守寡，还能藏拙。但包括母亲在内的其他三妯娌却没有好日子过，几乎天天挨这位婆婆的咒骂。旷日持久，儿子和媳妇们都受不了，只好搬家分居。父亲和五叔搬到松江城里，六叔搬到南村所属的张泽镇。

母亲嫁过来后第二年（1917年）就生了我的三哥纪琬。这样，母亲必须带三个孩子过日子。母亲的勤俭持家有了成绩，一家搬到松江，在东门附近租了房子住。1921年农历十一月初六（12月4日）生下了我。生我的那天，用历年所积蓄的钱赎回了过去典出去的水田72亩，于是家庭经济状况脱离了赤贫。

1923年母亲生下了第三胎，是个女婴。不巧的是当天来了一位亲戚，她是母亲家领养的小妹妹，我们叫她小娘姨。她嫁在农村，家境贫困，时常向妈妈借钱。这次她来又是借钱的。见到了这个婴儿，竟起了一个歪念头。她对母亲说："你已经有了四个男孩，干吗还要这个赔钱货，把她挤脱（土话'送掉'）算了。"她不等母亲回答，抱起小妹妹三脚两步就走了。母亲眼看她抢走了孩子，两泪直流。想想也确实无力抚养第五个孩子，只好罢了。这个小娘姨把孩子送到了接收婴儿的天主教堂。当时松江天主教建了教堂，收受弃儿。在教堂大门口装了个大抽屉，旁边安了拉环，环上接根长线通到里面的铃铛。送婴儿的人把抽屉打开，放进婴儿，抽动拉环，里面铃声一响，就有白头嬷嬷（修女的俗称）出来抱走婴儿，并在抽屉里放一包铜板（100枚制钱十文的铜币，大约相当于100元人民币，那时候1元银洋可兑300个铜板）作为弃儿人的资助钱。小娘姨回来对我妈妈诉苦："家里穷，揭不开锅了，这包铜板姐姐就做好事借给我了吧。"事后，我突然发现新生的可爱的小妹妹不见了，大声嚷嚷，到处寻找。母亲两眼滴着泪，抽泣着一句话也说不出来。后来我家境好些，就到天主教堂去寻找这个小妹妹的下落，原来由天马山的一家船户领养去了。我们去天马山找到了那家船户，据告这个婴儿只活了几个月，夭折了。

母亲多次向我提到比我大8岁的二哥纪瑜。告诉我二哥最喜欢我，常常抱我、亲我、逗我玩，分担了母亲许多带我的工作。可是二哥不幸于1924年因病去世，母亲非常悲痛。每年清明全家到祖坟扫墓时，母亲一定要在二哥的坟前大哭一场。

1930年的一天，祖父中风突然去世。消息很快传到松江，父亲和五叔立刻率领全家回到南村奔丧。大家等着祖父的儿孙们到齐后将他入殓。我看到了祖父的遗体，好几个人七手八脚用丝绵把他全身缠绕裹紧，然后穿上了多件长袍马褂，戴上帽子。然后由父亲和叔父们合力把他抬进一口大棺材里，全部亲人都一齐跪下大声号哭。最后由父亲和叔叔们钉上了棺盖，入殓就宣告结束。这也是我第二次见到一辈子没有和我说过一句话的已经去世的祖父。当时我听到客人们说得最多的一句话："昭相真好福气！"此外，天天都听到那个专会骂我们的继祖母的号哭声。当然，她边号边骂，骂杨家除她和她自己的女儿以外所有的男女们。

1934年我在上初中时，我家已经搬到娄县街后靠河的房子里和五叔一家合住。一天半夜，人声嘈杂，一看从后面河里来了一艘船，装了一船的家具，正在用绳子一一往上吊。原来那个继祖母去世了，三个儿子把老家的家具瓜分后运走。她留下个女儿佩荑，也就是我的小姑妈，当时只有17岁，正在上学。她的母亲死后，除哥嫂外，没有别人照管，从此就在我家和五叔家轮流住。她生性善良，脾气很好，和我们和睦相处，纪琬还处处护着她。后来嫁给了纪璋的表弟黄载燧。

我家还有不少伤心事。我姊妹弟兄总共8个，除了二哥纪瑜和送走的小妹妹夭折外，还有两个夭折的弟弟和妹妹：纪瑾比我小4岁，20岁时死于心脏病；纪玫比我小12岁，3岁时死于伤寒。其他四个都长寿：纪璋86岁时死于肺炎，纪琬81岁时死于癌症，我和妹妹纪回至今健在。

跟爸爸妈妈念唐诗

我小时候爱哭，经常尿床，更爱缠着妈妈一直要她抱，因而是个不讨人喜欢的孩子。爸爸是不干活的,他老爷气特别重,一天到晚埋头于他酷爱的古文学。家中藏书很多,只要一卷在手,他便咿唔吟诵,怡然自得,而生活全靠妈妈侍候,竟把妈妈的名字改为孙士莪。士莪的谐音是侍我,就是要妈妈侍候他的意思。其实妈妈侍候全家,包揽了全部的家务事。她起早贪黑,一直没有怨言。直到纪璋 13 岁、纪琬 7 岁、我 3 岁(纪瑜上一年 10 岁时病逝)时,由于我的恶习,妈妈开始有了怨言,说带我带得好苦,后来刚出生的小妹妹被小娘姨抢去送到天主教堂,没有抢回来,也是因为带我带得太辛苦,如果再添上一个,那真要逼死她。我想那个小妹妹好可怜,就是因为我爱哭、尿床、要妈妈抱,白白送了她的小性命。这件事我到老还恨自己。

杨纪珂,1925 年(4 岁)

妈妈是个文盲,爸爸就在妈妈休息的时候教她学文化。内容之一是孙中山写的《建国方略》和《建国大纲》,内容之二是《唐诗三百首》。妈妈很用功,逐渐能读书念诗了。

我 5 岁了,喜欢玩蚂蚁。方法是把拍死的苍蝇放在一只蚂蚁的近处引它来搬,我用一指压住苍蝇的翅膀,蚂蚁在左搬右搬都搬不动后,就匆匆忙忙回洞。往往一进洞口,瞬时就引出来长长一串的蚂蚁,它们排队循原路找到那只苍蝇,我松开手指,看着它们齐力把苍蝇搬回洞里。这个过程煞是好看,让我着迷。如果捉着只蜻蜓,用它引蚂蚁,就更好玩。

爸爸天天教妈妈唱唐诗中的《长恨歌》时,我在阶下看蚂蚁搬苍蝇。

有一天,爸爸妈妈念到"渔阳鼙鼓动地来,惊破霓裳羽衣曲"时,我突然接下去"九重城阙烟尘生,千乘万骑西南行",而且一直念到通篇结束。他们不相信自己的耳朵,叫我再念,竟把《长恨歌》从头到尾背出来。爸爸大为惊奇,说:"这孩子是我家白眉!①"从那时起,我能背诵的唐诗就越来越多,而且学爸爸朗诵的腔调,学得很像。但是我还是爱哭,晚上尿床,还贴着妈妈要她抱。

1925年弟弟纪瑾出生,妈妈带了一年的婴儿后,实在吃不消了,对爸爸诉苦。爸爸说:"送羌儿上学吧。"母亲说:"羌儿还太小,能行吗?"爸爸说:"唐诗都背得出好多篇了,学校准保会收他。"羌儿是我的小名。爸爸因晋朝有个女诗人谢道韫的哥哥叫"胡儿",就仿照他起了"羌儿"这个奇怪的小名给我。于是哥哥称我"羌弟",弟妹称我"羌哥",一直到老,几个侄儿还称我"羌爷叔"。

那时候还没有幼稚园,只有小学校,6岁儿童可上一年级。1926年秋季,爸爸到附近的杨家桥小学为我以虚岁作为实岁报了名,学校收下了我。于是虚岁6岁,其实只有5岁的我,居然成了小学生,上学了。每天放学回家,爸爸都另外再给我上课,教我在学校里学不到的《四书》《诗经》《史记》《汉书》和唐诗宋词。他朗诵一句,我跟着他的音调也朗诵一句。他要求我背下来,我每一篇念上两三遍就能背出来,所以他很喜欢我。背书时妈妈也在旁边鼓励我。每当我背书背得好,妈妈就拿出糖莲心、蜜枣给我吃。所以我不到六七岁就装了满脑子的中国古文经典,终身受益。

---

① "白眉",典出《三国志·蜀书·马良传》"马氏五常,白眉最良"。

妈妈和我们玩的游戏

上小学的时候，除了文学，我对地图也产生了很大的兴趣，简直着了魔似的。爸爸告诉我祖国怎么大，物产怎么丰富，以及建设东方大港和铁路系统等许多从来没有听说过的事。当时虽然一知半解，但印象极深。稍大一点，我就和二哥在世界地图和中国地图上做找地名的游戏，妈妈出题并当裁判，让兄弟们赢核桃仁吃。其实谁要是输了，妈妈暗地里还是给他补足。

妈妈为了省下钱来给我们缴学费，从小不买什么玩具给我，但她并不是不给我玩具。我家住在九曲弄黄宅时，屋后有片竹园。到了夏季晚上，竹园里的纺织娘叫得一片响。妈妈提了一盏灯叫我带只口袋去园里捉纺织娘。妈妈用灯一照，纺织娘在光下不能动弹，我们见一只捉一只，放在袋里，不一会就捉了七八只纺织娘。带回屋里把它们放在蚊帐里，熄灯后就会听到它们发出鸣叫声，唧唧复唧唧，胜过催眠一曲也。早上醒来，绿色的纺织娘零乱地把白色蚊帐点缀得异样光彩。妈妈不费一文钱，为我增添了有趣的玩具，爸爸看了也喜欢，点头说道："这也许就是《诗经》里提到过的'螽斯'吧！"

爸爸爱听的琴声从街上传来

爸爸爱听从街上传来的琴声。琴声出自谁呢？

原来松江城里有位算命先生。他是个盲人,却弹得一手好听的弦子(一种古老的弹弦乐器)。当由他的女儿搀扶着在街上慢慢地一边走一边弹琴时,那悦耳的曲调就自远而近地传到一家家的堂屋里,也传到了爸爸的耳里。爸爸其实并不想请他进来算命,但为了欣赏他的琴声,一听到他远处的琴声,就让我们快去把他请进来。爸爸呢,听琴是主要的,算命是次要的;那位算命先生呢,赖以为生的算命是主要的,作为招牌用的弹琴是次要的。他每算一次命,就弹奏一支好听的曲子让大家欣赏。就这样,爸爸请他把我们六人的命一一算过,就可以欣赏他弹奏的六支曲子。

轮到算我的命时,爸爸说:"请再算算我家的羌儿:他生于民国十年(1921年)十一月初六夜里10点钟。"说来令人费解,这位算命先生也真有本领,他能够掐着手指在极短的时间里报出我的"八字"。他说:"羌官(松江那时以小孩的小名后加个'官'字作为对他的客气称呼)的八字是辛酉·己亥·辛丑·己亥(就是说我生于辛酉年、己亥月、辛丑日、己亥时)。"他又不断掐着手指,嘴里念念有词,不一会,就说道:"论起这个命来,却有个格局,叫做'蝴蝶双飞格,缺着一只脚'。(松江口音中'格'和'脚'同韵,因此这两句是押韵的。)你们这位羌官,命中要交好运,将来要做到省长哩!"大家听了都很高兴。这位先生客气地收了妈妈付给他的六人算命钱,告辞走了。我们再一次听到他那悠扬的琴声从近到远,逐渐衰减下去,最后消失在空中,余音还袅袅于耳,都叹息这位盲人不幸的命运,但也非常钦佩他那精巧动人的琴艺和那敏捷准确的算术。

对这个故事,妈妈很认真,后来又讲过多次,所以至今还记得。后来到59岁时我当了安徽省副省长,距当省长还差一级。到76岁当上中国致公党中央常务副主席时,才成为正部级干部。小时候算命先生的话虽然有点应验，我看也不过是巧合罢了。

爸爸把我丢失在大街上

有个星期日，爸爸说带我到大街上去玩，我就兴冲冲地跟他上了街。爸爸带我走的方法很特别：他伸出右手食指，我用左手捏住它跟着走。好像不是他牵着我，而是我牵着他。我边走边看街上的景致，出了神，不知什么时候我把手松开，脱离了他的食指。他呢，自顾自地径直往前走，走了一会儿，回头一看，啊哟，羔儿呢？哪里去了！急得一头汗，到处找也找不到。我走啊走，突然发现爸爸不见了，于是在街上大声号哭起来。这时过来一个警察，把我带回派出所，问我住在哪里。我会说我家的住址和姓名，就一边抽泣，一边说："住九曲弄黄家，姓杨。"这位好心的警察对我说："不要哭，我送你回家。"到家时，全家正在惶急。那位警察很好，妈妈送他钱，他也不要，只对爸爸说"以后带孩子出门得小心"就告辞走了。那时社会上拐男孩的案子相当多，要是我遇到的不是那个好警察，而是个拐孩子的坏人，那我的一生肯定是另一种情况了。

爸爸有点惭愧，刚好门外来了个卖赤豆汤的担子。爸爸掏出两个铜板买了碗赤豆汤给我吃，算是压惊吧。大家都在七嘴八舌夸奖我能够说得出家的地址。我呢，只觉得这碗赤豆汤真好吃，终生难忘！

小兄弟间的两则小故事

纪琬哥生于 1917 年农历九月廿六，比我大 4 岁。自二哥纪瑜去世后，就只有他带我了，我于是叫他"阿哥"，很亲密。妈妈虽然不识字，但有一个特长，那就是会心算，两位数的乘法算起来百拿百稳。我和哥哥受妈妈的影响心算也很熟练。哥哥还跟妈妈学会了识秤，所以虽然只有七八岁，可妈妈叫他上街买菜从来不吃亏。我感到这个阿哥真了不起，于是什么事都学他。妈妈经常笑我们，说："大狗爬墙，小狗看样！"后来哥哥成为会计泰斗，以及我搞统计，都和妈妈的熏陶分不开。

一天，妈妈叫大小"狗"上街买酱油。那时候买液体商品必须自带瓶子，阿哥在瓶口下面用细麻绳结了个瓶扣结，买好酱油用手拎着。两个人兴冲冲地走回家，却不料半路上只听得咣啷一声响，阿哥脚滑了一下，把瓶子摔在街心。瓶子一碰到石板地，立刻粉碎，酱油也洒了一地。两人吓呆了，只好空着手回家。妈妈问："酱油呢？"阿哥不吭气。我说："阿哥不小心摔了！"满以为妈妈会责骂阿哥，谁知妈妈一声也不吭，反而问阿哥："割破手没有？"

这是我记得的小时候一则小故事，另一则小故事说来话长。

爸爸有位远房的表哥，名叫金庆章。他比爸爸早些时候去日本留学，学外交；回国后派在朝鲜仁川（现韩国仁川）当领事。几年后回国，时任江苏省省长的南社学者陈陶遗任命他为江苏宝山县县长。由于政绩颇佳，几年后又升任他为松江县县长。那时候这两县都属于江苏省。

有了这门亲戚，妈妈又因为我命中说是将来要当省长的，就撺掇爸爸设法去金县长那里攀个官亲，让他认我为干儿子。爸爸写信给金县长一提此事，他就同意了，并回信请我们一家到宝山县去认亲。

宝山县城极小，站在城中的鼓楼上，四个城门都能看得见。金县长的住宅设在县衙门后面的一个院子里，他高兴地招待我们一家在厢房里住。我和阿哥挤在一张床上，但到了下半夜，我却被他从梦中推醒。原来他尿了床，床褥尽湿。他悄声央求我代认此事，为他遮羞。我一向对他唯命是听，也就认了。第二天早上，来收拾房间的阿姨叫起来了："喔！杨家阿官尿床啰！"妈妈知道了，很难为情，抱歉地说："太不好意思了，羌儿从小就有这个坏毛病，真对不起！"就这样，我顶了阿哥的丑事，但他竟没有向我道谢。我当时认了金庆章当干爸，由于会背诵唐诗，大家都在夸奖我，并没有提起尿炕的丑事，由于正在兴头，倒也不在乎。

这桩小故事我替阿哥隐瞒了80多年，直到现在他已经作古多年。

军阀混战逃难的岁月

1924年9月，直皖战争爆发，直系军阀江苏督军齐燮元于上海郊区攻击皖系军阀浙江督军卢永祥（称江浙战争，又称齐卢之战），于是松江就成了两军混战的战场。卢军战败，败兵逃散后四处掳掠烧杀，全县10多万人纷纷逃难。到了原本是春节喜庆的日子里，松江却成了一座空城。我家因妈妈即将生我弟弟，不能行动。挨到1925年1月28日（农历正月初五）临盆前，想找一个当地的产婆也找不到，只好自己用碎瓷片割断脐带，产下了弟弟纪璀。三朝，爸爸就挈妇带雏离家逃难。半路上，爸爸被几个散兵逮住，叫他挑他们抢掠所得的东西。正在惶急之际，恰巧走过一个比爸爸壮健的男子,于是散兵就推掉了瘦弱的爸爸而逮住了那个男子。爸爸总算逃过了这一劫。

后来我总是这样想:那次爸爸如果被那批败兵劫走一去不回,那我们一家也可能遭遇非常悲惨的命运。妈妈独自带4个男孩,贫困是最可能的后果。如果这样,我们一定上不了学,也不可能过今天这样的日子了。命运作弄人,在乱世的年代里,往往是在一瞬之间,就轻易地改变了你的一生。想起来有点毛骨悚然!

在那个时候，全家能够苟延残喘，保住性命，已是大幸。

第2章 青少年时代

5岁上小学

实足年龄只有5岁的我,居然成了小学生,上学了。

校门口有家修鞋店,妈妈送我上学时先到这家店里把我托给店主,放学时请他照管我一下等她接。但放学后我在店里不见妈妈来,就放声大哭,店主怎么劝说也不行。妈妈老远就听到我的哭声,狼狈奔到店里抱起我,可我还是哭个不停。那时府前有家热闹的馒头店,叫"凌子奶馒头"(土话称包子为馒头)。这家店里做的豆沙馒头是最有名气的。妈妈为了让我不再哭,就到府前"凌子奶"买了个豆沙馒头给我。我收起眼泪,双手捧着吃得津津有味,当时,这个馒头好像有现在的两三倍大。

在班上,我是最小的小鬼。老师教我们学注音字母,我学得还不错,回家后,就背给爸爸妈妈听:"ㄅㄆㄇㄈ、ㄉㄊㄋㄌ……"很得意。老师也觉得这个小鬼还不错。然而有一天,正在上课的时候,突然教室里散发出了臭气。老师捂着鼻子说："有猫屎臭！"同学们也都捂着鼻子。大家满地一找，竟在我的课凳下发现一粒硬屎。于是我在班里有了个"拆污囡"（土话称屎为"污"）的外号，谁也不喜欢我。可是老师因我读书比其他同学好，喜欢这个还穿着开裆裤的小鬼，没有责罚我。

我家搬到松江城里时最早在东门租屋住，后来搬到九曲弄，到1929年搬到了娄县街。我也转学到观音桥小学上四年级。这所小学被定为松江县的实验小学，采用新的教学方法，课程内容也有了很大的改进。校长屠佩荑是师范大学毕业生，她的丈夫沈联璧是松江县立中学校长。跟杨家桥小学不同的是观音桥小学有个大操场，课间一刻钟我们都在操场上大玩而特玩。

我8岁，是个相当顽皮的男孩。教我国语的姓张，这位张先生对我可不喜欢（当时称老师为先生）。我在班里最小，同班的大孩子有的比我大三四岁，经常欺侮比他们小的同学。我也是其中被欺侮的对象之一。一次，我被他们欺侮过后实在气不过，就在当天的作文上摆事实，骂他们，并对其中的一个恶人用"它"作为他的代词。交卷后第二天，那位张先生一上课就恶狠狠地走到我面前，把我写的作文扔给我，并屈着他的食指和中指，在我头上嗵嗵凿了两下，凿得我好痛。这种大人对小孩的惩罚方式，在松江叫做"栗剥头"。由于我的父母从来没有打过我，我当时认为这是奇耻大辱，恨死了这个歪先生，又写了篇骂他的作文，不过只是给自己看，出出气而已。要是交上去，就非被开除不可了。其实呢，我当了一次鲁迅笔下的"阿Q"。

六年级时，我出现了近视，纪琬带我到上海南京路的茂昌眼镜商店配了第一副眼镜。一到学校，同学们都笑我："看啊！来了个小老头子！"我好难为情。

昆虫：我在小学年代的玩具

我小时候爱玩昆虫，还是从幼年时玩蚂蚁开始的。除了蚂蚁，还有妈妈带我们玩的捉纺织娘的游戏。到上小学五六年级时，爱养蚕宝宝。先是不知从哪里搞到了一张蚕纸。蚕纸上面密密麻麻布满着一颗颗紧挨着的蚕卵。春天来到时就把它藏在胸前衣服的夹层里用自己的体温孵化它们。过不了几天，就看到蚁蚕从卵里钻出来，急忙采了嫩桑叶切碎了喂它们。一只小纸匣就是它们的家，也是我的玩具。过了几天，黑色的蚕身逐渐变白变大，小纸匣换成了大纸匣，喂它们的桑叶也不用切碎了。再过几天，它们的头上出现了三角形的色斑，同时昂起了头，不吃不动，那就是蚕眠。眠了几天后，它们的头上裂开了一个口子，新蚕慢慢从里面蜕出来。它们抛弃了旧衣，长大了，桑叶吃得多了，那时就得改用大一点的容器作为它们生活的场所。就这样，一次次的蜕壳，一次次的长大，两三眠后，就长大到有我们那时候的小指般粗。我们把它们放在大竹筐里，听它们嗖嗖地吃桑叶，觉得好玩极了。那时我和其他养蚕的同学们一样，一放学就忙着采桑叶，回家喂给那些饥不可待的蚕宝宝。最后，它们终于停止了吃桑叶，身体逐渐缩小，而且变得透明起来，那就是要上蔟吐丝作茧了。所谓蔟，就是把一束两尺长的稻草秆，在腰部束住，两头散开，竖直站好，把想要吐丝的蚕宝宝散放在上面，它们就会自找吐丝的场所，吐丝作

杨纪珂，1932年（11岁）
摄于上海市松江县

茧。我们都被整个作茧的过程迷住了，看着它逐渐作成一个长圆形的茧，茧壳从薄到厚，身体从明显到模糊，最后看不见的时候，它在里面蜕了一层皮，化成了一只蛹。我们把茧子从蔟上取下来，饲养蚕宝宝就算有了收获。

我们有好几种玩法。一种是取一只碗，在碗口上绷张白纸，取一只吐丝蚕放在上面。它在平面上作不成茧子，却不断地把头摆来摆去吐丝，最后丝吐完了，碗口上却有了一薄层的丝衣，丝衣揭下来，啊，漂亮极了！

另一种玩法是把一只茧子的丝头找出来，绕在一支铅笔杆上，然后不断地抽，不断地绕，最后抽光了丝，掉出一只棕色的蚕蛹。我们把蚕蛹放在匣子里等它们化成蛾。一天，蛾蜕化出来了，好漂亮的蚕蛾啊！小一点的是雄蛾，大一点挺着大肚子的是雌蛾。大家看着那些雄蛾拍着翅膀、弯着尾巴，追着雌蛾交配，都拍手哈哈大笑。

最后把雌蛾放在一张白纸上让它产卵。只见它尾尖上的产卵器在纸上点点触触只消一挤，就排出了一颗卵，煞是好看。一只蛾，不多时，就产出100多颗卵，相当整齐地排列在蚕纸上。第二年，多余的蚕纸就是送给其他想要养蚕宝宝玩的小朋友的最好礼品。

除了玩蚕宝宝外，我们还玩蝌蚪。到了春天，池塘里出现了成群的蝌蚪，游来游去。于是我们用小网将它们捞起来放在小缸里，天天捞了鱼虫喂它们。看它们长出两条后腿，看它们尾巴逐渐缩短，看它们逐渐长大又长出了前腿。等它们不愿待在水里了就放它们走。

一天，有个同学问我："放了学跟我去摸田螺玩，好吗？"我说好，于是一放学，就跟着他出城门，到了城外的一块水稻田旁边。他脱了鞋下田，我在岸上看。看他一路走，一路摸，越走越远，好久不回。看看天色渐暗，将近黄昏，我心中着急，大叫呼他回来。他听到我的叫声，回到了岸上，在他脱下的罩衣里兜了许多田螺。我们往回走，进了城，一个认得我的肉店老板喊住我："赶快回家呀，你妈妈找你，快急死啦！"那个好同学给了我两只田螺，走了。我回到家，一进门，大家看到我，一齐喊："羌儿回来哉！"于是问长问短。我摊开手，掌上是两只活田螺。

我们把这两只银元般大小的田螺放在瓷缸里养着。不几天，早上起来一看，在缸边的水面上出现了一只只像绿豆大小的小田螺，有十几只之多，我高兴得一阵惊呼："快来看，田螺妈妈产仔啦！"

在我们住房的屋前、屋后，天井角落，只要抬头一看，无处没有蜘蛛网。它们一到傍晚，就把旧网消化掉，另织新网。我经常看它们织网，非常好看。最先是从尾端分泌出一条丝，身体悬挂在这根丝上，再轻轻荡到对过的一处，在那里粘住，然后来回不断吐丝把它加粗。有了这根丝线，它就从线的中心辐射荡开去，形成第二根丝线，也是来回加固。然后第三根、第四根，最后成了一组从中心向外辐射的经线，张在空中。这时候，它就会从中心开始，巧妙地用足趾把尾部分泌出来的丝线一拨一拨地在经线间编出螺旋形的纬线。这是第一组纬线，相邻两根纬线间的距离还是相当的长。最后一道工序是在相邻两根纬线间再添两条螺旋纬线，粘在经线上作为第二组纬线。结网工程到此结束，一张美丽的网张在半空。蜘蛛回到中央，伏在那里，把八只脚搭在八根辐射线上一动也不动，静等苍蝇、蚊子和飞蛾等猎物的到来。

我很想看到蜘蛛猎取飞虫的情景，可是等不及。好在我从小练就捉活苍蝇的好功夫，只要有一只苍蝇停在那里，我过去用手一拈，一只苍蝇就已在握。此时我把活捉到的苍蝇用力向上抛向那刚结好的蜘蛛网上，苍蝇立刻被网粘住。当它使劲挣扎使整个蛛网振动时，伏在中央的蜘蛛得讯奔驰而出，捉住苍蝇注入毒液，使之动弹不得。接着蜘蛛把苍蝇在八足之间迅速旋转，同时从尾部抛出大股的银色丝线把苍蝇包裹起来。最后把这形成一团的昏迷苍蝇用一根丝线挂着带回中央，慢慢地吮吸这顿美餐。

蜘蛛的这场动作确实比什么都好看。蜘蛛网是我盛夏时最爱看的剧场。

最好玩的首推蟋蟀了，这是秋天最好的游戏。松江的蟋蟀有四种：一种是大型的，我们叫它油葫芦；一种是小型的，叫唧蛉子；一种的头部扁突，大家讨厌它，叫它棺材头；只有大家喜爱的那种正规的蟋蟀，才是我们的捕捉目标。我们只捉会战斗、会鸣叫的公蟋蟀，不捉那些尾上长根产卵器的母蟋蟀。捉的时候得非常小心，把手掌作钟罩状下扑，不能使它有丝毫损伤。

男孩们放学后，无一不玩捉蟋蟀和斗蟋蟀的游戏，我当然是其中之一。捉到了蟋蟀，大家就聚在一起拿出来评比，让它们战斗。只消把两只蟋蟀放在同一只盆里，它们立刻张牙舞爪拼命对咬。几个回合后，分出胜负。胜的趾高气扬，大声鸣叫；负的垂头丧气，铩羽而逃。我们一齐拍手为胜者欢呼，其乐无涯矣！

于是，蚂蚁、蚕宝宝、蝌蚪、田螺、蜘蛛，还有蟋蟀，连同妈妈为我捉的纺织娘，都是自然界赏赐给我最好的玩具。

从此，养成了我毕生爱好昆虫的习惯。

初中年代的吉光片羽

1931年我上小学六年级时，纪璋哥在省立松江中学上高中三年级，纪琬哥上初中三年级。他们两人每星期带我去松中看篮球比赛。球队的"五虎将"是纪璋的同级同学，他们的精彩球艺使我着了迷，甚至到现在还记得他们的名字：于伯敏、周鹤鸣、徐造功、陆师杰和俞晋祥。他们成了我幼小心灵中崇拜的偶像。2004年的春天，我在松江图书馆和于馆长的谈话中，无意中发现他就是我当时所崇拜的高个子篮球健将于伯敏。于馆长出示了"五虎将"的旧照片，我还认得每个人并记得他们的名字，两人兴奋不已。

1932年，我从观音桥小学毕业，考上了省立松江中学。这所中学只收男生，因为在松江还有一所省立松江女子中学，只收女生。两校相距不远，但学生不相往来，很严格。那时纪璋哥在国立上海商学院银行系上学，住校。纪琬哥和我同校，上高中一年级。我和比我大3岁的堂哥纪璩同级，他是五叔的大儿子。

松中坐落在名胜古迹云间第一楼的东北。进了校门，东边是由金庆章县长捐的友宽图书馆，往北是个大操场，再往北是两所教学楼，最北是寄宿生的宿舍。和现代的校舍相比，恐怕连一所小学校都不如。但那时请的老师都是有学问的人，薪金也很高。

在五六位老师中，只有彭啸海老师喜欢我，我也喜欢听他的历史课。他讲历史就像讲故事似的娓娓动听。一次上课，他问同学："谁是古代希腊最有名的哲学家？"我立刻举手，模仿他浓重的湖南口音说："亚里士多德！"学得如此逼真，引起大家哄堂大笑。彭老师也笑着指着我道："这个戴眼镜的小家伙！"我是全级同学中唯一一个戴眼镜的人。我看得出彭老师喜欢我这个顽皮孩子。虽然时过境迁，但当时的情境，仍宛然如在目前，难以磨灭。

教我们体育的是赵汝功老师。他擅长三级跳远，曾代表我国出席远东运动会。"五虎将"篮球队就是他训练出来的，并成为江苏各中学球队中的佼佼者。可是我呢，体育成绩很差，跑百米成绩21秒，全级倒数第一，不及格，须补考。纪琬就帮我去和赵老师说情。一天，纪琬跑来叫我快去补考。赵老师叫我做个单杠引体向上。我上了杠使劲蹬脚，脸红耳赤，也只能上到下巴的位置。赵老师说声："行了！及格！"掉头而去。我大喜过望，心想：赵老师真好！

那次的补考使我终生难忘。后来我在读大学的年代里学会了游泳，能够游1公里；当大学教师时每天骑自行车上下班来回32公里。这两项"补考"，不妨算是及格了。

初中有音乐课，教我们的是车惜琪老师，是位女教师。她教的第一支歌很简单，歌词是"打倒列强，打倒列强；除军阀，除军阀；国民革命成功，国民革命成功；齐欢畅，齐欢畅！"这支歌单调而难听，大家不喜欢，但也只好跟着车老师唱。好在第二年学校换了一位王宪伦老师。在他教的歌中，有一首《横渡太平洋》，歌词是："今日里，别故乡；横渡这，太平洋。肩膀上，责任重；手掌里，事业长。我热血，如潮长；我心地，比朝阳。要冲破，万里浪；谋幸福，为国光。歌儿引吭高唱，国旗随风飘扬；回头望我祖国，万寿无疆！"1946年，我考取了留美公费生，翌年从上海登上轮船去美国。在船上的21天里，我每天迎着朝阳，在甲板上引吭高歌，唱的就是这首《横渡太平洋》。1955年我一家回到祖国，飞机上36个小时，又一次横渡了太平洋，仍然是这首歌萦回在我的脑际。

我们的艺术课老师是余彤甫。余老师是苏州人，后来以国画大师成名，写过《怎样画山水》一书。他对我批评得多，称赞得少。但也不忘记我难得做成的两件作品：一件是陶水盂，一件是铅笔盒上的装饰。有一次，他不知从哪里弄来一堆黏土（黄泥），分给同学每人一小坨，要每人做个小手工艺品。我决心做个小水盂，先把这坨黄泥搓成一个外形和小盂相似的扁圆体，然后细心用小刀一刀刀镂挖成一个空心的水盂，就把它交卷了。过不久，我看见在余老师的办公桌上多了个摆设，那就是我做的那个小水盂，我那时的高兴当然可想而知。

这里要特别提一下我级的语文老师朱雯，他有个比较特殊的字号：王坟。他从苏州东吴大学毕业后就来到我校担任我级连续三年的级主任，兼教我们语文。那时候他还年轻，但在文坛上已经初有名气。他一生译作很丰富，有：《苦难的历程》《彼得大帝》《西线无战事》《凯旋门》《生死存亡的时代》《流亡曲》《妄自尊大的人》《里斯本之夜》等。著作也多，有：《动乱一年》《百花洲畔》《烽鼓集》《现代作家》等。他后来当过上海师大教授，晚年退休后是社科院上海分院文学研究所名誉所长，成为松江文化界名人之一。当时我在家中由父亲教我《诗经》《论语》《孟子》《史记》《古文观止》《曾文正公文集》《唐诗三百首》等，自己还跟着纪琬一同背诵《红楼梦》《词选》《桃花扇》《西厢记》等古典小说和戏曲中的诗、词、曲，对新文学的接触很少。可是朱老师恰恰是个新文学的译作家，于是我对他讲的课兴趣不太大，他对我的印象也就平平而已。所谓"道不同，不相为谋"者也。

但是他也教过我们读苏东坡有名的《念奴娇·赤壁怀古》，教完后跟我们讲的一个故事，却令我神往。他说宋朝有两位填词填得最好的大文学家，一位是苏轼，一位是柳永。可是两人作品的风格完全不一样，苏豪放而柳婉约。后代有人评他们，说苏东坡写的词如关西大汉，响敲铁绰板，歌"大江东去"；柳耆卿呢，好比江南女子，轻击红牙拍，唱"杨柳岸晓风残月"。此情此景，虽然已经过了70多年，朱老师的音容仍宛然如在目前。

1990年8月，朱雯老师有事来京，顺便来看望我弟兄二人。我们在纪琬家畅谈半个多世纪前师生之谊，还合影留念。现朱老师已作古多年，往事如烟，不胜追念。

杨纪珂自述
The Autobiography of Yang Jike

1990年在北京。左：杨纪琬；中：杨纪珂；右：朱雯

离家上高中

  我在初中，因为比较顽皮，并不是老师们特别喜欢的孩子。由于1934年省立松江中学改称为省立应用化学科职业学校，我的父母希望我中学毕业后上大学，不想让我读中专，所以1935年初中毕业后，就不在松江上学，到上海上了光华大学附属中学。光华附中的校长是廖世承，字茂如。1919年他在美国布朗大学获教育心理学博士后回国，和徐养秋、陈鹤琴、孟宪承、俞子夷、程其保等人汇集在南京高师和东南大学教育科，成为郭秉文、陶行知倡导的中国教育科学化试验的先驱人物。他担任了南京高师与东南大学附属中学主任，开展教学改革试验，使附中成为中国现代中等

教育实验的中心。当时的国立东南大学附属中学师资水准之高、阵容之强在中国中学史上堪称空前，培养出了巴金、胡风等众多杰出人士。1927年后，廖世承任光华大学副校长兼附属中学主任，也使光华附中成了上海最有声望和报考最踊跃的中学之一。我在光华附中也许是由于成绩的原因，让我跳过了高一，从高二读了两年就毕业了。

我在光华附中一改初中时的顽皮，成为一个守规矩的用功学生。其间有这三件事使我终生难忘。

第一件事，是在宿舍楼的西头有个小花园，只要不下雨，清晨6点钟园中就会来个十五六岁的小男孩，在那里背诵文章，那就是我。有一次，我正在抑扬顿挫地背诵诗词的时候，园子里踱进来一位长者。他到我面前问我在念啥。我抬头一看，原来是校长。我有点难为情，红了脸不吱声。他从我手里接过书去看，原来是《诗经》。他就告诉我"《诗经》乃是春秋时代孔子收集了民间的诗歌编辑而成的我国最古老的诗集，你得用心地读，仔细地推敲，深刻地领会"。我连连点头，心想过去还从来没有一个老师这样地亲近过我。真是个好校长！

第二件事，是高三三个班（一班文科、二班理科、三班商科，我在二班）有一次举行英语背诵比赛，要求背诵 Gettysburg Address。我的英语发音不佳，哪比得上一班的文科生呢。可我还是大着胆子报了名。比赛结果当然名次不高。同学还调侃我："听你末了那句'shall not perish from the earth'，好怪怪！"还用怪声调学我，并哈哈大笑，使我好难为情。从此我发誓要把英语的发音校正好。

第三件事，是全校举行了语文和数学的测验竞赛。这两门功课我很擅长，都得了第二名。这次我总算争回了荣誉，把自己在上次英语比赛中的落后心态纠正了过来，也为全班争了气，同学们再也不嘲笑我了。

光华大学和附中建在同一个校园内。在大学教学楼顶层的图书馆，是我常去的场所。这是个照美国大学的方式开馆的图书馆，我在里面可以自由阅览各种书刊，真是得其所哉！图书馆使我大大丰富了自己的知识面，我所猎取的关于自然科学的知识远远超过在教科书里学到的那一点点东西。从此我有了每驻一地都要跑图书馆的好习惯。

这里我得提一下教我们数学的倪若水老师。每逢他上课，总是一边在黑板上板书，一边讲。写得笔走游龙，讲得眉飞色舞。下课时一黑板的数学符号和一头的粉笔灰，所有的学生都听得怔住了。真是位认真教学而又最能开导学生的好老师啊！还有化学老师胡昭圣，也是位非常认真教学的好老师。而教我们历史的邢鹏举老师除用一厚本英文世界史作为我们的教科书外，还不时讲时事给我们听，使我们了解帝国主义侵略我国的过去和现在。当时正是日寇大举侵华的年代，我们特别爱听他的课，由此大大提高了同学们的爱国心。此外，教国文的张枕蓉老师和教英文的徐燕谋老师也都是鸿儒硕彦。

于是1937年高中毕业时，由于学校教育外加家庭教育和自学，我已经有了扎实的中、西、算以及若干社会科学和自然科学的底子。当年松江中学和光华附中老师们的谆谆教诲使我得益终身。而今只能写一些当年记得的吉光片羽，以缅怀他们，感谢他们了。

怎么也想不到的事是，美丽的光华大学和附中的校舍，在我毕业离校后不久，就被万恶的日寇炮火轰击，全部成了一片瓦砾！

更想不到的是1970年"文革"期间，这位为人民教育事业尽瘁一生的教育家廖世承先生竟备受折磨而死，使我十分悲悼。彼苍者天，曷其有极！

20世纪中国科学口述史

怀念张枕蓉先生

我在光华附中上高中时,最赏识我的是国文老师张枕蓉。枕蓉是他的字,他的名是振镛。他的教书方式和初中时教我们的朱雯老师完全相反。他绝对不教白话文和新文学,对鲁迅的小说更是嗤之以鼻。他选了一部梁代梁武帝萧衍的儿子昭明太子所编的《文选》作为教科书。《文选》中所选的诗文集中反映了南朝特别是梁代的学术风尚和文学观念。隋唐以后,崇尚南学,北方士人亦仰慕南风,《文选》因而成为科举必读经典,深刻影响了唐代文明和文学进程,对我国封建社会后半叶1 000多年的文化发展也发挥了重要作用。从中也可见梁代特别是梁武帝父子对文化事业的提倡之功。学中文的学生学了这部《文选》,就能见到从秦汉到隋唐之间承前启后的脉络。

例如在《文选》中所选的《古诗十九首》都是我国最早的五言诗,五言诗到唐代而大盛,应归功于《文选》的提倡。又如《文选》中所选丘迟的《与陈伯之书》一篇招降文字,它是汉末建安以来言情书札的继承和发展,具有很高的艺术成就。这篇流传千古的优秀骈文,今天读来,仍能给我们以美的艺术享受,不妨说它大大影响了隋唐盛行骈文之风。《古文观止》中脍炙人口的王勃《滕王阁序》盖有其所自矣!

那天上课,枕蓉先生以独特的音调唱读《与陈伯之书》。当读到这篇文章中"暮春三月,江南草长,杂花生树,群莺乱飞。见故国之旗鼓,感平生于畴日,抚弦登陴,岂不怆恨!所以廉公之思赵将,吴子之泣西河,人之情也。将军独无情哉?"那一段时,他一拍桌子,大声说:"如此我国古代文学中的菁华，以美妙的文字，于叙事之中寄寓褒贬之情，在对照之中蕴涵劝诫之意，爱其所爱，憎其所憎，感情浓郁，态度鲜明。像这样的好文章，你们岂可不读!?"他接着说："历史上有'伯之得书，乃于寿阳拥兵八千归降'的记载。今天我出个题目给你们，就是代陈伯之也用四六句骈体文写封降书给丘迟。"他出的这个难题使全级同学一片愕然，因为谁也不会写骈体文言文。我也没有写过骈文，但既然老师出了这个难题，也不妨努力尝试一回。于是冥思苦想了好几天，终于用骈体文写成了一篇《陈伯之答丘迟书》，而且用毛笔以隶书认认真真誊写端正交了上去。

第二天枕蓉先生一上课手里就拿了我这篇作文，说："全级同学只有杨纪珂同学交了卷，这我不怪你们，只怪我出的作文题实在太难了。我也不难为你们了，每人就写一篇读了《与陈伯之书》一文后的文学感受吧。"于是全体同学都松了一口气。他接着又说："杨纪珂同学作文写得非常好，隶字也写得好，贴在墙上展示给大家看看。"他后来悄悄地问我："你写文言文很不容易。你的古文底子是怎样奠定的?"我说："是我爸爸教的，爸爸是章太炎先生的弟子，是个古文学家。"他说："喔，有家学渊源，怪不得!"从此，枕蓉先生和我就成了有深厚文学感情的师生。

爸爸教了我各种古代文学作品，在六朝的诗文中只教过我一篇，那就是向秀的《思旧赋并序》，所以我对六朝诗文几乎是一片空白。枕蓉先生刚好为我填补了这门空白，投了我之所好。当时我兴味盎然，把他教的文章一篇篇地背诵，除了《古诗十九首》和《与陈伯之书》外，其他诸如江淹的《恨赋》和《别赋》、鲍照的《芜城赋》、潘岳的《秋兴赋》等，过了60多年，到现在还能背诵如流。足见枕蓉先生连同这些文章对我印象之深。

其实枕蓉先生读书的方式和我爸爸相仿，他们读书不是在读，而是在唱。因为一是声音洪亮；二是有节奏，可以打拍子；三是有韵味，像在唱歌，铿锵悦耳，但又不是唱歌。过去的读书人其实都是这样读书的。我也学了爸爸的读唱古文和古诗词的声调，感到很能怡情养性。不久前儿女们听了，要我把它们留下来给后辈们听，所以我就把能背诵的文章和诗词录下了几篇，存在电脑里传给他们。

枕蓉先生这样的教书法，除了包括我在内的极少数几个同学外，其余的都非常反感，甚至讨厌他。主要是因为他们对《文选》中的文章不感兴趣，而且他出的作文题又太难。于是大家就想法作弄他，企图把他赶走。

一天，同学们突然哄传："张先生在抽鸦片！！"

原来枕蓉先生不住在家里，也不住在教员宿舍里，他的卧室是在教学楼走廊尽头的一间小房间。他独自一人在里面，谁也不知道他在里面干啥。那天从他房里散发出浓重的烟味到走廊里，同学们本来就讨厌他，就乘机瞎起哄说他在抽鸦片。于是一传十，十传百，谣言不胫而走，到处盛传光华附中有个教国文的先生是抽鸦片的。虽经校方为他辟谣澄清，也不起什么作用。人言可畏！那个被全校学生在背后指指戳戳称之为"鸦片鬼"的穿着长衫、带厚眼镜、有点驼背、邋里邋遢的老头却是魏晋六朝文学大师张枕蓉先生！可怜的枕蓉先生在此险恶的环境下，也只好引退了。

接替他的是顾荩丞先生。

后来我知道北大校长蔡元培聘请的辜鸿铭教授也很古怪，他还留着一条辫子，而光华附中廖世承校长聘请的张枕蓉先生却没有辫子而已。然而，北大能容纳得下辜鸿铭，光华附中却容纳不下张枕蓉，也许是中学生比不上大学生那么有见识、有涵养吧。

枕蓉先生离开了光华附中，再也见不到他了。也许很多人都记不起他，可是有一个仍然在背诵他所教的诗文时想念他的学生，而且到老如此，那就是我！

光华附中的老同学们

高中毕业后，日本开始侵略中国，同学们都星散，各奔前程。我们二班有五十几个同学，多数已记不起了。但还有少数几位，仍然留在我的脑海中，挥之不去。我想还是为他们写几句吧。

女生读理科的极少，但我班却有突出的一位，她叫王昌颖，是我们班里唯一的女同学。在教室里她坐在前排左首第一位。她是位非常倜傥的女同学，有男子气，也不跟任何男同学谈恋爱。后来才知道她是中共地下党员，后来在上海被捕遇害，我曾多次在上海烈士名单中找她的名字，可是一直没有找到，深感遗憾。

班中最活跃的同学是刘达人。他是当时总司令何应钦的外甥，比我大两岁（我是班中年龄最小的）。1937年我到重庆时他还请我在李子坝他家中吃了顿饭，记得饭菜的鲜美是我从来没有尝到过的。后来他毕业于搬到重庆沙坪坝的中央大学，又到美国和菲律宾留学，成为纽约大学硕士和圣托马斯大学博士。我在美国留学时，他曾寄给我一张他的婚照。他的活动能力很强，后来在台湾国民党的外交界出人头地，我在报上见到他当了外交部发言人。

还有一位任嘉尧，我回国后曾在上海见过他，是位名记者。最近在2008年1月19日的《新华网》上见到："……在《文汇报》创刊70周年的座谈会上，《文汇报》第一代报人、90岁高龄的任嘉尧老先生也表达了对《文汇报》的浓情厚谊。……"原来他比我大3岁。他是上海报界闻人，所以知道的事特别多。他见了我，还告诉我关于致公党同事也是光华附中校友董寅初的当年事迹，说来娓娓不倦。

在校住院部宿舍和我同房间的是郑宝铭、李度和李如佩。这三位同学和我都很友好，如同手足。郑宝铭不知去向。李度是著名文学家李青崖之子，只知道他和李如佩都毕业于武汉大学，后又都留学美国。还知道李度现定居美国，但从没有通音讯。

还应当说一说当年虽不同班但同桌吃饭的王眉度同学。他是当时上海市商会主席王晓籁之子，当时他是用小汽车接送上学的阔少爷。他和他的6个文科"跟班同学"一桌子吃饭，空了一个座位，碰巧给了我。这桌的菜肴和其他桌大不相同，每餐都增添三四碟佳肴。王眉度的派头我很看不惯，可是后来听说他当了空军，参加抗日战争，不幸在空战中阵亡。我听了，对他肃然起敬，为之唏嘘良久。

写到这里，我想起了苏东坡写的一首七律《和子由渑池怀旧》："人生到处知何似，应似飞鸿踏雪泥。泥上偶然留指爪，鸿飞那复计东西。老僧已死成新塔，坏壁无由见旧题。往日崎岖还记否，路长人困蹇驴嘶。"当年的同窗好友，现在天各一方，不通音讯，有的恐已作古。即使有在世的，也都是九十左右的老人，来日无多了！叹尘世间沧桑幻变，不禁洒泪以凄怆！

忆松江沦陷

1937年，日本发动侵华战争，7月7日进攻北平，8月13日进攻上海。因而"七七"和"八一三"是我们终生难忘的国耻日。

杨纪珂自述
The Autobiography of Yang Jike

日军在侵华战争中所犯下的滔天罪行真是罄竹难书，每当我在史实展览或报道中见到其中一张照片时，就禁不住勾起自己亲身经历的往事。这张照片由当时发行量最大的美国《生活》杂志以《生活在战争中》为题刊登后，引起了全世界巨大的反响，成为第二次世界大战中最著名的暴露法西斯罪行的照片之一。一个大约只有周岁满身是血的孩子，坐在被日本轰炸机炸

1937年于松江火车站（摘自美国《生活》杂志，王小亭摄）

得疮痍满目的火车站的铁轨中间的枕木上号哭。他的妈妈呢？不消说，是被日本鬼子炸死了。但是，这张传播遐迩的记录日军罪行的照片摄自何处，却没有标明。有人说是在上海南站，我因亲历其境，所以向读者叙述一下当时的情景，作为日本侵华史的一段补充资料。

这个火车站，就是沪杭铁路上的松江站，而不是通常以为的上海南站，因为我对当时松江车站人行天桥非常熟悉，一看就知，确定无疑。至于上海南站，早已废弃不用了。轰炸的日期是1937年8月28日上午。

我家那时迁入松江新西门新屋不久，但因上海闸北大场战事激烈，松江屡遭敌机轰炸，全家避难到南村老家。那天，妈妈叫我带保姆回松江新屋取东西。进屋不久，我们正在收拾东西，忽然敌机来临，空中轰鸣之声大作。我到院中一看，一架敌机似乎正对着头顶俯冲下来，到临近时才偏向了西南方距我家只有一里的火车站。我急忙回到屋子里，无处可躲，只好钻进一张八仙桌的下面。还没有蹲好，就听得飞机凄厉的呼啸声，接着

就是震耳欲聋的炸弹爆炸声，所有的门窗都被震得轧轧作响。好几架敌机一架接一架轮番俯冲轰炸，丢下了十几颗炸弹后飞走了。我们急忙出门南行，过铁路之处西距车站百米光景，只见列车火光冲天，不断有人向东跑来，多半身上和所带行李上有斑斑血迹。后来知道，被炸的是一列从上海西站开来的满载闸北难民的列车，总共炸死了200多人、伤300多人。

到了9月中，有一天清晨，天还没有亮，听见外面场上有人声。开门一看，场上睡满了人。原来是国军军队过境，他们有极好的军纪，不来打扰百姓，悄悄地来，睡了一夜。我们发现后，急忙烧水给他们喝。但没等烧开，他们却已悄悄地开拔走了。后来知道他们是往南驻防的守军。

虽然敌机天天轰炸松江，我们因住在乡下，轰炸之声也就听不到了。可是也有例外，到了11月初，听见天空传来了嗡嗡声，不好，敌机来了！我到屋后的一棵大树下抬头一看，3架敌机飞到黄浦江渡口上空，散开盘旋，然后连续俯冲，投下耀眼的炸弹后，以凄厉的声音回爬。当时我在大树背后看得一清二楚，随后传来了沉闷的爆炸声。向北渡黄浦江到松江有两个渡口，一个在我家的东北，一个在西北。西北的那个叫米字渡，我目击它遭敌机炸毁。

到11月7日早上，听到远处有噼噼剥剥断续的机枪声。出门一看，东边和西边的路上各有一条长长的蚂蚁般的队伍，其中夹杂着炮车，往北向两个渡口进军。

原来敌军通过间谍得知我正规军换防，遂乘此空当于5日凌晨在金山卫以数千陆战队借飞机、重炮和机枪的掩护，在海岸登陆，竟没有遭到抵抗。其先头部队第二天就到达黄浦江上游的泖泾渡口，其主力第三天到达米字渡。他们强渡黄浦江后向松江急进，在李塔汇与我军激战，敌我伤亡枕藉。敌军借飞机大炮之助，越铁路线进入城西，我军战士与敌巷战，肉搏冲杀竟日，死伤惨重，刘旅长、吴军长先后巷战殉国，松江县城遂告失守沦陷，时为1937年11月9日。

松江城沦陷前遭敌机狂轰滥炸，沦陷后又遭敌军放火焚烧。我们在浦南往北目睹松江城从东到西日夜火光冲天，焚烧了9昼9夜。松江经此洗劫，全城十无一存。有记者在报上发表过一篇关于松江沦陷后情况的报道，开章说："始到松江，身临该地，驻足遥观，一片火场。何地、何弄、何桥，一时实难辨认。小街僻巷，虽仍有余屋，业已被窃一空！焦木横陈，人畜尸骸遍地！满目凄凉，万感丛生！回忆当时（未战时），恍若隔世！兹将调查所得，分段详志于后……"

1937年全家在松江合影。前排左起：母孙士莪，妹杨纪回（怀抱中），父杨凤皋；后排左起：二嫂张桂先，二哥杨纪琬，大哥杨纪璋，杨纪珂，弟杨纪璀

日寇侵华的滔天罪行，真是罄竹难书！东条英机等战犯，实实在在死有余辜！

我家的新屋呢，由于在新西门外草枯寺的后面，比较偏僻，没有被烧毁，但日军进城后，将它作为烤面包房，任意破坏，成了一幢破屋。爸爸多年收集的古版书籍和祖先画像，为日寇所掠，均荡然无存，更不论其他器物了。在那个时候，全家能够苟延残喘，保住性命，已是大幸。松江遭此浩劫，除了占领军外，百姓已经逃光了。

在日寇铁蹄下苟延残喘

日军留少数驻扎浦南,他们不时四出烧杀奸掠,每晚举目四看,四野里到处出现火光。乡亲们相告:哪个村庄着火了,哪个村庄也着火了。遭难村庄,十之八九。大约十来天后,火光渐熄,但日本驻军开始四处骚扰百姓。

我们老家所在地南村,北有黄浦江,南临杭州湾,东西都是日军行军之路,我们无处可避,走投无路。村民为了提防,有人日夜巡逻,一见远处有日本兵来了,就敲竹管警告村民。有一天日本兽军摸到南村来了,竹梆一响,除了像我爸爸妈妈那样的老弱者外,大家蜂拥向南飞奔,我也在其中。跑出了几百米远,回头就看见七八个日本兵从村庄的西头转出来,举起枪向我们这些南逃的人群射击。一时一颗颗子弹从头上呼啸而过,大家没命地奔跑,只见到有一人倒地不起,其余都有幸逃脱。我一口气跑到了四五里地外的张泽镇,在镇头大桥上恰好遇到了五叔。

我对五叔说日本兵到南村开枪杀人了,不知爸爸妈妈怎样,心中非常焦急。五叔说,你先不要回去,就在张泽住一宿,明天看情况再说。第二天,我到大桥上向北张望,只见南村的村民扶老挈小陆续到张泽来避难。不多时,只见爸爸妈妈也在人群中踽踽而行,不禁喜出望外。他们见了我,也悲喜交集。

妈妈告诉我那天日本兽军一整天强奸妇女并杀人,邻居一个小名叫涂阿笙的青年不及躲避,被兽军用刀劈开头颅而死;和妈妈躲藏在同屋里的一个姑娘被三四个兽军拖到楼上强奸;妈妈身边的钱全部被兽军搜走;所有家畜都被兽军用枪打死后割下腿部取走。后来知道家家都如此遭难，所以无法安身，第二天都向张泽逃难。

在张泽找不到住处，于是一家人就去日本兵还到不了的八图封家埭封保正家借住他家的厢房。

必须提一下，自从妹妹纪玫3岁时夭折后，爸爸一直想再生个女孩。在松江时妈妈到医生那里开了药方（可能是性激素）服用，到1937年4月12日果真生下了一个女孩。全家高兴得不得了，纪琬提出给她取名纪珥（这个字仅载《康熙字典》，是"瑰"的异体字，音 gui，去声），因为既有玫瑰两字的连续性，又有姐姐回归为妹妹的意思，爸爸说好。后来因为这个名字无人认识，就去了王旁，索性成为纪回。妈妈生她时已经45岁，不能喂奶，于是请了一位奶妈带这个婴儿。因此到封家去避难时共5人：爸爸、妈妈、我、6个月的纪回和她的奶妈。其他3人：纪璋大学毕业后在中央银行国库局工作，纪琬在上海商学院会计系上学，纪瑾在上海上中学。日军那时还没有侵入上海租界，成为敌占区百姓避难的孤岛。

在封家安稳了一阵后，日本兵最后还是摸来了。无非是杀人杀畜、奸淫劫掠，老百姓都处于水深火热之中。记得有一天，日本兵进村来了。我害疟疾在床，一家五口关紧房门躲在封保正家的厢房里。不一刻，听到大门外擂鼓似的敲门声。保正去开了大门，走进四五个日本兵，举手就重重打了保正两下耳光。吓得保正当时就失禁，大小便洒了一地。我们在房里提心吊胆，听到外面靴声橐橐，一直往后面去，才好受些。后面正房里住着松江城里来避难的一家，也是四五口人。那些兽军到里面把他们拖到天井里强迫他们一齐跪下。那家的家长是个五十来岁的中年男子，一家人一齐叩头求饶。有个兽兵拔出腰刀，对准他的头顶就是一刀劈下去，血水顺着他的脸缓缓淌下来。还好他头上带了一顶瓜皮帽，在帽子里面衬有一个竹制的壳。这一刀虽然劈开了竹壳，伤了头皮，却并没有劈开头骨。虽然流了点血，却保住了性命。这些兽兵搜劫了他家的钱财后，囊囊地走了。

我们在厢房里不敢吱声，幸而纪回睡着了，没有啼哭。厢房无窗，黑洞洞的，外边也看不见。当时纪回若是醒着，哭出了声音，被兽兵听见，从厢房里搜出了我们，他们十之八九会把没戴瓜皮帽的我给劈杀了。因此纪回当时睡着与否，对我是生死攸关之事。这是我生平遭遇兽兵最危险的一次。"大难不死，必有后福！"其然乎？其不然乎？

爸爸妈妈于是把我和纪回等三人托人带到那个更南的十五图——日本兵从来不去的腹地一个堂姐姐家去避难。到了那里后我的疟疾没有好，却传染给了奶妈。奶妈一病，奶水少了，纪回就一个劲地哭。我一点办法也没有，也只好跟着哭。堂姐姐于是到处求人，幸好有位正在奶自己孩子的好心肠妇女，每天来喂奶给纪回，使我感恩不尽。过不了几天，堂姐姐把我父亲的一个农民学生找来，叫他背着我这个病人，带着奶妈和婴儿，返回到爸爸妈妈的那个村庄里。

当时我生病了，无医无药。一位老农，摘了几片柳叶，熬汤叫我喝。我将信将疑，但他的好意难却，姑且喝下，居然奇迹般地治愈了这场害了多时的疟疾。

后来听说稍远一点的叶谢镇没有去过日本兵，那里有我祖母的娘家也就是爸爸的舅舅蒋家可以借住，这样我们就搬到了叶谢镇住在蒋家。

在叶谢，过不好久，一天也来了日本兵。进来了三个，都带了枪。我正在练习写小楷，奶妈抱着纪回。一个兵拿起我写的字看了看，放下，不说话。另一个从口袋里掏出一个瓶，揭开盖倒出几颗硬糖，递给奶妈，做手势意思是给孩子吃的。他们接着在四处看了一回，走了。奶妈怀疑糖里有毒，不敢给纪回吃，全都倒掉了。后来我们猜测在叶谢的驻军是一批有纪律的正规军，跟那批兽军不一样。

可是妈妈害怕了，由于上海最安全，她到处托人求人把我带到上海去。恰巧蒋家有位堂亲要去上海，他答应带我去。妈妈千恩万谢把我托给了他，于是我就单独一人跟了蒋叔叔登上了一只小船，从叶谢出发启程去上海了。

一只小船，摇啊摇，慢慢地到了闵行镇。闵行南靠黄浦江，我看见码头上停着一架很大的日本水上飞机。码头上的日本兵令我们停靠，乘客全都上岸排成一行。戴帽的都把帽子脱下，有个没有脱帽的，就被一个日本兵噼啪打了两下耳光。然后一一搜身，搜完后令回船放行。

我们的小船于是再次东行，到了黄浦江向北拐弯处的荻港，船家不肯再往前了，大家只好都下了船。蒋叔叔雇了一辆独轮车，他坐一边，我坐另一边。途中过一座狭窄的板桥时，我害怕了，在桥前跳下了车，结果车失去了平衡，把坐在另一边的蒋叔叔摔倒在地上。我连声道歉说对不起，他也不说什么，上了车继续前行。到了一座石桥前，两个日本兵把守在桥头，不让车子过去，于是我们只好舍车步行。但是，每过一座桥都有两个日本兵把守。他们在步枪上上了刺刀，面对面把刀尖对着过路的人，我们得从刀尖的间隙中挤过去。我们走过去时心中都捏着一把汗，那两个日本兵只消把刀尖同时往前一挺，我们身上就会被扎出两个窟窿。幸而他们没有这样做，但每个人必须脱帽对他们深深一鞠躬，否则就要吃耳光。

就这样，行行复行行，快到浦东董家渡时，日本兵不见了，有大道市政府（由日本侵略军设置的傀儡政府）的警察维持治安。我们走到董家渡码头，坐上了渡船，不一刻，到了上海市里。

我高高兴兴辞别了蒋叔叔，到了老西门我哥哥的住处——银河里，安全了！

20 世纪中国科学口述史

在上海孤岛的日子

到了上海，方知南京已于 12 月 13 日沦陷，苏南全部沦入敌手，到上海来避难的人越来越多。翌年，爸爸、妈妈和已经断了奶的纪回也辗转到了上海。那时，纪琬哥已经和张桂先结婚一年多，在上海生了女儿周南（她后来在南开大学数学系毕业后到北京工作，当博士生导师，还当过全国人大北京市代表，目前已经培养出好几位博士生）。人多了，原来的房间住不下，于是我们在四楼加租了一间亭子间。大家虽然拥挤不堪，但是庆幸都逃脱了日寇的魔掌。

那时候蒋介石决心抗战到底，他领导的政府和所属院、部都从南京搬到了重庆，沦陷区的大学也纷纷搬迁到内地去。纪璋于是也随国库局去了重庆，他写信回家希望我到重庆去参加由教育部在重庆主办的各大学入学考试。

当时，苏南沦陷后，黄炎培、江问渔等[1]在汉口开展难民和失业失学青年的救济工作，成立难民收容所 10 多个，救济难民 10 多万人，解决了许多人的工作、入学和医疗问题。并筹划将中华职业学校迁到重庆。江问渔先生于是在上海抢救中华职业学校的学生到内地去。刚好纪琬和江先生的妹妹是上海商学院的同学，闻知此事，就请她转询江校长能否也把我这个弟弟随同中华职校的同学带去重庆。江校长同意了。

就这样，我和十几位中华职业学校的青年学生一道，于 1938 年 17 岁

---

[1] 黄炎培、江问渔、杨衡玉、贾佛如等爱国人士于 1918 年在上海陆家浜创办中华职业学校，直属中华职业教育社。

时踏上了从上海经香港到汉口转去重庆投考大学的路程。

我告别了爸爸和妈妈,岂知这一去竟成了永诀!

他们在我去内地后不久,回到松江赁屋而居。1939 年,妈妈逝于伤寒,年仅 47 岁。妈妈去世后,爸爸悲痛欲绝,他还写了 5 首悼亡诗,现录之于下:

冬至节忆亡妻孙氏士莪五首

杨凤皋雄万己卯冬至

搔首云烟接大荒,人天暌隔两茫茫。
窗前久不闻双语,地下谅难举只觞。
但有离魂来梦寐,徒怀良会结衷肠。
何时得遇鸿都客,招汝英灵返故乡。

自君归我正忧贫,事事躬亲粉未匀。
屡遇灾荒惟守困,时经患难岂安身。
辛勤尽瘁持家计,淑德助予教子文。
二十三年艰苦备,涓埃未报倍伤神。

忆昔相偕到古杭,红梅白雪上韬光。
自然居里溜鱼美,狮子峰前茶味长。
寺访井亭僧静穆,坟参忠武像巍庄。
兹游风趣平生冠,好景幽情俱未忘。

忱心悄悄久离群,独坐思君亦自嗔。

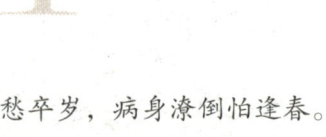

> 琐事缤纷愁卒岁，病身潦倒怕逢春。
> 萧条厨灶餐无味，寂寞帏房案有尘。
> 但望诸儿能奋发，好留硕果报慈亲。

> 惆怅辞成锦瑟篇，歌离吊梦总凄然。
> 一生恨事空垂泪，半世深情遽化烟。
> 寂寂遗棺停古寺，悠悠长夜度残年。
> 药炉经卷无聊日，合写楞严纪念先。

爸爸写过这5首诗后，隔不多久，于1940年妈妈的忌日逝于胃病，年仅49岁。他们都是未过半百之年而亡，不妨说是不得寿终。主要原因是沦陷区缺医少药，只要有起码的医疗条件，妈妈的伤寒病和爸爸的胃病都不是绝症，应当是不难治愈的，因而他们也都是日寇侵华的间接遇难者。像他们这样在沦陷区英年早逝的人何止千万！这也应当是记在日寇侵华罪行账单中的又一笔账。

多年来，每次读到诗中"辛勤尽瘁持家计，淑德助予教子文"之句，幼年时他们教导和督促我们弟兄读书的情景便历历在目。往下读到"但望诸儿能奋发，好留硕果报慈亲"时，则不禁涕泗之滂沱矣！想到无此家庭教育，哪有今天。但"树欲静而风不息，子欲养而亲不待"，父母之恩，已永难报答了。值此太平盛世之年，一一都能好学向上，尚不负双亲之望。现录出寄女儿周美、周亚和儿子周容，不要忘却自从1840年鸦片战争以来百余年间国运之悲惨与祖辈之苦难，望你们将来也以此意传之琰、帆、君、佳、源、鸿等孙儿女们。

现在虽然已经过去了半个多世纪，但每次一读到这五首诗和一看到那张松江火车站当时被炸后的惨状，总使我联想起在青少年时这段惨痛的经历，往事如烟，思之凄哽！历史的教训是深刻的，也是决不能忘记的，日本军国主义者在侵华战争中残害了我国3 000多万同胞，因此无论如何不能听凭其复活！

这几年，我重返故乡，只见一处处新建的农民楼房，一片片绿色的农田水稻，一家家工厂企业，真是一派太平盛世景象。抚今追昔，不胜感慨系之！"没有共产党，就没有新中国"真是一句实话。我们的子孙们，绝对不能忘记祖国从鸦片战争以来一个多世纪的屈辱历史，必须居安思危，共同为建设新中国而努力，在中国共产党的领导下，持久地取得政治稳定，经济发展，民族团结，社会进步，方能使祖国长治久安。

我行将入蜀，奋志欲埋头！

我们去内地的第一个旅程是从上海坐海轮到香港。我们坐的轮船名叫芝沙丹尼，是条7 500吨的荷兰货船。我们买最便宜的船票，待在最底层没有窗的货舱里，没有床，大家睡在舱里地上，也就是铁板上。开船后，经波浪拍打，摇晃起来，大家都晕船，吃不下饭。好不容易到了香港，上了岸，有点像逃出了地狱。我们拥挤在码头附近的小客栈里住了一夜，第二天就坐火车到罗湖。在罗湖走过了一座桥，就进入深圳那个破破烂烂的小镇，在那里上了粤汉铁路去汉口的火车。

火车到广东北部进入山区后，就走不快了，沿着一条叫武水的河流弯弯曲曲、咯吱咯吱地前进。铁路两旁湘南的青山绿水，看不完的新奇风景使我异常神往，真是祖国的大好河山啊！我想起了宋代诗人秦少游的佳句："郴江幸自绕郴山，为谁流下潇湘去？"

在汉口我们见到了黄炎培先生。他在办公室的走廊里搭了好多帆布床给大家睡，以节省费用。晚上被蚊子叮咬后，我又得了疟疾这个讨厌的老毛病。黄先生见我生病躺在床上，问清了是打摆子，就亲自找了金鸡纳霜药片给我服，就这样很快治好了我的病。这使我永远不忘记他那胖胖的慈祥的脸。

刚好中央银行有从汉口到重庆的运送职工家属的船，于是纪璋就写信叫我去找中央银行汉口分行管事的人要船票。但宜昌以上的长江水急滩多，从汉口到重庆必须先坐大轮船到宜昌，然后在那里换乘浅水轮船到重庆。于是我上了从汉口到宜昌的大轮船，船上的免费饭菜很丰富，我也一路饱览沿江景色。到了宜昌，就住在船里等候民生公司的浅水船。可是浅水船载客少，数量又不多。职工先行，家属滞后，我只好在宜昌等候。

可是考期已近，我怕赶不上，只好设法搭乘其他去重庆的船只。最后好不容易找到了一艘偷运旅客的船。那是一艘浅水炮舰，正要运载一批士兵去重庆。船上的水手为了找外快，私底下带了几条"黄鱼"，其中一条就是我。

我给了钱，上了船。船上挤得不得了，人人都像沙丁鱼似的在甲板上无法动弹，连睡下的空间都很难找到。时值酷暑，我距锅炉房近，阵阵热浪，真是生平从未吃过的大苦。幸而晚上停航，船在巫山县靠岸后，大家离船上岸。县城在山上，我找到一家茶馆租了张躺椅，买了碗凉粥吃，睡了一宿，有羽化登仙之感。直到现在，我还喜欢吃凉粥。

第二天上船，我取出小本子，写了首诗。现录之于下：

自宜昌赴重庆舟中作

1937年8月13日日寇侵沪时在暑假，余避居南村故居，翌年乃转辗经上海转武汉、宜昌到重庆。时交通堵塞，其间历经艰险，屡濒绝境，可谓九死一生。至今思之，仍历历如在目前。但能逃离沦陷区，到达大后方，始愿已达，亦一大快事也。

万里长江水，滔滔东向流。日斜明众壑，滩急警孤舟。

国事艰难际，书生苦恨秋。我行将入蜀，奋志欲埋头。

这艘令人吃尽苦头的运兵船终于到了重庆，纪璋哥住在骞家桥国库局职工宿舍，我到那里找到了他，两人一时有说不完的话。

纪璋哥那时还是单身汉，他住的宿舍在骞家桥国库局办公楼的隔壁，一间大房间住了五六个职员。纪璋哥买了一张帆布床，白天收起，晚上打开，紧放在他的床边给我睡。他去上班，我就做功课准备考大学。晚上和星期天他就带我在他的办公桌旁一道读书，从古文到外文都读。那时在重庆买不到什么书，而他有一本英文小说 Vicar of Wakefield，于是就通过这本小说教我进修英语。当读到书中诙谐之处时，两个人一同哈哈大笑，真是乐在其中了。

在重庆期间，我们两人每天都在青年会经济食堂吃饭，他最爱吃京酱肉丝这道菜，还学四川话向服务员点菜。我们两人还到南岸去爬山，在长江边上一同念"水终古而长流，山终古而长存"等诗句。考试的那两天适逢大热天，纪璋哥送我到两路口考场参加入学考试，他额上容易出汗，时时用手挥汗。所有这些情景，印象很深，回想起来，如在目前。

考试结果放榜了，我考取了云南大学矿冶系、要去昆明了，我和纪璋哥惜别依依。我们虽不是同母所生，但胜似同母生的亲兄弟。别后两人书信不绝，还编上了号码。他的信多勉励的话，我的信多报功课成绩的话。彼此都是蝇头细字，语重心长，情深谊厚。由于内地和沦陷区难以通信，只能偶尔得到父亲的家信。"长兄为父"，对在抗日战争的大后方相依为命的我们兄弟两人来说，却是当时实际的情况。我后来大学毕业时获得全级成绩最佳的称号，考试院举办的高等考试又获优等第一名，后来还考取了教育部的公费留学，所有这些，一半出自纪璋哥之赐，并非虚语。

1938年秋天，17岁的我，终于到了昆明，兴致勃勃地上大学了。

第3章 大学时代

72道拐和24道拐

我榜上有名,被云南大学矿冶系录取。云大在昆明,是云南省的最高学府。但那时候没有直接从重庆到昆明的车,从重庆到昆明必须往南先到贵阳,然后从贵阳往西到昆明。当时长途客车非常稀少,车票乃是罕得商品,没有门路的旅客只好当运输车上的"黄鱼"。我的哥哥纪璋走了银行运输车的门路,好不容易为我弄到了一张只到贵阳的车票。他还给了我一封介绍信,叫我到了贵阳后,去找中央银行贵阳分行的朋友替我找去昆明的车。

我到了南岸海棠溪却上不了车,因为第二天才开车,只好在一家小旅馆里过一夜。吃过晚饭,我回房后发现对过房间开着门,里面有两个姑娘脱了衣服赤身裸体在擦身。她俩见了我,冲着我笑。我从来没有见到过这种情景,吓得赶紧关了房门熄灯睡觉。我在里面特别害怕她们来敲我的房门,却没有来。

后来听见对门有男人的声音,我从门缝里张看,原来走进去一个人,可能是个开货车的司机。这三个男女咕咕哝哝了一阵,就看见那个男人把其中的一个姑娘带到斜对过他自己的房里去了。不一会,又来了个男人,钻进了对过那个房间,就没有出来。

第二天早晨,大家起来吃早饭。饭后那些司机都纷纷去发动各自的车辆,然后从里面走出来昨晚所见到的那两个姑娘,她们一声不吭地走了。

这是我生平唯一一次亲眼看到了卖淫的妓女。当时的司机是一个比较富有的社会阶层,因此妓女都以他们为生意对象,而不是一般的旅客。

从重庆到贵阳全程288公里,基本上是山路。经过了綦江县城后不久就进入了贵州省境内的松坎镇,隶属桐梓县。

我所知道的贵州,也只有在《古文观止》读过的那篇王阳明的《瘗旅文》,以及"天无三日晴,地无三里平,人无三分银"这句旧谚。但是

贵州省晴隆县境内的24道拐

一过桐梓县城，就是望不尽的山岭峦嶂，走不完的山路。车辆曲曲弯弯在崇山峻岭中艰险前进，经历了我终生难忘的景观：那就是川黔公路上著名的"吊死崖"和"花秋坪72道拐"。在吊死崖，车行于悬崖之上；在花秋坪，车子在险峻的山路上吃力地往上爬，迂回曲折地一道拐接一道拐，好像没完没了。我坐在司机旁边，为他捏了一把汗，可看他镇定驾驶，处危不惊，使我十分钦佩。终于经过了这一称作"黔北锁钥"的娄山关。

过去大家说"蜀道之难，难于上青天"，经过了娄山关的花秋坪，我才知道黔道之难绝不亚于蜀道也。

到了贵阳后我就去中央银行贵阳分行找到了纪璋哥介绍的同事，请他帮我找便车。两天后他找到了一辆去昆明的运货车，并送我上了车。开始了我的黔滇公路之行。

于是在路上又遇到了不亚于花秋坪的晴隆24道拐。"24道拐"是沿古鸦关驿口凿山建成的盘山弯道，长约4公里，原有24个拐道，每拐仅几十米长，是贵阳以西黔滇公路最为险要的咽喉要道，也是抗战时期著名的滇缅公路（也称"史迪威公路"）的组成部分。当年凡是从粤、桂、川、湘等地经公路去昆明的人都必须经过这里。因此，这段奇特的弯道成为抗战后方最重要的交通枢纽。抗战时黔滇公路上的另一处要道是盘江铁桥。

3年后，我在贵阳西南公路局桥渡科当绘图员，有幸随王世威工程师到盘江铁桥去视察。那是我国第一座悬索桥，甚为壮观，可惜那时候谁都没有照相机，谁也没有留影。由于公路改道，桥的下场如何，也就不得而知了，希望还能把它保存下来。

上云南大学

1938年秋天，17岁的我，终于到了昆明，兴致勃勃地上大学了。

那时云南大学把一年级学生的宿舍放在城北圆通街的一个废旧的兵营里。我们住的那排房子又旧又暗又潮湿。从宿舍到大学校门必须循圆通街往西经青云街往北走10多分钟的路。进了校门，还要登95级的石级才能上到教学办公楼。这座大楼看上去很高大，里面的教室也很宽敞。二楼有图书馆，校长办公室就在图书馆旁边。

与此同时，北京的北京大学、清华大学和天津的南开大学也都内迁到昆明，三所大学在那里合成西南联合大学。清华大学数学系主任熊庆来是云南人，来到昆明后就被省主席龙云聘为云南大学校长。熊庆来是位著名的数学家，他的学问是第一流的，可是管理大学却不太高明。

矿冶系是新办的一个系，全系的学生也只有我们同级的十几个人。课程除了国文和英文外，还有微积分、工程制图和平面测量，另外还有一门体育课。用的教科书都是龙门书店盗版影印的美国教科书。

微积分不难学。老师安排的

1939年和云南大学同学合影。左起：××××、杨纪珂、黄宪、桂宏才、童幼牧、盛世才

课外作业是抽教科书中的三分之一的题目让学生演算。但我非常喜爱数学，竟把书上题目全部提前习做。所以等到老师讲课时，其内容我已经熟读而且连习题都已经全部做完了。老师特别喜欢我，期终给了我满分。

那个教我们工程制图的是位老学究，整整一个学期只教我们画了一颗螺丝钉。好在用的是美国的教科书，自学起来非常容易。我就不依靠这位老先生而依靠这本教科书自学得津津有味。期终时我的工程图和工程字（规定要用仿宋体）都画写得非常漂亮，他所教的那颗螺丝钉更是不在话下了。

教我们平面测量的是美国康奈尔大学刚毕业回国的陶逸钟先生。他是个好教师，可是脾气太急躁。我们在挨了不少次的责骂后，学会了如何使用罗盘、平板、经纬仪、水平仪等仪器进行实地测量。他还教了我们大地测量学。和那位教我们工程制图的老头子相比，真不可同日而语了。

一学期的学习使我进步不少。遗憾的是矿冶系的这群孩子不像学文科的大学生那样文质彬彬，而是粗鲁顽皮。我们在教室里跳踢踏舞，在图书馆里高声谈话。在图书馆隔壁办公的熊校长忍不住跑过来把我们狠狠地教训了一通。

这位熊校长虽然不会管理这所大学，但也诡计多端。他感到矿冶系的学生桀骜难驯，十分讨厌，便想出了一个对付我们的绝招。他向云南省建议最好把这个系搬迁到有矿山的地方去办，云南省教育厅居然同意。于是在昆明之西为矿冶系寻找系址。

距昆明之西大约150公里有个叫一平浪的小镇，那里有个小煤矿；在一平浪之北元谋县一带有岩盐矿，那里有好几处盐井，从井中泵出的盐卤通过陶管送到一平浪的厂里煮成盐块。于是教育厅在一平浪和元谋县之间找到了一个小镇，名叫舍资，认定这是个办云南大学矿冶系的最适宜的地点，并告诉了熊校长。熊校长听了大喜，立刻行动。于是下学期一开始，我们这群顽皮的大学生就都被赶出了昆明。

这学期，上学读书变成了帮忙搬迁。系里成立了一个搬迁组，组长是西北工学院矿冶系刚毕业的王锡爵助教，组员都是学生，不给报酬，大家义务劳动，我也在其中。

王先生叫我做物件的清点工作，兼管厨房和厨师。大家虽然不拿工资，但伙食是免费的，有鱼有肉，倒也满意。

舍资这个小镇只有几十户人家，是马帮途经之处，因而有多家供人马打尖的马店。当地政府就把好几家马店租下来作为我们的教室和宿舍。

一两个月后，搬迁工作基本就绪。教室设在马店里原来老板住的大房间里。教师住马店里原来马夫住的房间里，可怜的学生住原来马匹住的马厩里。

马厩里有个特色，那就是跳蚤特别多。那些本来靠马血为生的跳蚤，现在只能靠人血了。这就使住在马厩里的学生深受跳蚤侵肤之痒，无不叫苦不迭。我也是整天搔痒。可是后来大家发现杨纪珂有个捉跳蚤的绝招，在打桥牌时只见杨纪珂一伸手，两支手指只一碾，指间就会掉出一只半死的跳蚤来，他把它用两片指甲掐死后陈尸在木板上展览。记得有一天我总共捉了63只跳蚤，把它们一一整齐地排列在一块木板上给大家看，无不为之惊奇不已，拍案叫绝！

原来我的皮肤敏感性很高，在跳蚤叮咬我的一瞬间就能觉察它在我身上哪个部位，迅即准确地用中指按住，再用拇指将它夹住，两指使劲碾，就可把它碾个半死。最后把它放在两片拇指的指片间上下一挤，只听到毕剥一声，小事已了！捉跳蚤是当年一般人很难做到而我引以为自豪的绝技。可惜现在跳蚤已在住宅中绝迹，我再也无法在大家面前表演此项绝技了。

整个学期虽然没有上过课，读过书，但是系里还是给大家升了一级，升为大学二年级学生。在开学之前，系里来了一位客人，他是熊庆来校长的儿子熊秉信。他比我大8岁，从清华大学地学系毕业后，1938年跟他的爸爸来到了云南，当上了云南省建设厅地质调查委员。后来他对蒙自至金平一带的矿产及个旧的锡矿地质进行调查，著有《云南蒙自—金平一带地质矿产报告》等书，成为我国著名的矿床学家。那时他还没有去个旧，却来到了舍资镇，住在刚安排好的教职员宿舍里。我在饭桌上认识了他。在闲谈中他给我讲了许多关于地质学和矿床学的知识，使我十分钦佩。他也喜欢我，带我到附近去勘探地质并采集岩石、化石和矿物的标本。

我们一人带一把采石锤，在山中转悠。他一路上仔细察看路旁的地层、岩石，用锤子敲敲打打。有时候掰开一片叶岩，见到有三叶虫的化石清晰地呈现出来，就欣喜若狂，告诉我这是距今5亿~6亿年前寒武纪的标志化石。后来又见到他在煤矿附近找到了羊齿植物的化石，说是距今1.5亿~2亿年前侏罗纪的。他把所采到的各种化石、岩石和矿物的标本都用卡片记下岩层、地点和时间，小心地用纸包好，放在背包里，并在本子里画下当地的地形。回到宿舍，他把采集到的标本如数家珍地一一给我看，并予以描述。最使我难忘的是一个有胳膊粗的水晶晶体，这是个六柱体，两头都是双锥晶面，通体透明。他说："水晶的自然晶体往往只有一头锥晶，很少有两头的。这块标本不但两头有锥晶，而且很大，非常难得，找到它十分幸运。"

过不好久，他到个旧工作岗位上去了。他和我一道做野外工作，时间虽短，对我的启发却极大，引起了我对地质学、地史学和矿物学的极大兴趣。刚好矿冶系从美国买了一套矿物标本和一套岩石标本，于是我着迷似的一一予以认识，熟记每种矿物的中英文名称、成分、晶系、劈面、硬度、色泽、划痕、比重和用途，对岩石和化石也是如此。

我有较好的记忆力，当时学到的地史、矿物、晶体、岩石和化石的名称绝大多数到现在还没忘记。例如，半个多世纪后，青岛海洋研究所的郑守仪教授给我看她采集的多孔虫化石，我立刻叫出了它们的属名，她大感惊讶。

秋季开学后有高等物理、定性分析化学、地质学、矿山测量学几门课。

我想特别提一下教我们地质学的袁见齐教授。他是中央大学地质系毕业的，课讲得非常精彩。由于买不到普通地质学的教科书，袁教授叫我们记笔记。我因练习过行书和草书，能够快速写字，所以他的讲课基本上都能记下来。我每记好一句，就抬起头来望着他。他见我望着他，知道我记好了，就继续讲下头。这样，我的笔记是全级中最完整的。下了课，我把所记的整理出来，同学们都来借抄。到后来我才知道，袁先生原来也是松江中学的毕业生，他比我大 14 岁，我们是前后校友。最后他当了中国地质大学的名教授，终年 84 岁。

这个镇没有通电，晚上上自修课时，教室里点了一盏用二氧化钍涂纱罩制成的燃煤油白热灯，非常明亮。但在宿舍里，大家只能用油盏点灯。那是一只瓷盏，放在一个柱状灯架上，盏里注了些油。油里浸了两根灯草，头上露出一点点，点上了火，发出亮光，就成了一盏灯。这是在煤油灯还没有引进之前全国百姓通用的一种灯，现在知道它的人就不多了。

矿冶系在舍资镇办了一年的学，不知为什么又要搬迁了。这次的目的地是昆明东北大约 200 公里的会泽县县城。这可能是因为元谋县的岩盐矿不适于一般的采矿教学，在会泽县却有着具历史根源的东川和巧家的铜矿。在县城的生活环境也远比偏僻的舍资镇强，同学们更高兴，因为跳蚤叮咬之苦从此可以免除了。

在与我同级的同学中，有两位成为好友：殷之文和秦长卿。殷之文比我大两岁，1942年毕业后去美国留学学习陶瓷工程，获硕士学位。回国后到中国科学院工作，成为上海硅酸盐研究所研究员，兼任上海大学材料科学和工程学院名誉院长，曾任上海硅酸盐学会理事长，成为我国著名的材料科学家。他于2006年去世，享年87岁。

因病辍学

到了会泽，上了一两个星期的课后，我忽然病了。肚子右下方经常作痛，虽非剧痛，但校医说是慢性盲肠炎，随时有变成急性的可能。但会泽偏僻落后，尚无能为盲肠炎动手术的医院。如果变为急性盲肠炎，那就是死路一条。校医劝我去昆明割治。怎么办？只好写信问纪璋哥。他回信叫我马上去昆明治病，不能耽误，并汇来了120元大洋。这是一大笔钱，璋哥可能罄其所有了。于是我只好辍学离开会泽，把东西什物交托给挚友秦长卿保管，去了昆明。昆明最著名的医院是法国人开的甘美医院，医师也是法国人。我住进这家医院之前在市场上买了一大罐美军卖出来的奶粉，无非是想病中需要营养营养罢了。

为我动手术的是位法国女医生，她对我叽里呱啦说了一通，我什么也没有听懂。护士是中国人，翻译给我听，原来她是在告诉我手术之前不能吃东西。我想叫我不吃，喝一点总可以吧，于是取出那罐奶粉，冲了一杯牛奶喝了。结果坏了，医生为我做了全身麻醉，她一切开我的肚子，割掉盲肠，从切口处却流出了牛奶的消化物。她怎样处理的，我因失去知觉而一无所知。醒来后护士告诉我她挨了一顿臭骂，说叫他不要吃东西，怎么又喝了牛奶?！可是这一来，我的病本来一个星期就可以出院的，却要延长了。事后想想，这个法国医生是个庸医：首先，根本不需要全身麻醉；其次，虽然手术时创口流出了排泄物，但并不是不能处理好的。当然，错在我，但遇到这位庸医，也算倒霉。

在医院多住了几天后，算算钱快用完了，心中十分着急。恰巧有个同学有事来昆明，顺便到医院看望我。我对他诉了苦，他说"回校后跟老师们商量商量，看有啥办法帮你忙"。恰好有位好心的老师，是教矿山测量学的徐象数教授，他说"如果杨纪珂因病不能行动上学，就暂时住到我家来养病"，只要求为他的小女儿徐燕补习国文和算术，就免费提供吃住。

就这样，我在徐教授家为徐燕补习功课，安顿了下来。徐教授是苏州人，英国伦敦大学毕业，学采矿，回国后在好几所大学任教。

到病好时，徐教授对我说，你的功课已经耽误不少了，怕不容易补上，不如找个工作，休学一年后再上学吧。他说他有个亲戚叫薛次莘，是西南公路局的局长，正在为云贵川三省大修公路，一定需要工程技术人员，于是用八行笺写了封推荐信叫我到贵阳去找这位局长大人。我十分感谢徐教授的帮助，他还给了我路费，我于是启程到了贵阳。

我爱上了石拱桥

从昆明到贵阳再次经过了"24道拐"，饱览了沿路景色。

到了贵阳，我就径直到西南公路局找到了薛次莘局长。他看了徐教授的介绍信，问我："你擅长哪方面的工作？"我说："我是学工程的，读过两年大学，因病辍学。在一年级时学会了平面测量和工程制图，两门功课的成绩都是A。我能画工程图和写工程字。"他拿出一张纸,叫我写几个工程字看看。我在上面端端正正写了一行仿宋体的规范工程字。他看了点点头,说:"我们局里现在正好缺少绘图员,你就来这里当个绘图员吧。"他把我分配在桥渡科工作,叫了人事科的一位科员来,把我领去办理入局手续。这是不到20岁的我,生平第一次得到了一份工作,而且是技术性的工作,当时觉得飘飘然,其乐可知也。

我在南横街租了一间住房,是在一户人家靠街的阁楼上,里面堆放了许多旧家具,只留下了一张床铺的空间给我睡。因为房租便宜,只能将就些了。对过正房住着一个营级军官,带着他那无所事事的老婆,有婢仆侍候,过着阔绰的生活。我产生老大疑问,心想:像这样的军官,能带出抗日寇、打胜仗的军队吗?

从住所往北步行大约20分钟就到了西南公路局设在贵阳东门里的一所办公大楼。这所大楼原本是一个贵州阔佬建的别墅,里面的房间高大宽敞,作为工程设计工作的场所是再好不过的。我的工作间位于二楼的一间大房间里,这间大房间一隔为二,里面是设计工程师的工作间,外面是绘图员的工作间。

我的顶头上司是位顶呱呱的桥梁工程师,1937年清华大学毕业的王世威。半个多世纪后我在北京又见到了他,那时他是城乡建设环境保护部科技局教授级高级工程师。

抗战时期,在西南公路上建了大量的石拱桥。虽然建石拱桥要耗费大量的人工,但在当时内地缺少水泥和钢材同时又不乏人工的条件下,石拱桥不失为最经济而耐久的桥梁。为了把石拱桥建得标准化,王世威率领本科的工程师们设计出了一系列不同跨度的石拱桥,设计好后就让我在透明的绘图纸上绘图。于是一张张上好墨的石拱桥标准图就成了我的工作产品，再将它们晒成蓝图发出去。这些图都很漂亮。我把桥两端的护坡石画得特别好看。可惜没有留下几张作个纪念。

参加工作后，我随之也练成了严格的时间观念。从那时起，我就养成了每天按准确时间上下班的习惯。我从不迟到早退，总是第一个踏进绘图室之门，提早开始伏案工作。

我的同事们全都是男士，因此在设计和绘图的办公室里从没发生过男女相爱之类的事情。后来我上学后，矿冶系也是个清一色男学生天下的"和尚系"。所以说来也可笑，我在中学、大学和当工务员期间，只在高中时有过一位女同学，那就是为革命牺牲了的王昌颖同学，即使这位女同学我也从来没有和她交谈过。

当然，还有一位9岁的小女孩，我教过她国文和算术，她就是徐象数教授的女儿徐燕。

回想起来，没有女同学和女同事分我的心，也许大有助于我学业和工作的成绩吧。

但这并不是说像我这样不到20岁的青年，对异性没有什么爱慕之念了。记得我在准时上班的途中，在我前面不远处总是有一位姑娘也在朝同一个方向步行，估计她也是准时上班族的一员。那是条静僻的小街，我在她背后保持一定的距离，一面走，一面欣赏她苗条的身段，幻想她姣好的容貌，直到她转入大街消失在人群里。她哪里知道背后不远处却有个青年在那里欣赏她、幻想她呢。这个青年呢，既没有看见过她的容貌，也没有对她说过半句话，却成了他人生中一段难忘的情事。

我在贵阳，一心努力工作，没有看过一场电影，也没有到附近有名的胜地花溪去玩过。大家夸奖我这个人"老实"，其实这是"呆子"的同义词，我也就受之而无愧了。

云南大学矿冶系有位同乡同学桂宏才，他从二年级起，就转学到内迁至贵州平越的交通大学唐山工程学院（简称唐山交大）矿冶系去了。唐山交大是所名牌大学，我想既然身在贵州，平越县城位于贵阳之东110公里，不算远，还不如就近也转学到那所大学去。那时转学的条件有二，一是原校必须出具转学证书，二是必须转学考试及格。我于是写信给会泽的秦长卿请他代我领张转学证书寄来，同时写信给桂宏才，请他代我报名。宏才来信说考试的课程有工程力学和水力学，你可能没有学过，交大很严格，怕考不及格。我说不要紧，请为我找位功课好的同学补习一下不就行了。

于是到1941年8月，我辞退了西南公路局的工作，到平越去了。

从贵阳到平越没有直通的公路，必须搭乘货车当"黄鱼"先到贵阳以东110公里的马场坪，下车后往北步行8公里才到县城。我一路上观赏风景，倒也忘记了疲劳。平越的城墙全用石砌，城里的大街南北向，长约1公里。与之相交的十字街东西向，仅长半公里，此外还有东西小街数条。所有街道，都是石板路。县城虽小，群山环抱，无车马之喧；一水绕城，有读书之乐，确实是个恬静求学的好地方。

校园设在城西南的孔庙里，教室却是新建的，取材于当地木材，简单朴素；纸糊的窗又极其明亮，设计得非常巧妙，造价极低，而使用率又极高。

从孔庙往西步行不远的城墙里有块高地，其前有一股清泉，终年不竭，故名其地曰福泉山。山上有一道观，相传为张三丰修炼成仙之处。矿冶系即设于此地，有教室两座，是三、四年级上课的地方。后来，我和同学们一道，从1942年秋到1944年秋，和福泉山结下了两年不解之缘。

桂宏才为我找到一家民居，租了一间房间住下。他也为我找到了土木系的高才生李懋仁同学为我补课。我花了半个月的时间，日夜学习工程力学和水力学，居然考及格了。记得在考场上正在做水力学的试题时，有个监考人低下头来问我:"你是在哪所大学学习水力学的?"我说是最近李懋仁教我的。后来才知道,他正是教水力学的范治伦教授。

李懋仁比我大4岁,毕业后终身从事桥梁设计工作。他走遍大半个中国,为我国的铁路桥梁建设作出了重大的贡献,成为我国桥梁工程的著名工程师。他担任过武汉桥梁建筑工程总工程师,终年84岁。

在唐山交大矿冶系,工程力学、材料力学和水力学是三门必修的重头课,这三门课只要有一门不及格,就要把你请出校门。在云大矿冶系的二年级却没有设这些课程,因此我在唐山交大必须从二年级学起。就这样,我在两所大学读了两次二年级,学到了不同的学问。

严师出高徒

到山清水秀的平越上一所名牌大学,真是好高兴。最令我高兴的是有许多名教授教我们功课,其中有杰出的罗忠忱教授。

罗忠忱,字建侯,1910年康奈尔大学土木系毕业,1912年到唐山铁路学校(唐山交大前身)任教授。此后学校多次易名乃至搬迁,但罗忠忱一直在同一学校中任教和工作,直到1952年方退下讲台,讲了足足40年的工程力学和材料力学。建钱塘江大桥的茅以升还是他教出来的呢!

罗教授是一位严师。使我这辈子得益最多的老师,不是别人,就是罗忠忱老师。他准时上课下课,从不浪费每一分钟。他不会讲普通话,只

罗忠忱教授

会讲福建话，谁也听不懂。于是在课堂上他用一口流利的英语讲课，准确的发音，清晰的吐字，洪亮的声音，抑扬顿挫，如行云流水，由浅入深地把我们带入工程力学艰深的理论和枯燥的数字中。当讲到难点时，他往往是用提问的方式启发我们思考，从容不迫地引导我们求得问题的解决。他总是先把基本概念阐述清楚，再通过大量的例题演算，灵活运用。课堂上演算每一道例题时，他都当场算出结果，再用另一种方法加以校核。当两个结果一致时，他就高兴地把粉笔头一扔，说一声："So check！"他还严格要求学生养成良好的计算习惯，他说："工程师要兼顾安全和经济，计算必须准确，对具体数字的计算必须重视。"他对学生要求严格，每周都要用一节课的时间进行测验，每次测验他都亲自评卷，既要求解题的思路和方法正确，也要求数值计算准确，而且给分极其"吝啬"，尤其对计算结果出错的扣分更多。至今我们对罗忠忱先生要求计算结果准确到三位有效数字，否则即判零分的严格要求记忆非常深刻。他说："我们培养的是工程师，如果计算出错，那将在工程中造成重大事故。"罗忠忱先生讲课后从不布置作业，但是，我们却在课余大量做练习题和阅读参考书。

在他的严格要求下，我很幸运地在每周的测验中一次次都得到满分，结果使我的工程力学和材料力学两门课程最终都得了100分。这在罗教授的学生中据说是非常少见的。

由于这两门课如果不及格就要被开除，同学们对每周一次的测验都非常紧张。记得有一次罗老师出了个难题，这道题需用微积分的方法才能获解，全级只有我一人做对了。后来在每次测验的前一天，总有十几个同学围着我要我讲难题的解法。由于我来者不拒，到了四年级，同学们选举我当了级长。

在他身体力行的影响、培养、教育下，唐山交大形成了严谨治学、刻苦钻研的优良学风，涌现出了一批批英才人杰。其中有著名桥梁专家茅以升，港工专家谭真，铁路桥梁专家汪菊潜和李懋仁，建筑工程结构专家林同炎，著名力学家林同骅、张维和刘恢先，著名水利工程专家严恺和谭靖夷，"两弹一星"功勋科学家陈能宽和姚桐斌等等，不仅桃李盈门，硕果累累，而且使母校誉满全球。

唐山交大有个斐陶斐励学会，每年选择毕业生中成绩最优的几个学生当新会员，并颁发给他们每人一枚用斐陶斐3个希腊字母 ΦΤΦ 或 φτφ 组成的金钥匙。在我毕业的那年，土木、矿冶、管理3个系有5人得此荣誉，我有幸是其中之一。其他4人是：黄仪烈、陈莘、王之烁和彭福久。但因国家正处于危难期，无力制此金钥匙，也就免发了。多年后，在校友张维当了清华大学副校长后，有一次我在会上见到了他。谈起母校的往事，我对他说："你是33级的斐陶斐，我是44级的斐陶斐，你是我的斐陶斐老前辈啦！"两人拍手哈哈大笑。张维比我大8岁，从唐山交大毕业后，在德国柏林高等工业学校取得工学博士学位，成为著名的振动力学专家。2001年逝世，享年88岁。

教我们冶金学的王钧豪教授

王钧豪教授是矿冶系的系主任，也是矿冶系的台柱。我转学唐山交大也是他批准我参加转学考试的。王教授在教室中很严肃，但平时却穿着朴素，和和气气，笑嘻嘻的，像个土老儿。可是，如果真的把他当做土老儿，那就完全错了。他讲课条理分明，说理清晰，不疾不徐，循循善诱。他的学问功底是第一流的，他对学生的要求也是最严格的。

他教的冶金计算学是四年级最难的课程。学生所作习题，必须誊写端正才能交卷；若有潦草，即发回重做。要得这门课的高分极难，连及格都不容易，曾经有过全级有一半学生不及格而要补考的往事。如果补考再不及格，就不能毕业。所以同学们上课时都屏息静气，用心听讲；到考试前更是倍增紧张。我的数学底子比较好，所以他所教的这门课能够透彻理解，应付裕如，期终考试得了满分。不及格的同学在补考前有不少要我为之补习。

王教授很有国学文采，他对每份卷子都有不同的卷后批语，而且用骈体文四六句作批。在数学和物理的科技文字中杂以优美的传统文学，可谓空前绝后。我把在中学时作的骈体文给他看，他大加赞赏。他是中、西、算俱臻上乘的大学者，我是中、西、算忝列下乘的小学生。同气者相求，同声者相应，就这样大大增进了我们师生之间的厚谊。我后来作了不少科技诗词，也许相当程度地受了他的影响。

多年后，我听说他在香港因病逝世。回忆往事历历，不胜缅怀悼念。

一位糟糕的好老师

和优秀的好老师罗忠忱教授相反的，是矿冶系糟糕的好老师谌湛溪教授。谌教授是教我们采矿学的，他的讲课委实使学生听不太懂，我们都依靠一级级传下来的笔记学这门工程学。然而说实话，谌教师也确实是位好老师。他总是笑嘻嘻的，从不疾言厉色。同学们都喜欢他那和蔼可亲、平易近人的姿态。我们从没见他对任何人发过火。他出的考试题总是那几个大家必须掌握的有实用价值的大题目，从来不出刁钻古怪的难题。考完后在成绩单上不是 A 就是 B，没有不及格的。同学们既学会了采矿学，又得到了好成绩。从正统的眼光看他教得很糟糕，其实照我看一点也不糟糕。对我们这批都已有自学能力的交大学生来说，这也是一种另类的良好教学法，值得赞赏。

暑期矿山实习

学校规定学生到三年级的暑期，必须依据自己的专业进行一次暑期实习。矿冶系的学生一般都去矿山实习。我因为纪璋哥在重庆工作，所以愿去位于重庆北碚的天府煤矿实习。1943 年夏，我带了学校出具的介绍信，高高兴兴地提了只藤箱启程。一路上我仍然为找车而苦恼，几经周折，终于到了重庆。这座山城由于屡遭日机轰炸，纪璋哥的工作单位已从城里的骞家桥搬到郊外的歌乐山。我从泥泞不堪的两路口坐公共汽车到了歌乐山，兄弟相见，喜可知也！

璋哥已结了婚，嫂子姚明华是南社诗人姚鹓雏先生的女儿。鹓雏先生和柳亚子、叶楚伧等人都是南社的诗友。他不但诗作得好，字也写得好，为我所钦佩。当时他担任监察院主任秘书的职务，家住歌乐山以西的金刚坡。纪璋哥带了我到金刚坡去拜访他。我把在贵阳买的一瓶茅台酒作为礼品送他，使他大喜。我不禁想起嗜酒若狂的李太白，原来诗人都爱喝酒。

天府煤矿矿长程宗阳，乃是留美学生，毕业于美国的名牌大学麻省理工学院。我刚到天府煤矿时和他有个巧遇。从位于嘉陵江岸边的后峰岩的天府煤矿大门到矿长办公室，还有好几里路，须在轻轨铁路上乘坐煤斗车。一路上也没有路牌，我单独一人站在摇摇晃晃的煤斗车边上东张西望，也找不到人问路。车到了一处停下来，等到向车下的人问清这就是去矿长办公室的车站时，车已经开动。我急忙跳下去，不小心一跤跌在铁路旁的煤屑上，跌破了膝盖，渗出了血。这时旁边走过来一个戴眼镜的中年人，看见我这副模样，就叫人把我赶紧送医院。他同时就问我是哪里来的，我说明了原委后，他就吩咐那个带我去医院的人："包扎好后就送这个大学生到我办公室来。"原来他就是矿长程宗阳，他那和蔼可亲的神态给了我极好的印象。

我的膝盖后来愈好后留下了嵌在皮肤里的点点黑色煤屑瘢痕，在随后的半个多世纪中才一个个逐渐湮没。到现在在左膝盖上还留下了硕果仅存的一个小黑点，也算是天府煤矿送给我的纪念品吧。

程矿长派了一位工务员陪我实习。我们天天在矿井里上坡下坡，钻来钻去，非常辛苦。有些矿道十分难行，我们要像蛇一样地爬过去。

有一次，这位工务员（我已忘记了他的姓名）正在矿道中带了我一脚高一脚低地踯躅前进时，忽然看见路旁有个熟睡的矿工。他停住，抬起腿来一脚把这个矿工踢醒。等那矿工站了起来，他又顺手扬起右手重重打了他一巴掌。事后，他一句话也不说，低了头继续带我前行。

后来我才知道，煤矿里的工务员最怕的差使就是矿长叫他带领大学生实习，因为要干好这个差使，必须带着学生走遍全矿，十分劳累。所以他们往往有怨气，因此把一肚子怨气发泄在偷懒的矿工身上也就不足为奇了。可是，他这一巴掌却把我毕业后当矿山工务员的设想给打得消失无踪。

在结束了实习并在纪璋哥家住了10多天后，开学时间快到了，我必须赶回平越去。于是告别了纪璋哥和明华嫂，到南岸海棠溪乘坐中央银行的运输车去贵阳。谁知到了遵义县，车队却停止不走了。在那里想找去贵阳的车辆难于登天，我心想不到一个星期就要开学了，咋办？

我到县政府去打听怎样找到便车时，在墙上看到了一张贵州省地图，发现平越县位于遵义县之南约220公里。我心想与其等那久等不到的便车，还不如依靠自己的两条腿走路。于是下了决心长途步行返校。我从这张地图上抄下了从遵义到平越的部分地图，并把沿路的地名（龙坪、团溪、珠藏、江界河、鱼河、瓮安、牛场，其中只有瓮安是个县，其他都是镇）和经过的河流名（乌江）都记了下来。我在街上招雇了一名挑夫，让他挑了我的行李，陪着我往南上路了。

贵州省是出名的"地无三尺平"之省，在这220公里原始小路的长途路程中，山路占绝大多数。特别是第二天经过的乌江最为险峻，从江北下坡走10公里崎岖石级即到江边。我在江边休息，见江流奔腾而下，四顾只有我们两人，就脱了衣服裸身跳入江中游泳。游出去不远，见到江岸迅速后退，啊呀不好！有危险！我立刻奋力回头游往岸边，幸好没有游进主流被冲往下游。要是那样，我这条小命恐怕就保不住了。过江后上坡，又走了10公里崎岖石级到顶。我们走得疲惫不堪，浑身是汗，幸好上面有人搭个茅草亭在里面卖清凉绿豆汤。我们一人一大碗喝下肚子，无比痛快，它成为我生平最为难忘的一碗饮料。

每天到了傍晚，我们就得找个客栈住宿。只要看见"未晚先投宿，鸡鸣早看天"的招牌，就可进去投宿。虽然有床上臭虫的叮咬和外间赌徒的喧嚣，但过度的疲乏使我们呼呼大睡。第二天一早起来，吃饱了饭立即启程。

我们每天走50多公里的山路，到第三天，我的脚上开始起泡。第四天，路虽然比较平坦，但双脚疼痛不堪，只得忍痛上路。四天连续走了220公里，终于到了平越，住进了天佑斋宿舍，赶上了开学的日子。我幸运地进了矿冶系四年级，还当了级长。正是：往日崎岖今尚忆？当年奋发终难忘！

同窗益友

黄仪烈，是我在平越上学时的挚友。我们曾在水西门外一家民居租屋相邻而居，互相切磋琢磨，努力学习；在功课上孜孜不倦，在成绩上你追我赶，彼此与时俱进，相得益彰。毕业前，两人都因成绩优良而当选为斐陶斐励学会会员。毕业后，我们还在重庆见过一面。可惜以后劳燕分飞，从此杳无音信，不知老友今在何方！

另外两个好友是林雨苍和秦同洛。林雨苍、李周雄和我都是考试院高等考试及格的同榜人。林后来去了台湾，当了个厂长。李周雄留学美国，在那里定居。

秦同洛毕业后去玉门油矿当工程师，后来升为厂长。他最早把岩心分析和试井技术引进国内，是我国第一个注水开发油田的主要设计人，也是大庆油田分区注水开发设计的负责人。

在《中国石油企业》杂志2004年第3期中有篇陈忠勇写的《传奇英才秦同洛》，其中有这么一段文字："在新中国石油工业发展的历史进程中，数以百计的石油科技专家在大漠戈壁、茫茫草原，奉献了他们的青春年华和聪明才智。其中一位被尊称为'秦教授'的油田开发专家，颇有一些传奇色彩。说起石油人对'秦教授'的尊称，要比他正式获得'教授'职称早30年！"

后来他担任北京石油学院石油开发系主任、科研处处长，石油工业部石油勘探开发科学研究院副院长，成为我国石油科学的开创者，对我国石油工业作出了卓越的贡献。我当中国能源研究会会长时，聘请他当副会长，成了我的同袍挚友。秦同洛国学根基也很好，写得一手优美行书，我留有他的墨迹。2000年他逝世后，我去北京八宝山殡仪馆吊唁，向他的遗体告别，不禁潸然泪下。

我上四年级的时候，搬到学校提供的免费宿舍里住。宿舍一共有两栋，分别以孙鸿哲和詹天佑命名。四年级住在天佑斋，我和陈诗纯同住一间。诗纯是我级中年龄最大的，江苏宿迁人。他不苟言笑，大家称他为"老夫子"。虽然他的学业成绩并非上乘，但性情温和平易，与世无争。我们在天佑斋同室一年，两人之间结下了深厚的友谊。毕业后他先后担任上海第三钢铁厂和安徽马鞍山钢铁厂的厂长兼总工程师，是上海市人大、马鞍山人大、安徽省人大代表，且是马鞍山市第八、九两届人大副主任。我回国后，1958年曾到上钢三厂去拜访过他；后来他调到马鞍山钢铁厂当厂长后，我也曾去看过他一次。他于1996年逝世，享年79岁。这位同窗好友为我国的钢铁事业尽瘁了一辈子，我不如也！

和我同级的同学总共47人，除了上述几位外，其他同学现今都星散各地，大多已作古。只有居住在北京的张文镇和我两人尚称矍铄，还不时往来。

我级一位同学的悲剧

在平越西门外有个农民用石块修筑的小水堰，目的是把水位抬高一两米后，通过引水沟灌溉附近的农田。因而距水堰近处的水深两米多，越往上游越浅，到距水堰百米远的水面只及膝盖。我们矿冶系的男同学们经常到那里去游泳，我也在那里学会了蛙泳、自由泳和侧泳。到了夏天，我们几乎每天都去游泳，大家优哉游哉，有无怀氏、葛天氏之民的感觉。

我们之中游泳比较突出的是张民权同学。他不但游泳技术高人一等，而且还会跳水。他站在水堰上双手护头，纵身跃起，以优美的姿态倒身插入水中，博得同学们的鼓掌喝彩。

可是，农民在当初建堰时所堆砌的石块是零乱的，下面也有凸出的石块，所以跳水有碰头的危险。一天，他照旧在那里跳水。跳了几次后，最后一次在他纵身跳入水中后，不见上来了。同学林雨苍看见有红色的水泛上来，说声："不好！"立刻钻进水中救人。不一会，红色的水上来得更多了，等林雨苍带着张民权浮起来时，只见他紧闭双眼，头上不断渗出血水，已是奄奄一息，不省人事。同学们流着泪簇拥着马上把他抬到校医室，校医赶忙用纱布包他的创口，然而已无济于事，不久张民权同学就停止了呼吸。

我们把他安葬在城外的一块墓地，失去了这位同窗好友，大家哭声一片。真是：七尺红罗书姓氏，一抔黄土盖文章！徒唤奈何了。

平越生活一斑

抗战时期，谁也买不起好衣服，也无处可买。像罗忠忱教授和王钧豪教授，也都是布袍布鞋。同学更不用说了，例如秦同洛，终年一件破旧长袍，不洗也不换，因为他仅此一袭，没有第二件可以换的。我呢，不穿长袍，跟多数同学一样，穿中山装，至少还有换的。女生们都是一袭宽松长旗袍，毫无秀美可言。

当时是一个全国大动乱的时代，同学中大多数是在背井离乡、流离失所之后好不容易上了大学，是一批落难的穷学生，因此大多缺少经济来源。我有个好哥哥每月寄来少许，为同学们所羡慕。幸而政府出来救济，大学生不但免役不用当兵，而且还发给"贷金"，借此可以填饱肚子。此外，每个月还发给一瓶桐油，为点灯之用。大家粗衣淡饭，能够在如此良好的环境里读书，在抗战时期，应当说是一群非常幸福的人了。

同学们也很少生病。只有一个张洁，他是管理系四年级学生，我三年级时和我同租一家民居，经常见面。他不幸得了肺结核，当时当地对这种病还没有特效药，我搬去天佑斋后不久，他就去世了。

全县没有电源，因而也没有电灯。晚上虽然一片漆黑，却非常有利于观看天文。我在云南舍资镇时就对天文发生了莫大兴趣，从图书馆借了天文学的书，大事钻研。我通过星图对照黑夜的星空，把中国传统的三垣二十八宿、西方传统的黄道十二宫，甚至仙女座 M31 大星云都认了出来，这成为我生活中的一大组成。我还找到几张好纸，用心抄画了全天星宿图。这几张图我一直保存到 1971 年，那时在研究《梦溪笔谈》中的天文条文时被人借去，从此就被遗失而没有还给我，成为终生的遗憾！

老年时我住在北京，北京的夜晚随着祖国的兴旺而越来越明亮，城市明亮的灯光把众星星微弱之光都掩盖起来了，我所喜爱的亮度只有 3.5 的仙女座 M31 大星云也因刺激不了我的视觉而从我的视野中消失了。然而，M31 当然不会因此而消失。它的直径为 16 万光年，大约是银河系的一倍多！

我在平越上大学期间，有时诗兴勃发，写了些律诗。下面是当时写的几首七律：

贵州平越杂诗五首

山居即景

疏竹篱边集乱鸦，夕阳西下暮云遮。

牧童牛背吹梅笛，村妇溪头唱落花。

雁去长空何缥缈，樵归山路任横斜。

矮扉茅舍悠闲处，几净窗明是我家。

葛镜桥（在平越城南五里，下临犀江）

葛镜桥头月夜侵，危崖山寺掩孤襟。

梧桐有意迎风啸，蟋蟀无心对客吟。

冉冉白云何处觅？遥遥仙杖更难寻。

他年便乘犀江水，借得灵槎出海深。

乡 思

烽火迷蒙蜀道难，天涯东望尽岗峦。

鲈鱼莼菜炊应熟，露井霜楼夜已阑。

一片波摇明月碎，半丝风送五更残。

可怜游子怅何限，捣练砧声入薄寒。

秋日即景

蔼蔼白云故故桥，孤城野客又悄悄。

水西门外寒江碧，东寺山前冷月高。

采菊东篱知寂寞，梧桐深院转萧条。

离群孤雁翻飞急，塞北江南万里遥。

夜观星斗①

无声银汉影迢迢，信步中庭仰九霄。

昨夜尚愁云溟漠，今宵且喜月轮高。

牛郎不越天津渡，织女犹期鹊鹊桥。

寂寂瑶光随斗转，紫微远处任逍遥。

终于毕业了

1944年5月21日，我终于和其他42位同学一道，从交通大学唐山工程学院矿冶系毕业了。在平越找不到毕业礼服，大家都到贵阳去租服装拍毕业照，我也拍了一张，分别寄给了重庆的纪璋哥和上海的纪琬哥。我还写了一首诗附去，并把它记录了下来：

---

① 诗中牛郎、织女、天津、摇光、紫微皆星名。牛郎属天鹰座，又名河鼓二；织女属天琴座，作青白光；天津居银河之中，牛郎、织女之间；摇光亦作瑶光，北斗七星之第七星；紫微属天龙座，4 000年前之北极星。

交通大学唐山工程学院矿冶系民国33级毕业合影,1944年摄于贵州平越。前排左4为罗忠忱教授,后排中最高者为杨纪珂

自题学士照片寄璋哥、坪哥①

阿弟二十四②,学带方帽子。四载工程门,怀我鸿鹄志。

家书千里传,阿兄笑开笺。见我一帧影,拭眼细相看。

子侄不相识,疑是道衣宽。容颜何太似,借此报平安。

置我案头上,朝夕乐周旋。父母逝何早,哀哉不及见。

---

① 坪哥,即杨纪琬。
② 这里我用了虚岁,实足年龄是23岁。

我和安琦照了张合影,和她们全家也照了张"合家欢"。

自此,在风景如画的翠湖边上常见:泽畔堤边,双双旧燕衔泥去;湖中水上,对对新鸥逐浪来。

20世纪中国科学口述史
The Oral History of Science in 20th Century China Series

第4章

大学毕业后的迷惘

在大渡口钢铁厂当工务员

1944年5月底,我从国立交通大学唐山工程学院毕业,接着就是必须找到一份工作。那时候,学院不负责毕业生的就业问题,政府也同样不管你,你得自找门路。

我没有什么门路可钻,只好先回到重庆纪璋哥的家里再说。那时候纪璋哥在重庆已经有了女儿杨周原。这个名字还是我父亲替她取的,出自《诗经·大明》篇中"周原膴膴"之句,形容周朝的原野风光美丽也。

我不想去天府煤矿,而想去重庆唯一的一家钢铁厂——大渡口钢铁厂工作。纪璋哥去请他的岳丈姚老伯帮忙。姚老伯慨然写了八行笺把我介绍给松江同乡全国公路局局长赵祖康。赵局长认识大渡口钢铁厂杨厂长,他也写了张八行笺把我介绍给杨厂长。我到大渡口见到了杨厂长。他看了信,叫人出了个技术题目考我一考。考试对我来说是拿手好戏,一会儿就满满写了几张纸。由于唐山交大的教科书都是英文本，用英文作答对我来说比较容易。于是我就被录取了，当了大渡口钢铁厂的工务员。

厂长见我英文写的钢铁学答卷很好，就不派我在高炉炼铁或平炉炼钢车间，而派我在外籍室跟一位捷克工程师工作。那时有位在平炉炼钢车间工作的工务员是个熟人，他是云南大学矿冶系毕业的和我同过两年学的孙振潭同学。两人一见分外开心。他把厂里的情况对我作了详细的介绍。他认为我应当在炼钢车间和他一起工作，车间主任曾是汉冶萍公司的炼钢工程师，有丰富的经验。那个捷克工程师实际上没有什么水平，有点像是来混饭吃的。

我已被派好了工作，无法改变，只得硬着头皮到外籍室上班。果真，那个捷克工程师根本没有给我安排像样的工作，而是叫我天天做焦煤的含硫量的分析工作。我冷静观察，看不出这位捷克工程师对厂里的炼焦、炼铁或炼钢的过程有什么建树。我在外籍室里，既学不到任何技术，也展示不出我的才能。在做了几个月刻板的定量分析后，我就不想做了。

刚好国家考试院在重庆重新开始了高等考试，大学毕业生都可以应试，门类齐全。我去报了名，参加了考试。刚好考试院也设在歌乐山，到发榜时，纪璋哥首先看到那张榜。他看到我名列优等第一名，不禁大喜过望。

考试院是孙中山创立的行政、立法、司法、考试、监察五院制的国家体制，之所以设考试院是鉴于过去科举制度选拔人才的优点。高等考试作为国家选拔优秀大学毕业生当公务员的渠道，也就相当于过去科举制度中的会试。这次榜上只有两个优等第一名，相当于过去的状元或者榜眼。我向姚老伯和姚伯母报了喜，他们俩着实夸奖了我一番。我想，要是在过去呢，那就是：春风得意马蹄疾，一日看遍长安花！

与此同时，明华嫂开始为我物色对象。她对我说她过去在苏州上艺术学校时，曾借住在苏州中学校长汪懋祖家。汪老伯和他的夫人袁世庄都是早期留美学生，汪毕业于哥伦比亚大学教育系，是美国大教育学家杜威的学生，也是明华嫂父亲姚老伯的好友。袁是清华最早留美的女学生，毕业于威尔斯利学院（Wellesley College）历史系。他们的女儿汪安琦刚毕业于华中大学生物系，书香门第，待字闺中，问我愿不愿意和他家谈桩婚事。如愿意谈，她乐于为我们介绍。我说愿意，于是互相寄了照片。记得我在信里，附了一首唐诗或宋词，用楷书或行书写。可能优美的诗句和漂亮的书法赢得了汪小姐的芳心，我的第一封信就获得了回信。于是，两人虽素未觌面，却已相悦神交，书信来往不断了。

在仙女洞接受军训

高等考试及格的生员被陈立夫看中了，规定要到设在南温泉仙女洞的中央政治学校高等科接受军训。就这样，我脱离了大渡口钢铁厂，和两位考试及格的唐山交大矿冶系同级同学林雨苍和李周雄一道，到仙女洞报了到。

仙女洞是重庆的风景胜地，洞颇大，但由于并不是石灰岩形成的溶洞，故不深。前面有条河，流水清澈，但不湍急。上游约一公里可达南温泉小镇，下游约一公里就是中央政治学校本部。

在山洞与溪流之间有块平地，建了简易的办公楼、教室、宿舍和食堂，成为不与校本部相连的高等科。当时在那里受训的有两个班，一个是高等考试及格人员班，另一个是司法人员班，编成了两个排。每人都发了一套质地很差的军装，胸前别了个长方形的布制胸章，上面写有自己的名字。

在高等科管我们的是国民党中陈立夫一派的张中行，我们背后叫他"党棍子"。他通过手下的两个排长军官管我们，负责我们的操练。这两位排长一高一矮，高个子的那个教司法排，矮个子的那个教我们排。有几个顽皮的学生老去逗我们这个温和的排长，就是在操练时当排长转身看不到我们的时候做鬼脸或怪动作，惹得大家掩口而笑，排长也无可奈何。早上，在吹了起床号后，还有不少同学赖在床上不起来，排长来叫："起来！起来！"可是大家逗他，扶得东来西又倒，笑声不绝，真是没法。由于他的文化程度低，许多同学看不起他，甚至作弄他。其实，他也不过是完成上级交代的任务而已，对我们这批秀才确实相当客气，甚至把我们当做他自己的孩子看待，在生活上相当照顾我们。我对他有好印象，想到新中国成立后他肯定属于挨整的人，甚至遭到镇压，不禁为之黯然。

一天，排长宣布：你们现在都是国民党党员了。于是没有进行什么仪式，也没有发给证书，我们这批高等考试及格的秀才们都莫名其妙地集体加入了国民党。

过了几天，国民党的陈果夫来高等科讲课。这个国民党的党魁是个痨病鬼，手里拿了一个金质的小痰盂，不时向盂里吐痰，令人十分恶心。他讲什么呢，倒也不讲什么孙中山的建国大纲和建国方略等国民党的教条，而是大讲养生之道。他说豆芽菜对身体最有益，原因是豆芽菜是在生长中的菜。我们听到这种出自于国民党一位领导人之口的话，全都感到莫名其妙。第二位来讲课的领导人是他的弟弟陈立夫。他讲的是"唯生论"，全力攻击"唯物论"和"唯心论"，说只有他所倡议的"唯生论"才是哲学的真谛。我们听了半天，也听不出这个真谛在哪里。

又过了多天，最后一个出场的是国民党的最高统帅蒋委员长（蒋介石）。那个气派就不一样了。我们一个个穿着整齐，列队步行到一公里外的中央政治学校校本部的大礼堂里，整齐排队立正。不一时，蒋委员长慢步进场，大约讲了10分钟的话。他用浓重的宁波口音讲，我只记得一句话："你们必须负起责任！"最末"责任"两字的发音是"咋寻"，而且音量特别大。我们自始至终必须立正，等他讲完退堂后稍息时，大家都松了一口气。

我们三个唐山交大的同学在此期间唯一的玩乐就是在河里游泳，我能用蛙式游到一公里外的南温泉。也有游客在河里游的，可是我们曾看到一位游客溺水的事件，见到时他已陈尸河岸，没有救了。

从南温泉到纪璋哥在歌乐山南坡黄桷树的家必须先到嘉陵江畔的磁器口，然后步行上坡走大约一小时的石级路，在路的最高处有株很大的黄桷树，故名。璋哥的住房就在距这棵树不远处，傍山朝南，可以尽览南坡景色以及下面的房屋。这条山路有一次却有了变动，在半山腰铺了一条环山的新路，在新路上所修的石级比原来老路上的要整齐多了。在它和老路的交叉点处树了块方向牌，禁止行人走旧路，只许走新路。当时也不觉奇怪，只认为老路也不错，何必修条新路。我从纪璋哥的住房开窗朝南往下看，看见在老路之旁新建了许多房屋，人来人往地忙忙碌碌，不知是什么机关。多年后，我才知道那就是中美合作所，后来成为在1949年国民党政权崩溃时对被关押的政治犯集体大屠杀的渣滓洞监狱。而且听说那时有不看方向牌而误入里面的学生，就没能出来。我幸亏看到了方向牌就乖乖地走新路，要是跟那几个学生一样，恐怕也活不到现在。

在仙女洞高等科待了3个月后，军训就算结束了，大家静待分配工作。

最后，我被分配在矿冶研究所，当助理研究员。于是我们作鸟兽散，谁也见不到谁了。

我虽名为国民党党员，但是走出了高等科的大门，一天也没有经历过党员的生活。至于大渡口钢铁厂呢，那就永别了。

抗战胜利的一年

对24岁的我来说，1945年是个不平常的年份。

这一年，我短暂地在矿冶研究所"工作"了几个月。

这一年，日本宣布无条件投降，八年抗战胜利结束。

这一年，我第一次坐飞机去了昆明，见了汪安琦并订了婚。

这一年，我在重庆等待还乡。

我离开了仙女洞的高等科，到了位于北碚的矿冶研究所。谁知这个研究所也刚搬迁到那里不久，除了几所破屋作为员工宿舍外，其他什么也没有，更不用说什么科研设备和实验室了。我第一天就看见有个人在宿舍前面扇着煤球炉生火烧饭。一看，原来是在唐山交大矿冶系比我低一级的姚桐斌同学。我见了他好高兴，他却告诉我去年唐山交大逃难的情况。

姚桐斌，1941年摄于交通大学唐山工程学院

原来去年我们44级毕业不久，日寇在11月中旬侵占桂林和柳州后，就打进贵州省，一直打到独山，距平越只有150公里，旦夕可到。当时贵阳和重庆震动，平越全城一片混乱，学校只好宣布停课。仓皇之

际，连迁移地址都没有确定，只吩咐全校师生自想办法，到重庆集中。那时又没有车辆，师生们向北徒步逃难，连罗忠忱老教授都步行。据说他边走边流泪，一路上狼狈不堪。幸好有交大校友协助，沿途都设了救济站，给逃难中的师生员工们提供了热情的援助。学校终于搬到四川璧山县丁家坳，于1945年2月复课。姚桐斌就是在那里毕业的。他是全级最优秀的毕业生，并和路启藩（路启藩后来当过西南交通大学副校长，和我见过一面）等当选为斐陶斐会员。经人介绍，进了矿冶研究所。他说比起逃难的经历来，这里就是天堂了。

姚桐斌1946年和我同期考取公费留学，去了英国深造高温材料。回国后在六机部从事高温合金和高温陶瓷的科研工作，为我国的高温材料作出了极大的贡献。姚桐斌是位学行俱优的大科学家，"两弹一星"功勋奖章获得者，谁知当年没有死于日寇之手，却在"文革"期间死于造反派暴徒毒刑之手，伤哉！斯人乎，竟有斯遇耶！伤哉！

现在，为了纪念他，在西南交通大学校园里立有他的铜像。

日寇侵占了独山县城，已成强弩之末，无力北侵。12月8日，黔桂边区部队在何应钦亲自指挥下，在八寨经过激战，击败敌军，收复了独山，北面的都匀和平越两县都得以保全。这也是抗日战争中在国内的最后一战。

我想：我幼年时逃过了江浙军阀混战之难，少年时逃过了日寇侵沪之难，这第三次侵黔之难，却因早毕业一年而免于北逃之苦，大幸也！

矿冶研究所正忙于建设，对我们科研人员没有工作任务，我们竟日无所事事，谁也不来管你。大家不用上班，离开几天也不消请假，都优哉游哉地过日子。我呢，索性住在黄桷树纪璋哥家，只在发工资的那天才到北碚去一次。去了，也就找姚桐斌聊聊天，他没有一个亲戚在重庆可以经常去住的。

到8月15日那天，忽然哄传日本无条件投降了，顿时全城鼎沸，男女老少齐都到外面街上跳跃欢呼，正是：一日翻身，百载沉沦获救；八年郁积，万人吐气如狂。

兴之所至，我写了一首七律：

喜闻日寇投降

凌空银翼惊鹰鹫，一片寒光射斗牛。

扰攘干戈何日息？连年烽火倏然收。

初闻喜极翻疑梦，乍忆艰辛欲涕流。

最是高歌雄绝处，秋风横扫古瀛洲。

可巧上一天是七夕，我刚写了宋代秦观关于七夕的两阕《鹊桥仙》词寄给汪安琦。她很快回信，表示抗战胜利了，不日就可回乡，希望在此之前能够和我见面。

那时她刚从搬迁至大理的华中大学毕业，已从大理回到昆明家中。她的爸爸在西南联合大学当教育系教授，妈妈在昆华女子师范学校教英语，弟弟汪安球上中学，全家住在西南联大的教授家属宿舍里。

我和明华嫂商量，她给我做了一套新的中山装，劝我到昆明去一趟把婚事办了，真是"长嫂如母"了。

我高高兴兴地穿了新装，买了飞机票，从重庆珊瑚坝飞机场坐了飞机直飞昆明。那是1945年一个秋高气爽的日子，我还是生平第一遭坐飞机呢。

珊瑚坝是重庆南边长江中的一个沙洲，飞机场就建在这个沙洲上。所坐的飞机是美国廉价转让给中国航空公司的道格拉斯军用飞机，机身全是难看的暗绿色，里面是两旁各一排相连的帆布椅，中间的地方堆放着旅客的行李。飞机真快，不到 2 小时就到了昆明。我写了一首七律，以记此事，如下：

初次空中旅行

电激箭驰向碧天，白云轻拂万山巅。
长江浩荡瞬间过，关塞迢遥顷刻旋。
昔日鲲鹏临海宇，而今俗子尽神仙。
只缘身是桃源客，不羡蓬莱绿水边。

汪安琦的烦恼和喜悦

到了昆明，我就直奔西南联大的教授家属宿舍，找到了汪家，见到了想念多时的汪安琦，还见到了她的爸爸、妈妈和弟弟。只有她的妹妹汪安琳在北京上学，没有见到。

安琦曾写过《懋庄往事》等文章，对汪家和汪懋祖先生有所介绍，收在了本书的附录中，这里就不重复了。当年我与这位中国现代史早期的著名教育家见面时，看到他已骨瘦如柴，是因为经受了多年胃溃疡的折磨。当时我曾写过一首诗给他看，他看了大加赞许。他的古体诗写得很好，并写得一笔秀美的毛笔字。

懋祖先生在西南联大有个得意门生名叫樊星南，毕业后当了他的助教。这个人其他都好，只是对老师的女儿汪安琦发生了变态的爱慕之情。在安琦从大理回到昆明之后，樊星南对她日夜紧盯。不论她走到哪里，总会出现那个樊星南。而且只要哪个联大的男青年跟安琦谈上几句话，樊星南就会去对他提出警告，吓得那些男青年谁也不敢跟安琦接触。试想这样的变态行为，使对方不堪其扰，怎能获得其青睐呢？又怎能得到他的老师和师母的赞同呢？

幸而她得到了来自重庆的救星，那就是姚姐姐寄来给她介绍对象的信和我的照片，于是同意了和我通信往来。后来安琦告诉我，我的照片一直珍藏在她的枕下，连她自己的爸爸和妈妈都不知道。我寄去的诗词她也都保存下来，订成一本，不时拿出来看。

于是，樊星南给她增添的烦恼变成了杨纪珂给她带来的喜悦。

不然的话，在西南联大有那么多的优秀青年，安琦哪能会选中远隔千里外的我呢？我真的要感谢樊星南为我阻隔了安琦在昆明的社交生活。

懋祖先生把我安顿在他住过的联大教职工的单身宿舍中，和我同房间住的是文学系教授沈从文先生。我睡在房间角落里一张破床上，上面屋漏，下雨时有滴水，须用面盆盛接。抗战期间，在昆明有张床睡，已是难能可贵，我哪能抱怨呢。

第二天，汪家母女做了许多菜肴请我吃饭，他们也请了樊星南。大家见了面，汪先生一言不发，汪师母对我们做了介绍，说这位是汪先生的助教樊星南，这位是高等考试优等第一名的交大毕业生杨纪珂。我不知就里，就和他客气交谈。大家坐下吃饭，在菜肴中有一道是安琦亲手做的蛋饺。大家动筷后不一会，她就笑着夹了一只蛋饺送到我的碗里，却没有理会那个目瞪口呆的樊星南。至此我才明白，这是怎么回事了，不禁大喜过望。

汪师母说外面吃东西不干净，邀我在他家吃饭。那时安琦在昆华女师有份差事，每天要去上班。我起床后漱洗毕就去汪家，早餐后送安琦上班。回到汪家，汪先生为我准备了一张书桌，我就在那里埋头写字、读书。安琦下班回家，晚饭后送我回宿舍。就这样，单独在一起的时间比较多，两人的爱情也就如雨后春笋般地萌发起来，不能遏止。

一天晚饭后，乘我们单独在一起的时候，我向她提出了订婚的愿望，她说只要爸爸妈妈同意，她也同意。虽然我的心中欣喜若狂，她当然也是如此，然而两人还是规规矩矩地坐着，连握手的勇气都没有。

第二天，等安琦上班后，汪师母轻轻地问我："安琦喜欢你，你喜欢她吗？"我说："我很喜欢她！"在那个时代，"爱"这个字是难以出口的。汪师母于是取了一条围巾，让我找到樊星南把它作为礼品赠送给他，她的用意也就不言自明了。多年后，在美国有位知情朋友告诉我："樊星南已经娶了位黑姑娘，成家了。"我祝愿他一家美满幸福。

于是，经两家通信同意，定于中秋节安琦生日那天在昆明订婚。姚先

1945年杨纪珂和汪安琦订婚时的合影。前排左为安琦母袁世庄，右为安琦父汪懋祖；后排左起：杨纪珂、汪安琦、汪安球（安琦弟）

生还特地为我们请了沈尹默和狄君武两位名人当我们的介绍人，并依照当时的习俗，在重庆的《中央日报》上登了一则启事："杨纪珂汪安琦订婚启事：我俩承沈尹默、狄君武两先生介绍，定于1945年9月20日中秋节在昆明订婚，特此敬告亲友。此启。"当然，我们两个的名字在报上是并排的。汪家在昆明正义路上的一家饭店摆了酒席，请了两桌亲友，宣布我们订婚。

我和安琦照了张合影，和她们全家也照了张"合家欢"。

自此，在风景如画的翠湖边上常见：泽畔堤边，双双旧燕衔泥去；湖中水上，对对新鸥逐浪来。

我经历了"昆明事件"

在翠湖边上有一排好房子，乃是蒋介石派来的第五军司令部。这支军队为蒋介石干了一桩大事。1945年10月，蒋介石发动"昆明事件"，通过这支军队解除了地方武装，免去了云南省主席龙云的职务，当了17年"云南王"的龙云黯然下台。当时我刚好在昆明，适当其时。

在我们订婚后不久，一天的半夜里，我在睡梦中忽然听到远处有密集的枪炮声。不一会声音越来越响，不知是怎么回事。两三个小时后，一切归于沉寂。我们起来到宿舍的院子里察看，见大树旁有一颗没有爆炸的迫击炮弹。走到大门外，见到沿街都是大兵，他们对我们做手势不让出门。我们没有吃的，几次想出去买食品，都被赶回来。我和沈从文先生待在屋里无法可施。他取出了一罐罐头牛奶，开了罐倒出来分给我半杯，我向他连声道谢。后来1983年我当六届全国政协委员时，在无党派组里有缘再度遇见了沈先生，我问他："还记得38年前在'昆明事件'中在西南联大宿舍里分给我牛奶喝的事吗？"他说可能有这回事，但已经完全不记得了。

第三天，允许我们上街，但沿街仍旧五步一兵，十步一岗，对行人盘查得很紧。我走了大半天，好不容易走到汪家。他们一直担心我的安全，见我到来，惊喜交集。这时全国大后方刮起了一股还乡的热潮。汪家当然也不例外，正商量如何离开这个是非之地，作返回故乡之计。考虑到重庆有我纪璋哥和明华嫂，还有安琦的蒋竺英表姨母和谢卓生表姨丈，且有去南京的航线，于是决定由我和安琦先去重庆，安顿好住处后，其他三人接着也去重庆，再设法从重庆经南京回苏州。

汪岳母的堂弟袁剑当时在昆明美军机关当译员。他和汪家经常来往，这时听说汪家有还乡的打算，他也想回到上海另找工作，愿意和我们作伴同行。那时凡是内迁的下江人，几乎人人思归，都在想法搞到一张车票或者机票。当时交通十分混乱，从昆明到重庆正规的办法是坐长途汽车到贵阳再到重庆，或者坐飞机直接到重庆，可是大家对这两条路线的票却是一筹莫展。我拿了纪璋哥的介绍信到中央银行去找他的熟人想办法，回说没有去重庆的车，但有去四川泸州运钞票纸的车。如愿去，可以给我们三张票。我们想：到了泸州再说，也许在那里乘下水的船到重庆比较容易些。

就这样，我、汪安琦和袁剑三个人搭乘了中央银行的运纸车，从昆明出发了。

一次千辛万苦的旅行

从昆明到泸州不经贵阳，而是朝东北方向经过曲靖、宣威、威宁、赫章、毕节、赤水、古蔺、叙永到泸州南岸的纳溪，行程约300公里。我们乘坐的卡车是5辆车组成的车队，每辆车的司机旁边有两个座位。我和安琦坐一辆车；袁剑和一位妇女坐另一辆车，那位妇女是该车司机在重庆朋友的妻子。头两天还算平稳，在过威宁时，沿着草海的边上走。所谓"草海"，其实是个湖泊。我们见到湖中成群的水鸟在那里起落，为平生所未见，蔚为奇观。

在一处上坡时，看到路旁有三个肩上扛着枪、腰里束着子弹带的人迎面走来。我心里嘀咕：是土匪吗？经过时，见他们对我们这支车队没有什么动作，才放下了心。司机说："这一带确实有土匪，但这几个人看来是当保镖的，不是土匪。"但让人见了也够害怕的。

在过毕节时，有位司机在市场上买到了一只飞鼯，那是一种依靠四足间的皮膜能在空中滑翔下降的狐形动物，体长超过两尺。他在把这飞鼯放到笼子里时，被它猛咬一口，咬得鲜血淋漓。我劝他把这飞鼯放生了吧。他不听，一怒之下，挥杆把它打死。其实这是一种很可爱的动物，它的粪便可以入药，治妇科病，称作"五灵脂"。

这支车队行行复行行，一路曲折崎岖，司机都很辛苦；我们这些乘车的却欣赏沿途风景，大饱眼福。可是过不了多久，就发生了急剧的变化。到了一个地方，全队突然停下不走了，说是有辆车出了毛病，非修理不可。那位司机把车盖打开，把机油箱卸下，说："如果不马上修理，大家都走不成。至于修理费呢，请乘车的客人凑一凑先借给我们，到重庆还。"还说了个数字。于是把这辆"坏车"用好车拖了，一起到了附近的镇上。我们十几个乘车人只好一起商量凑钱。其中那个和袁剑同乘一车的女客就诉苦说没有钱，向袁剑借钱。袁剑就转过来问安琦，说："如果我借给她钱，她肯定不会还。但如果是你借给她的，我保证向她要还。"安琦也没法，只好如数借给了她。这样一来，我们所带的钱也就去了一大半。原来以为免费的旅行变成了比任何其他交通工具更贵的旅行。

给了钱后，第二天一早，全队的车子都开得飞快。

我们所走的这条滇川公路，始建于1939年，是抗战期间在大后方最早兴建的也是唯一的一条国际后援线，其工程十分复杂而艰巨。我们所经之处，陡坡和急弯一个接着一个。过了赤水河桥后有好几公里的上坡路，名唤"钻天坡"，所有卡车都发出绝望般的声音慢慢上坡，足见其陡峻。终于有一辆卡车在急转弯处不慎滚落山沟，在它后面的车队连忙停下来救援。我们下车，见到那辆失事的卡车四轮朝天地躺在山脚下，满坡都是从车中撒出的白纸。几个司机正在把受伤的司机和两个乘客扶上坡来。幸而这个山沟不太深，当时又是在上坡，车速并不快，因而三个人的伤势都不严重。只有那位司机头上受了点伤，破了点皮，流出血来。安琦带有磺胺片，就找出来研成粉替他洒在创口处。

进入四川境内后，到了古蔺县。这个县城里的百姓都是鹑衣百结，十分贫困。我们从未见过这么一大群叫花子般的老百姓，大家都叹息不已。

终于到了泸州的对岸纳溪，我们下车找了一家旅馆住，安顿好后就到岸边找去重庆的便船。倒也不错，一找就找着了一艘装大米去重庆的"划子"，这艘民船不但装货，还载客。船老大收了我们的船钱，叫我们两天后上船。

于是我们必须在这客栈中住两天。我们交了房钱后，基本上已经囊空如洗。我们寄希望于快快到重庆，因为到了重庆，找到纪璋哥，就如鱼得水了。

当天晚上，正当我们睡下后，忽然敲门之声大作。我们一开门，进来了几个警察，见了我和袁剑就喝道："你们是什么人？拿出证件来！"天知道,那时候,哪能有什么证件啊。毕业时学校没有发毕业证书,工作时工厂和研究所都没有发工作证,什么证件也没有啊!接着又喝问:"隔壁那个姑娘是你们什么人?"袁剑说:"是我的表侄女。"我说:"是我的未婚妻。"那个凶恶的警察喝道:"胡说!老实说来,究竟是干什么的,说不清楚,都到警察局去问话!"我忽然想起带有两张订婚那天照的照片,于是就找出来递过去,说:"你们看,这是我们在昆明照的合家欢照片和订婚照片。"并一一指给他们看:"这是她,这是我,这是她的父亲,这是她的母亲,这是她的弟弟。她们家是个读书人家,父亲是西南联大的教授。"这比什么证件都清楚,这几个警察没话可说,走了。我们赶紧到隔壁房去看安琦,见她刚才被那几个恶警察折腾一阵后,吓得一言不发,面色蜡黄。她见了我们,知道没事了,竟流下泪来。原来当地的客栈,不但是妓女做生意的场所,也是当地警察敛钱的场所。所以外来的旅客,特别是女眷,没有不被敲诈的。我们这几个未经世面的天真旅客,又哪里知道呢!?

到第三天,我们上了那只老式的"划子"。这次是在长江中顺流而下,船行颇速。因为晚上不能行舟,于是到一个叫白沙的码头靠岸,在船上过夜。船主唯独为安琦提供了一张帆布床,我在她旁边打了个地铺。其他旅客,包括袁剑和他的那个女伴在内的七八个人也都横七竖八地躺在船板上。船尾没有船篷,是露天的。晚上停船,我认出了天上的许多星星,一一指点给安琦,兴味甚浓,使她对天文发生了很大兴趣。袁剑呢,跟那个同行的妇女不知道在谈些什么。幸好没有下雨,要是下雨,就得挤到中间的船篷里去,那就只好坐着,睡不成了。

第二天天一亮就开船,大家轮流吃早饭。我看着长江两边的景色和江中的激流,并不时看到很大的旋涡。这种老式的船不是在前面用舵轮通过铁链控制船舵的,而是在船舵上接连一根长而粗的木杆,由舵手操纵它的。当时掌舵的是个老头儿，他站在船尾的高处凝睛前看，左右移动操纵杆，使船顺着航道前进。

船上有6名船夫，在舱前的船边上每边有3人划船。在划船时他们齐声反复地唱："唉及招！唉及招！咿……"其声凄厉，令人想起了伏尔加船夫曲，难以忘怀。

我们几个人正在船尾看风景，突然，那个老舵手不知怎的松了手，操纵杆从他的手中滑了出去，横向左边，使船舵随着向右与船身成了90度向南，船身顿时向左90度向北急转。前面的船老大立刻高声大叫不好，跑了过来指挥大家把那只船舵扳回来。我、袁剑，还有两三个男人急忙一齐上前，扳住了操纵杆，尽力往后扳。只见正在江中转到朝北方向的船逐渐朝西、再朝南，最后总算扳直了船舵，朝东进入到主航道中，回到了正确的位置。那个吓得面如土色的船老大高声大骂我们不该到船尾来干扰舵手的工作。我们想要不是我们奋力扳回那只舵，长江里那么多的礁石和旋涡，只要碰上其中任何一个，大家不都完了吗！也终于体会到"同舟共济"这个成语的真正意义了。

舟行不久，过了猫儿沱，最后到了重庆。回想一路上，真是千辛万苦，历尽艰险！捡了性命，安全到家，已是大幸。至于借给那个妇女的钱，漂了也就算了。

青春作伴好还乡

到了重庆，我和安琦分别。我先送她到她的表姨丈家，然后到我的璋哥家。我和她约好，等她全家都到齐时，再去帮他们筹划回乡之事。

她的表姨丈谢卓生是学化工的。抗战期间在重庆磁器口建了一家生产洗衣肥皂的工厂。所生产的肥皂质量很好，价格也合理，已成为西南三省的畅销货，因此也发了财。他们在厂里建了座宏大的住宅，在重庆商业区还建了办公楼。听说表姐全家要回乡经重庆暂住，马上表示欢迎，全家住多久都行。

到了黄桷树璋哥家，明华嫂说："你现在当了汪家的女婿，汪家老的老，小的小，全家回乡有许多琐碎之事要做。你不帮这个忙，还有谁能帮这个忙呢？看来你是义不容辞的。"我低头称是，那就暂不工作，先帮汪家的事吧。何况，我也可借此机会顺便回乡。

半个月后，果真汪家三位也都到了重庆，住在谢姨丈家，来信叫我去和他们同住，请我一同筹划回乡之事。

我来到磁器口，找到了那家肥皂厂。进了大门，后面有座大房子，那就是谢姨丈的公馆。真好气派！那所二层楼的房子，外墙全用石料，里面是广漆地板和非常讲究的家具，使我大开眼界。楼上有很多客房，给我一人住了一间。饭菜也极其讲究丰富，鸡鸭鱼肉，色色俱全。我心想：原来资本家的生活是这样奢侈的！

由于许多事必须在城里办，所以住不了几天，我们就搬到城里的厂办公楼去住。那里就比较挤，我和安球住一间，安琦和她父母住一间。可是，由于在重庆的高官成百上千，谁都想早日回乡，因此购买飞南京的机票难度极大。

最后好不容易买到了一张票。仅仅一张，谁去好呢？家庭会议的结果是让我先去南京。这是因为汪家在苏州和南京各有一所住宅，南京的住宅建在距鼓楼不远的高楼门。汪岳丈叫我先去把南京房子的主权收回，加以修缮，准备全家回去好住。说来说去，担当这个准备工作差使的还是我最合适。

这样,我把矿冶研究所的"工作"抛在九霄云外,接受了这个差遣。1946年初,我踏上了回乡的征途,不禁想起了杜甫《闻官军收河南河北》的诗句"剑外忽传收蓟北……青春作伴好还乡……"

安琦和我先后赴美留学

我第二次在珊瑚坝坐上道格拉斯货机,不过这次是去南京,南京那时只有一个明故宫机场。到南京后,我到了高楼门的汪宅,赶走了里面占住的几家伪政府公务员住户,一个人住在这所空屋中。不久,岳丈派来帮我的人也到了。他叫杨延龄,是岳丈在丽江当东方语文专科学校校长时的校工。这个人很踏实,帮了我不少忙。

房子是西式砖木结构,两层楼四开间,房间挺宽敞,光线也好。因为一直被南京政府的公务员占住,所以比较完好,不需要修缮;不但如此,他们还在房外西北角盖了个木屋。我观察到在这所位于高楼门和峨嵋路交叉处的房子还有不少空地,就起了个在峨嵋路旁添盖一所楼房的想法。我到南京市房产管理局一打听,知道盖新房必须登记申请,而且必须有图样。我想我在唐山交大学过结构工程学,这正是我一显身手的好机会,回来就画了新屋的图样,并标明了详细地址。我递了上去,竟很快就得到了批准。杨延龄帮我请了一位工头当监工,又招了一批造房子的工人。我叫他们拆掉了那所小木屋,按照我的设计破土动工。这批工人都是苏北人,工作效率相当高,不到两个月,一座砖木结构的新楼就拔地而起。就这样,我当了汪家女婿后,为他们做的第一桩好事,就是为他们增添了房产。其实，这也是为安琦着想的，首先受惠的是她。

原来岳母袁世庄在年初就写信给她在美国的母校，为安琦申请读研究生，并很快得到了批准的复信。可是只能自费留学，哪里来的钱呢？如果把两所房产出卖或出租，钱不就来了吗？

他们一家四口终于从重庆回到了南京，看了新房，非常高兴，对我称赞不已；接着一齐回到了苏州旧宅。

苏州旧宅是所四开间的中式平房，高大宽敞。东边前后两间住着八叔叔一家，西边前后四间住岳丈一家，两家之间的一大间是客厅。屋后有个天井，打了口井。后面还有一排下房：一间厨房，一间住女仆，一间仓库，还有一间放柴草。当初日军过境时未遇抵抗，因而未遭破坏，沦陷期间一直由八叔叔看管，未受损失。

苏州旧宅有两株高大的桂花树和一棵香水花，东南墙角里还有一棵柿子树，每年结果累累。中间有块七分地的园地，种着各种蔬菜。

我在他家住了几天就告别了安琦和她的家人，急着返回松江纪琬哥家。

我家在松江草枯寺后建的新屋被日本侵略军改成面包房后已经完全残破，不能居住。纪琬把他的妻儿安顿在九曲弄底的黄宅，这是纪璋哥的舅家，房屋因偏僻而保存完好；纪琬哥则在上海工作。那时他为了养家，身兼数职：他是大成会计事务所的会计师，是之江大学的会计学教授，是私立华华中学的校长，又是敌产处理局的会计师。他在上海，仍旧住在银河里旧居，终日奔波，忙个不歇。

那时纪璋哥也已随中央银行国库局回到上海，他住在虹口山阴路文华别墅，办公地点在外滩中央银行。

一天，安琦来到上海，带来了一大捆钞票，乃是作为自费留美学生为换美元所需的法币。我带了她去中央银行以官价的汇率换成了美元。安琦告诉我:"妈妈把南京两座楼房租了出去,得到了这一大包钞票。这次去美国,没有这笔钱真不行,还得谢谢你呢。"于是安琦买好了美国轮船公司的船票,登上美格将军号出国了。我送她上了船,临别依依,互道珍重,不胜黯然。

纪琬哥为我找了一份在华华中学高中三年级教生物学的临时工作。他还叫我准备参加教育部办的公费留学考试,为我报了名,考场遍布全国各大城市。

到考试那天,纪琬哥送我去考场。在霞飞路(现在的淮海路)他请我在一家俄国餐厅吃了一顿鲁宋餐。我记得有一碗番茄牛肉红汤,非常鲜美。

我是考试能手,考来得心应手。放榜那天,我和纪琬正在从松江去上海的火车上,买了一份《新闻报》,找着了公费生录取名单,我的名字赫然在目。矿冶科与我同榜的还有在矿冶研究所同过事的姚桐斌,他也是唐山交大的校友。后来我去美国,他去英国。

我连忙发了个电报告诉安琦这一喜讯。她那时正在威尔斯利大学读研究生。

我还不能马上出国,还有两件事要做,一是到南京教育部接受礼仪训练,二是写信到美国的大学申请入学。

我向美国麻省理工学院(MIT)寄去了成绩单和申请入学书,后来获准入学,读研究生。安琦还为我在那里订好了住宿的房间。

在南京作短期礼仪培训期间,上级为我们这 33 个留美学生安排了一次到美国大使馆的访问。我们都穿戴整齐地去了,时值冬天,大家都在里面穿了厚厚的毛背心。谁知进到使馆里面却按美国的习惯把室内温度提高到只能穿单衣的程度，我们在那里一个个汗流浃背，非常狼狈。

那时是司徒雷登当大使，他出来会见我们。在他的讲话中有一段后来影响我一辈子的话。他说："许多中国学生到美国上学，都爱到东部的名牌大学去。其实呢，中西部的大学也一样好，学费也省得多。希望你们去那些大学去报名。"我们当时都相信了他的话，回去就重新申请中西部的大学。我虽然已经由麻省理工学院批准入学，但仍然对中西部的几所大学作了申请，结果好几所大学给了我准予入学的回信。我决定不去 MIT 而改上俄亥俄州立大学（OSU），这使安琦大为失望。

在出国之前，我在同乡人高尔柏先生办的私立华华中学工作了一学期。到 1947 年的暑期开始时，和上一年安琦出国时一样，我买了一张美国总统轮船公司的三等舱船票离开了上海，所搭乘的轮船仍然是美格将军号。

船是由军舰改造的客轮，三等舱里十分拥挤，床位是三层的。船上的伙食特别丰富，有的人晕船吃不下，我可大饱口福，原来的支气管炎也莫名其妙地好了。从上海到旧金山总共航行了 21 天，中途在檀香山停留了 2 天，我们都上岸乘着计程车绕岛游览了一圈。

同船的留美公费生还有丁光生和丁普生兄弟俩。光生学药物，回国后在中国科学院药物研究所工作，成为该所的台柱；普生学化工，后来留在美国。他们是化学前辈丁绪贤教授的儿子，我回国后曾在浙江大学求是村去拜访过丁老先生。

我们乘长途汽车前往烟雾山做了一次永世难忘的旅行。记得我们在山中遇到了一次小雨,我脱下了外衣遮在两个人的头上,两人依偎在一起,感到无限的幸福。

第 5 章

在美国半工半读

一次难忘的旅行

经过了 21 天的航行，美格将军号经过金门大桥进入旧金山，我终于到了美国。当然，第一桩事就是和阔别了一年的安琦相聚。

在这一年的研究生学习中，安琦依靠她的勤奋，在威尔斯利大学写了篇关于松鼠的论文。论文通过后她就获得了硕士学位。接着她的老师把她推荐给南方的名牌大学杜克大学当助教。杜克大学位于北卡罗来纳州的杜仑市，我们于是约好在杜克大学见面。

我在旧金山坐上了普尔曼火车，感到火车的速度比在中国的快多了。我一路上欣赏异国风光，不知不觉到了目的地。第二天我到火车站接到了安琦，久别重逢，喜可知也。

距离开学还有半个月，我们于是商量找个风景区去游览一番。当下决定去西面的烟雾山，那是美国划给印第安人居住的风景区。

我们乘长途汽车前往烟雾山做了一次永世难忘的旅行。记得我们在山中遇到了一次小雨，我脱下外衣遮在两个人的头上，两人依偎在一起，感到无限的幸福。多年后我在庆祝安琦生日那天所写的一首七律中还提到了这件事：

1962年中秋节安琦四十生辰

与君结发绕丝萝，形影相随旧梦多。

烟雾山中逢细雨，绿纱窗下扑灯蛾。

廿年情好知难遇，千载光阴却易过。

今夜秋光无限好，皎皎月色影婆娑。

如今又过了40多年，安琦已于5年前仙逝京城。正是：半世纪赤手成家，卿死料难如往日；八旬人白头永诀，我生谅亦不多时！俞曲园所写著名的挽联正好被我借用一大半。

快开学了，两人只得又一次劳燕分飞，各奔学校。

在俄亥俄州立大学

1947年秋季，我到位于俄亥俄州哥伦布斯市的俄亥俄州立大学冶金系上学。

俄亥俄州立大学在市北的校园占了很大的面积。校园的中央是长圆形的大面积草地，在草地的周围建了一座座大楼，就是各个系的办公教学楼。我上的冶金系在北面第二排的楼房中，安琦以后要上的生物系是在南面第二排的楼房中。其西头则是图书馆大楼，门前有两棵在美国被认为是最珍贵的银杏树。这个图书馆就是我最常去的地方。

我住的宿舍位于校园西边塞俄托河西岸的一排所谓河路宿舍，那是临时建成的简易木结构二层楼。我和另外一位中国学生毗邻而居，他的名字叫董绍庸。他毕业于中央大学航空系，是个品学俱优的学生，也是我在俄亥俄州立大学最好的朋友。

随后我又认识了好几位中国同学，他们是：学物理的郑林生，学管理的龚业达，学航空的朱声铎，学化学的胡曰恒、周坚、陆婉珍和闵恩泽，学电子的严忠铎、乔石琼和冯世璋等。其中朱声铎和龚业达是一对夫妇，冯世璋和乔石琼次年结了婚，也是一对夫妇。

开学了，我的导师德谟勒斯原来是位分析化学的专家，年事已高，虽然手指有点颤动，仍然天天在实验室中做实验，是个离不开科学研究的人。他见到我，很客气，要我自己选课，除了本系的课程外，其他系的课也可以选；至于论文题目也要我自己出。我很惊异这位教授给我那么大的自由度。旁边有位帮他做实验的妇女，年龄看来也不小，悄悄对我说："当他的学生最舒服了，他是个老好人。"

导师虽然是个老好人，可是从他那也学不到什么学问。我有点后悔不该听那个可憎的司徒雷登的话，没有上 MIT，也许就因此而"棋错一着，满盘皆输"。但事已至此，后悔也没有用了。

于是我就选了几门课，自己出了个论文题目，一头钻到高温合金的领域中去了。为了要补齐学分，我还到天文系选了一门天文学的课来满足我的爱好。第一个学期终了，我所有的课程都得了 A。那个女实验员称赞我："Wow! Straight A! Wonderful!"导师见我成绩优异，更不管我了。他的不管使我回想起唐山交大许多使我受益匪浅的好老师，特别是罗忠忱教授的严管。

我那时已经学会了开车，目的是寒假假期中开车到杜克大学去和安琦相会。开学不久我就买了一辆相当旧的纳喜牌的汽车，还买了如何开汽车的书照着自学。过了一个星期，我就开到路上去，并通过考试取得了驾驶证。其实在美国人人会开车，考驾驶证也不难。其中最难的一项是在路边两车间有个空位时，能够退着停进去，车身距路边不能超过6英寸。我试了一次没有成功，第二次成功，我就及格了。

我跟安琦约好去田纳西河流域游览那著名的 TVA（Tennessee Valley Authority）工程。于是一到寒假我就驾车直奔杜仑市。从哥伦布斯到杜仑，开得快也要20个小时，必须分两天走。两天后两人见了面，有说不完的话，我们驱车西行进入了田纳西州。

TVA 是罗斯福总统在大萧条后兴建的以工代赈的大工程。

在田纳西州有条田纳西河，它蜿蜒曲折于美国东部阿巴拉契亚山的西麓，长1 000多公里，流经7个州，从上游最高海拔1 800米降到下游仅110米，以平均1 800立方米每秒的流速注入密西西比河。这条河的长度和淮河差不多，流域面积10.6万平方公里，却只有淮河流域的2/5。这条河过去也是灾害频仍，林木遭伐，水土流失，人民贫困。但自从1933年开始进行综合治理和全面开发以来，经过了各项配套工程的兴建，已呈现出一派碧水青山、平芜绿野的景色。那里电力充沛，航运畅通，工业起飞，旅游发达。半个世纪后，户均收入已从过去的600美元增至3万美元。

可见，美国的经验证明：在经济萎靡、人民待业之际，施行类似于罗斯福"新政"的方针政策，有可能大见功效。而在扩张性财政和货币政策的支持下，政府虽然背了不少赤字和债务，却换来了经济的发展和社会的安定，而且水利、电力、交通和住宅的建设对以后的经济有着很大的促进作用，成为为国兴邦、为民造福的德政。

我们在冯坦拿村小住了几天，经加脱林堡回到了杜克大学。期间在一个个水坝游览的同时,也增加了不少关于那个贤明的总统如何治国的见识。

回校时我把车开得飞快,本想当晚赶回宿舍,但开了 18 个小时车后,却打起瞌睡来,两只眼睛不由自主地在闭拢。这猛然警醒了我,只得找个 motel(汽车旅馆)住了一宵,第二天回到哥伦布斯,已是疲惫不堪了。

第二个学期上课和实验如常。其间我写了一篇关于金属固体扩散的论文,口试及格,于是在 1948 年春末获得了俄亥俄州立大学硕士学位。虽然得到了学位,但自觉有愧,两学期的攻读所得其实还不如在图书馆的博览群书和 TVA 的一趟旅游。我决定为进一步攻读博士而转系。

平民结婚前后

安琦在杜克大学生物系当了一年的助教后,1948 年初夏,为了和我结婚,她辞去了教职,来到俄亥俄州立大学和我一道当研究生攻读博士。当然,她进了生物系做研究,导师是格林教授,是个好教授。

我们订婚已快三年了,我 28 岁,她 27 岁,两个人在美国会面后一直处于热恋状态,现在来到一处,应当是结婚的时候了。我们凑了 600 美元买了一辆旅行用的

1948 年 6 月 10 日杨纪珂和汪安琦结婚仪式结束后在"新居"拖车前合影

旧拖车作为新房，举行了一个"平民结婚"的婚礼。婚礼的详情安琦在《重返哥伦布斯》一文写了，这里就不重复了。（见附录）

对于我们的婚礼，我还想补充两点。一是我们付了那两位女证婚人每人5美元的酬劳。二是安琦没有去租昂贵的婚纱，只穿了件出国

1998年金婚纪念照

时妈妈给买的丝质绣花旗袍。这在美国，可能是最省钱的婚礼了吧。但是我们俩白头偕老，还度过了金婚的庆日，到老情爱弥笃，足见婚姻的成败与婚礼的奢俭无关：奢者未必成，而俭者未必败也。她到81岁仙逝后，有好友劝我续弦，我说再要找到一位像安琦那样贤惠的妻子是不可能的了，我婉谢了这类劝说。我把她的照片放在房里作伴。当个鳏夫其实也不错，何况我还有一个儿子和我同住，有两个女儿和六个孙儿女经常轮流来省亲呢。

牺牲两个博士换得两个佳儿

在暑期中，安琦在生物系选了三门课，其中有一门生物统计，一门昆虫学。我没有选课，白天经 George Mock 的介绍去做木工，在烈日下帮人家盖房子；晚上到校园对过的一家名叫新中国饭店的店里当炊事员。过半工半读的生活，确实非常辛苦。而且夏天在拖车里过日子也是非常热，但是我们的

小日子过得很快乐。

昆虫学这门课的老师要求学生捕捉各种昆虫做成标本,越多越好。我从小就是捉昆虫玩昆虫的好手,兴趣特别高,尤其喜欢捉蝴蝶。我们拖车的租地是个一年只开一次的农业展览馆,里面的建筑平时都空着,有巨大的纱窗。一到夏天,在纱窗里往往困住众多在晚上误入的昆虫,如各种夜蛾,这里成为我们捕捉昆虫的好去处。我晚上一回家,就帮她到那里去捉蛾子。每捉到一种新的品种,两人就高兴异常。我还在我工作的饭店里要了几只装雪茄烟的空木匣,改成昆虫标本匣。到学习结束评分时,安琦拿出来的昆虫标本数全班第二,得第一的是一位中学生物老师。他之所以得第一是因为他有许多中学生帮他捕捉。帮安琦的只有我一人,当然无法和他比拟了。

还有一门生物统计课更有趣,是格林教授教的课。他有一本讲义,是专为数学程度较差的生物系学生编的,深入浅出,容易学懂(我对这本讲义情有独钟,回国时把它夹在行李中带回来了)。安琦有不懂的地方,就让我给她讲。这门课还要求学生用手摇的计算机做许多练习。安琦算得比较慢,我就主动去帮她忙。就这样,我学习生物统计学比班里同学谁都学得好,摇计算机也比谁都快。万万想不到这对我毕生的事业起了关键性的作用,这是后话。

我们结婚的年底,安琦怀孕了。那时我已转系到物理系,学红外光谱;安琦在生物系研究动物遗传。如果常规地学习,再熬两年,两人的博士学位就能在握。可是我们的两个孩子打破了这一常规:1949年8月10日,我们的第一个女儿,杨周美,在OSU附属医院出生了;而且第二年,1950年6月27日,第二个女儿,杨周亚,也紧接着在同一家医院来到人间。

结果呢,我们的同学郑林生、胡曰恒、陆婉珍和闵恩泽都在1951年获得了博士学位。而结了婚并生了一个孩子的龚业达和朱声铎,没有生孩子的乔石琼和冯世璋，连同我们，这三对夫妇都以硕士告终，没有获得博士的头衔。在美国，家室之累确实与求学相矛盾。

我们牺牲了两个博士换取两个佳儿，所得大大超过所失，从来也没有后悔过。

抚育管教孩子的几点经验心得

在《家庭》杂志1984年第1期上刊登过我写的《抚育管教孩子的几点经验心得》一文，其中有一段讲我们当时在美国的育儿情况。现录之于下（略改数字）：

我们在美国生了两个女儿，小家庭没有老人，当然也请不起保姆。刚生出来，喂奶、换尿片、洗衣服、洗澡，把我们忙得团团转。两人学习、工作和带孩子，轮流替换着干，时间成为最宝贵最需珍惜的东西。经美国朋友介绍，学会了他们节省时间的育婴哺乳巧办法，就是做一个7寸长、4寸宽、2寸高的小枕头，上面对缝两寸宽的绷带，装上奶瓶，用带上两颗纽扣扣紧。喂奶时不必抱孩子，把奶瓶枕放在她的一侧略向下倾斜，调稳到刚好是她侧身接吮的位置，让她大口大口地吃奶。吃完了，就竖抱起来轻拍她的背，直到她打个大嗝把吃奶时胃里积的气排掉后放下。这样，不消抱，孩子也长得很健康。习惯了，就从来不闹着要人抱。我们也不是完全不抱，有时亲热一下，顶多抱一两分钟而已。有了这项经验，后来生的一个儿子和一个外孙也都从小养成不要人抱的习惯，这对大人对孩子都有很多好处。

许多人家的母亲抱着孩子不离身，一离身孩子就哭闹不休，使大人困顿不堪。看到我家的孩子不哭不闹，也不要人抱，觉得奇怪，来问秘诀。秘诀在于一开始就要心肠硬。我们这样做，是在没有多少空余时间的条件下硬逼出来的，否则当时也很难做到。只要开始做得好，养成习惯，就成自然了。我们发现，这样不但使我们在学习和工作上仍可不断进步，而且有利于养成孩子不过分依赖父母的好习惯。

两个孩子连跌倒、打针也不哭，更没有为达到一个目的而哭闹之事。道理说来其实简单。孩子跌跤，总是难免。多数擦破点皮或肿起个包，不值得大惊小怪。只要大人不惊恐，不叫嚷，装做没看见，孩子会自己不声不响爬起来。但做父母的一见心爱的孩子跌倒了，往往尖声高叫，急忙抱起孩子。孩子本来无事，一见大人如此惊骇万状，便哇的一声大哭起来。

孩子如有无理要求，甚至继之以撒娇或哭闹，我们从不迁就答应，决不为了哄她不哭而满足其要求。一次顶住，以后就好管；但如一次迁就，下次必然变本加厉，后患无穷。我家没有带孩子逛商店的习惯，孩子们知道不合理的要求不会得到同意，同时也知道所需要的东西不提也会买给她们，特别在有良好表现后必然有奖，所以从来不提无理要求。说来不信，她们四五岁时在美国过万圣节邻居送的糖果，过一年还没吃多少，差不多被忘记了。

孩子们虽然幼小，但记性很好，大人许诺的事是牢记在心的，哄骗孩子，不兑现，会使孩子大为失望，其余的话就不大肯听。不信任父母，引起一系列不良的后果。因此我们从不哄骗孩子，决不轻诺。一经许诺的事，就一定兑现。让她们知道爸爸妈妈讲的话是算数的，使她们对良好的教育也接受得快。

孩子们还有相当强的自尊心，最怕当着许多人责备他们。办法是当发现孩子犯错误时，在背人处教育，指出错误在哪里，应如何改正，严重的错误要打手心,不妨打得使他感到痛,然后离开让他哭几声。但孩子此时最担心的是爸爸妈妈不喜欢他了,所以最要紧的是当哭声停止后必须开门进去抱起他来亲热一阵,宽恕他这次过错,让他知道爸爸妈妈还是喜欢他的。这样做的效果一是孩子从此不会再犯同样错误;二是丝毫不伤感情;三是不费时间,一般不消十分钟就解决问题。此时最忌的事,是有个祖母出来捏造一个站不住脚的借口,为孩子的不良行为或所犯错误作辩护,来开脱他。这就是溺爱,对孩子的影响极坏,必须严防。

父母爱子女,是人之常情。因而时刻注意孩子的一切,也是理所当然。孩子于是习惯地想办法吸引父母对他的注意。可是过分的注意和过多的要求注意,往往是溺爱和娇纵之源。对此我们有个值得介绍给大家的经验,方法就是虽然时刻注意观察孩子的行为,但在表面上不露声色,不让他们发现你在注意他们,也就是通过暗中观察,用潜移默化之法引导他们在德智体三方面正常地发展。如出现不正常,就要用同样的方法及时予以纠正,由于不损害其自尊心,效果很明显,孩子很愿意接受批评。

我们从不当着客人的面夸奖孩子的长处或者形容其异常之习。夸奖其长处会使她们骄傲自大,形容其异常之习会养成终身的恶习。我看许多人在食品上的挑剔,不吃这,不吃那,多数是小时候父母以此讲给客人而导致的终身后果。父母有责任帮助其从小养成不拒绝各种

1953年全家摄于美国俄亥俄州哥伦布斯。前左为长女杨周美,右为次女杨周亚;后左为汪安琦,右为杨纪珂

粗细食品的好习惯。

如只有一个孩子，主要是不要娇生惯养了他。但如有两个孩子，则除此而外还要避免偏爱。不但在精神上要对他们同样地爱，而且在物质上必须公平地分。这是在亲子间和在同胞间终身友爱团结的重要基础。反之，溺爱和偏爱，从小时候疏忽大意让孩子感觉到（他们迟早会感觉到）的话，长大后往往会渐积成为家庭成员间的乖戾和勃谿。小则使家庭不睦，大到可能酿成悲剧，故不可不慎于始。我们对自己的儿女从幼年时起，无论分吃的、买玩的以至日常琐事纠纷都绝对公平合理，毫无偏私。如此，他们之间，不但从来没有恶语相侵，而且半个多世纪来，手足之情，愈久而弥笃。不论青少年时在家中同住或成年后在外边就业，都是互相关心照料。故合家天伦之乐，手足之情，历久而弥坚。

记一位朋友的来访

安琦从小有个好朋友，名叫任以都，是任鸿隽和陈衡哲的女儿。陈衡哲1920年获Vassar College硕士学位，受蔡元培之邀，成为北大第一位女教授，也是中国第一位女教授。她和安琦的母亲袁世庄是终身的挚友。我们在重庆和上海时多次拜访过她和她的弟妹任以安和任以书。当安琦在她母亲的母校Wellesley College上学时，任以都也在她母亲的母校Vassar College上学。她后来和孙守全先生结了婚。她得博士后在宾州州立大学历史系任教，孙守全则在匹兹堡大学当选矿系系主任。我们结婚后，安琦告诉了她我们的情况。一天，那位孙守全先生突然来到我们住的拖车家拜访，说是奉以都之命来的。他一看我们如此穷酸，不觉扬扬得意起来。我当时很想跟他谈谈学问，但他既不跟我们寒暄，也不谈学问，却大谈其当系主任的风光。说到他家前面有块草地，草每长到一定高度就打电话叫他系里来人割草，说明他在系里的权势之大，无出其右。我们这小小的拖车前面连一棵草也没有，当然也就接不下他的得意话题了。至于我们的可爱小宝宝，他连正眼看一看都没有。于是，我们之间确实没有什么共同语言可以谈的。他也觉得无趣，坐了一会，走了。我跟安琦说："有藐视人者，人必藐视之，岂其然欤？"安琦点点头。他们后来留在美国工作没有回国，孙守全先生已于 1982 年作古。

怀念两位中国同学

1955 年我们从美国作为归侨回国后，在报纸上登载了关于我们的消息。当我们住在教育部招待所等候分配工作时，有两位美国留学时的老同学见报后来看望我们，一位是喜笑颜开的董绍庸，另一位是愁眉苦脸的严忠铎。当时他们的心境虽然大相径庭，但是后来的结局却跟我的另一位校友兼同事姚桐斌相同，都是死于非命。

董绍庸来看我时，身穿缀有中校军衔（回校后晋升为上校）领章的人民解放军的军装，多年不见，非常高兴，两人大谈在 OSU 上学时的往事。他说 1948 年得了硕士后就在香港参加中国航空公司和中央航空公司起义，当了中国民用航空局工程师，后来应陈赓将军的邀请，到哈尔滨军事工程学院任教。

到了"文革"期间，在我被认为有特务嫌疑而遭隔离审查的年月里，有一天，来了个外访者查问董绍庸在美国是否曾在美军中工作过。那个来访者出示了一张董绍庸的照片,其背景是一座城堡式的建筑,问这是不是美国的军营。我说我很熟悉这个地方,是俄亥俄州立大学的法律系,外表的城堡是建筑的装饰,绝不是什么军营。美国哪有把中世纪的城堡作为现代军营的事。此事虽然滑稽可笑,但后来听说董绍庸被造反派的暴徒用铁钉钉进颅骨而冤死,使我十分难过。后来我从网上查得关于他的一些实事,录之于下:

董绍庸教授,是1949年在香港参加"两航"起义的爱国者,为了献身祖国的航空事业,冒着生命危险,毅然回到了祖国大陆。1952年调到哈尔滨军事工程学院,先后任器材处副处长、飞机发动机教授兼教研室主任。1956年参加人民解放军,授上校军衔。1963年他调到四川江油航空

1948年和留美同学的合影。右2为杨纪珂,右3为汪安琦,右4为董绍庸

部发动机研究所（624所）任所长。

组建624所，建设中国自己的高空台，董绍庸同志认为这是独立自主发展航空工业的上策，也是实现自己夙愿的好时机。他极其兴奋地对妻子赵继祥说："走，我们去西南，为建设我国自己的高空台作贡献！"他在日记中写道："共产党员不应该留恋城市的优越条件，而应该到艰苦的地方去，到祖国最需要的地方去！"他们毅然离开首都北京，来到大三线创业，建设航空发动机的科研基地。他千方百计地搜集点滴资料，整理编辑了《高空模拟试车台性能表》，为设计提供了宝贵的参考；他在制定高空台方案中，借鉴12 000吨水压机的制造经验，大胆地将DA3500压气机改造作为抽气机使用，并通过实验进行验证，解决了当时国内没有大型抽气压气机关键技术问题，达到模拟高度25公里的抽气要求。

1968年，他在"文革"中被迫害身亡。

至于那个愁眉苦脸来找我的严忠铎呢，那就更惨了。那天他来找我，吞吞吐吐，欲言又止。告别前，却说了一句话："如果有人来问关于我在美国的情况，就说我是个读书人，除了读书外，还是读书。其他什么事也没有干。"说着，就掉出眼泪来了。我们为他恻然久之。就此一别，永无音讯。

后来我从网上查出了他的踪迹。据上海交通大学电机系1937级校友所记，录之于下：

同班同学严忠铎、杨作德、周恩涛三人却被国民党有关人士骗至军统技术处，从事通信硬件设施的维护和检修等技术工作。抗日战争后，这三人在采用各种方法脱离了军统后，出国留学。严忠铎、周恩涛回国后各在大学任教。严忠铎在北方交通大学机电系当三级教授。但在1957年反右时错划为右派并定为极右分子，又因"军统"，加戴了历史反革命帽子，被判刑 5 年，开除公职，刑满释放后一直没有回到原工作岗位，所有不公正的待遇一直维持到严忠铎教授 1974 年含冤逝世。

其实这三个"军统"，对八路军还是做了些事的。当了八路军的同班同学周建南、孙友余、孙俊人三人都与他们有来往。抗战期间，孙俊人为了通信材料曾到重庆找过严忠铎，被军统发觉。严忠铎硬是把孙俊人藏在自己的宿舍里，得以逃脱追捕，还在军统的眼皮底下完成了任务。1979 年各大学按中央政策给予平反改正，恢复严忠铎的名誉和他的三级教授职称。但所有这些，都不能弥补严忠铎教授所有的冤屈，也无法弥补给他的家人带来的极大伤害。

严忠铎在写交代的材料中，曾提及过去在重庆使孙俊人躲过军统的这段往事，他当然是想证明曾为共产党做过工作，并没有反对过革命。后来了解到当时的情况也证明了这段历史事实，但也是无济于事。后来孙俊人在回忆中说，"像严忠铎这样有才华的学者，遭到这样的不幸，不仅是严忠铎个人和家庭的不幸，对国家来说也是一个损失啊"。

在孙俊人当电子工业部部长期间，虽然严忠铎已经不在人间，但他还是在百忙中关心严忠铎的家属。他没能够在严忠铎的生前为他平反，恐怕也是他终生的一桩憾事吧！

想起我们 1955 年回国之前曾有同学劝过我们："你们知道吗？严忠铎回国后被关起来了，他写自传写了十几遍都没有通过。"我遇到他时，他已出狱，当时正在进行肃反运动，免不了又要遭殃。他从报上见到我们回国了，就来和老朋友见见面。

正是，无可奈何花落去，似曾相识燕归来！

杨纪珂自述
The Autobiography of Yang Jike

当上了炊事员

国民党的垮台，使教育部不再发给我公费。我结了婚，负担增加，也只能靠打工挣钱，养家糊口了。

在学校大门外的大街对面东南方有家广东华侨开的中国饭店，只有一个门面，店名是 New China Restaurant。店主姓余，名哈利，原籍广东台山，50 岁左右，大家称他 Harry Yee。店里面有两排十几张餐桌，门内有个收银柜，由余老板的老妻专管。每张餐桌上放着一只匣子，顾客如想听音乐，可投币点唱，放在后面的音乐柜就会播放音乐。厨房在餐厅之后，左边一排巨大的冰箱，右边各种炉灶，中间是不锈钢菜肴台，最里面是洗涤槽。

我半工半读时，每天下午 5~8 点工作 3 小时。那时美国法定的最低工资是每小时半美元，也就是 50 美分。我干 3 小时的活可赚 1.5 元美金。起先的工作是擦地和洗杯碟；后来添上削洋芋皮、剥洋葱、洗豆芽菜、切芹菜丁和猪肉丁等炊事粗活；然后添上炸猪排、炒杂碎、炸芋条、捣芋泥等细活；最后叫我当厨，让别人洗杯碟了。因此在一年之内，我学会了做美式中国菜的全部炊事活。老板把我的工资加到每小时 75 美分。周末我可以干两天的 8 小时活，每天可挣 6 美元。

帮余老板干的几桩杂事

我在饭店里除了当炊事员外，余老板还叫我干其他零活，想得起的有三桩事。

一天,他对我说,我有一份移民用的文件,需从英文译为中文。我说可以,不难。他就拿出了一份英文的文件,原来是美国移民局为他的儿子移民到美国的文件。我就照文翻译成为中文,端端正正写好,他特别高兴。我想自从美国二战后放宽了那些经营饭店和洗衣作坊的美籍华人的家属移民限制以来,余老板已经把他的女儿移民到美国了,天天在店里干活。他原来在中国还有一个儿子,在文件上儿子的年龄还比女儿大,那为什么不先移哥哥而移妹妹呢?似乎有点违反常理。

过了个把月后,他的儿子来到美国,进了厨房,干起活来了。这个小伙子还比较勤快,但对他妹妹却惧怕三分,老是被她呼来喝去,令人看不惯。我很纳闷,不知是何道理,日子久了才恍然大悟。原来他不是她的哥哥,而是她的丈夫。冒充是老板的儿子容易得到移民的许可,在美国的不少华侨就是这样钻进美国的。他们是司空见惯,而我初次遇到,却认为是奇事。我帮他干了桩不符美国法律的事。

又有一次,余老板拿了一桶油漆、一桶溶剂和一只喷雾器,叫我干油漆餐厅的活。我把所有桌椅都用旧报纸遮盖起来,穿上工作服,再把油漆用溶剂混合好,灌进喷雾器,向墙上喷射。我从来没有干过这种活,还觉得好玩,原来把屋子上漆不是桩难事。墙壁漆好后,我开始喷漆天花板。我站在活动梯上仰头向上喷漆,不一会感到头痛起来,而且越来越厉害,并且有点发晕。老板见我脸色惨白,赶紧扶我下来,说:"到我家去休息一会儿吧。"他扶着我出门转了一个弯到一所公寓上了楼进了他家。他扶我上了床,我一躺下就失去了知觉。

醒来时天已黑,他问我怎样,我说头还有点昏昏然,但不要紧,能开车。于是喝了杯饮料,开车回了家。第二天,我整整睡了一天。回想起来，就是那桶溶剂作怪。我恨老板为了省钱，没有请个懂行的油漆工来干这个活，白白让我受罪。

还有一次，他又来叫我帮他忙了。他说他不会开车，也没有车子，问我能不能为他开趟车。我说当然可以，你付汽油钱就得。我问他去哪里，他说到一个百多英里外的某镇（忘了小镇的地名）里的一家医院去看望儿子。我心想：好，又出来一个儿子，而且是个有病的儿子。好多疑问：为什么从来没有听他提起过？为什么不送到近处的医院里住院？又为什么很难得去看他一次？我见他做了鸡、肉、鱼等好几种好吃的菜装满了几个饭盒，上了我的车。我按地图开车，一路上他脸色凝重，一言不发。

一到那家医院，哦！好大！原来是个巨大的精神病医院。这时我才恍然大悟，他儿子的病不是别的，原来是精神病。进去的大门有两道，开门人都在玻璃墙的后面操作。先开第一道钢门让我们进去，等这道门关好后再缓缓地开第二道门，才进入两边是一间间病房的长廊。每个病房里都只有一个高高的小窗，房中也只有一张钢丝床，空然无长物。整个长廊出奇的静。在走廊的尽头是阅览室，里面有桌椅和图书杂志，有几个病人在里面阅读。在每个房门口都放了一张椅子，零零落落地坐着几个病人，其中一个就是他的儿子。他见到爸爸来了，就站了起来。奇怪的是两个人见了面后，却都板着脸，一言不发。儿子跟着爸爸走到餐室里，在一张餐桌的对面坐下。爸爸从包里取出了饭盒，打开了盖子，递了双筷子给儿子。儿子就埋头吃了起来，一直到吃完，两个人还是一句话也不说。我坐在旁边，当然也不好插话。但感到非常惊讶，这两人难道是父子吗？

后来据余老板的女婿告诉我，这种长廊从中心辐射出去共有8条，住着好几百病人。病人按病情的不同分区住在不同的长廊。老板儿子住的长廊里都是不开口讲话的病人。还有其他各种病人，例如有把衣服一片片撕碎的病人，有把自己头发一根根拔掉的病人，有一个劲儿骂人的病人，还有动辄行凶打人的病人。他还告诉我余老板的儿子来到美国后就偷了收银柜里的钱出去赌博，赌输了就再偷。后来被他爸爸发现了，就痛骂痛打。可是屡教不改，最后就疯了，不说话了，只好送进精神病医院。我这才明白父子为何不说话。

余老板后来也讲了他的儿子不争气的事。他想起了上几辈华侨的苦日子，更加恨这个不肖之子。他说老一辈的华侨都是一无所有来到美国，依靠拼命工作才能存活下来。当时美国不让他们把妻儿移民到美国来，所以只能寄钱回去养活他们，好多年才能回去一次。但也怕回去，因为家乡有些坏人专门对回去探亲的华侨敲诈勒索。他们非常爱家爱国，死后还要归葬家乡。

多年后我在广州访问了华侨新村，很有感触，曾为之写过一首诗：

访广州华侨新村

海外华侨千万数，辛勤胼胝终生苦。

暮年头白思归来，汉民应入汉家土。

乡土情浓不肯忘，令人闲坐话沧桑。

昔日土豪凶且恶，常欺孤雁金山客[①]。

掩首踟蹰不敢归，伤心换尽青青发。

幸有东风动地吹，一朝改变山河色。

扫榻除尘飨旧人，营巢燕子也欢欣。

请看今日新村道，杨柳花开陌上春。

---

① 广东俗称美国归侨为"金山客"，金山谓旧金山。

杨纪珂自述
The Autobiography of Yang Jike

我成了美国工人阶级的一员

在暑假期间，饭店里生意清淡，只需晚上做 1 小时工就够了，我得另找白天的活。好友 George Mock 把我介绍给房地产老板当木工。我那时身体很好，每小时 1.75 美元的工资也增加了收入，感到不差。于是在建民房的工地上干粗木工的活，就是搬运木料和钉大钉子。美国的民房以木结构为主，所用的木材都是标准的 2×4（即截面为横 2 英寸①、竖 4 英寸的木条）、2×6 和 2×8，其中墙体用 2×4，椽子用 2×6，地板用 2×8。粗木工的基本工作就是把这些木料按照图样一根根锯好后用大钉钉成一个屋架。最基本的活是把墙体里的每一根 2×4 的木条用 6 只 16 号大钉钉在底条上。做法是用铁锤将前后 2 只、左右 4 只大钉斜锤进底条里让这根 2×4 的木条固定。这种活不难做，我从学会到熟练只花了几天工夫。一个暑假，我学会了全部建民房的粗木工的活，工资增加到每小时 2.25 美元。工资虽然比做炊事高得多，但在烈日下干重活，8 个小时下来，也够累的。晚上去做炊事，就好比是休息，何况还有一顿好饭吃呢。

房子成型了，粗木工的活转为细木工了。老板问我会不会，我说没有做过，但愿意学做看看，老板同意了，给我每小时 2.5 美元的工资。我上了班，就向老木工请教。那个老木工待我很好，慈祥而仔细地教我。我已忘了他的姓名，但他那瘦瘦的高个子形象深深地印在我的脑海里不能忘。我买了所有干细木工所需的工具，放在一只自制的工具箱里，跟着他边干边学，学会了不少难度较大的内装修细活。

---

① 1 英寸≈2.54 厘米。

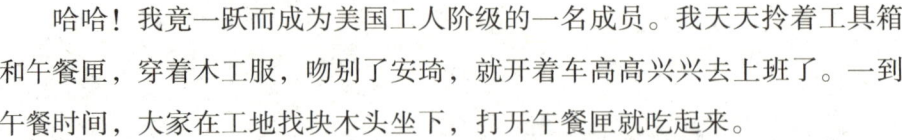

哈哈！我竟一跃而成为美国工人阶级的一名成员。我天天拎着工具箱和午餐匣，穿着木工服，吻别了安琦，就开着车高高兴兴去上班了。一到午餐时间，大家在工地找块木头坐下，打开午餐匣就吃起来。

还得说一下那只可爱的午餐匣。那是一只铁皮做的外表漆成黑色上有拎手的匣子。打开盖子，在盖子里放了一热水壶的咖啡，匣子里通常放两个三明治、一个苹果、一块蛋糕或相当的其他食品。在工地上工作的美国工人，这一套在那时是典型的。但这是半个多世纪以前的事，现在的情况怎样，就不清楚了。

工资每周发一次，从不拖欠。老板对我们都是客客气气的，从不发脾气。至于工人吗，经常还讲些粗话。有些土话和脏话我也听不懂，见他们捧腹大笑，总觉得他们都很善良。像在电影中演出的那种大打出手的事，我却从来没有看到过。国内的观众如果把那作为美国人的常事的话，那就完全错了。

一直在阳光之下干活，我的皮肤晒得黝黑。一个邻居老太见了我，说："啊！你长得那么黑！看你的妻子多白啊！"她竟以为我是黑人了呢。

顺便说一下，在此期间，安琦在一家制药厂找到了一份工作。这家制药厂名叫 Warranted Co.，安琦在里面当生物分析师，工作还比较顺利。

George Mock 一家四口仍不时和我家往来。每次见面，他们的两个儿女和我们的两个女儿玩得特别高兴，增添了许多生活乐趣。

于是，在两年的时间里，由于我们的勤奋好学，打工的工资上涨了6倍，连同安琦工作的收入，养家已是绰绰有余。我们卖掉了拖车，搬到公寓里租房住了。

两次经商失败的经验

美国有家著名的巴泰尔研究所（Battelle Memorial Institute）。这家研究所的所址就在哥伦布斯距 OSU 不远之处，巍巍大楼，为美国六大非营利私营研究所之一。该所的职能是专为企业和政府开发新技术和产品，主要任务是把新技术应用到制造业中，形成生产力。有不少国防产品也由政府委托他们研究，其中就有用作火箭材料的高温合金的研究。因此这家研究所是我心向往之的地方。

满以为作为该所邻居的 OSU 冶金系硕士生，在那里找份工作应无问题。岂知大谬不然。我去那里申请一份高温合金的研究工作，却碰了个大钉子。管人事的那位老兄看了我的申请书后，直截了当地对我说："很抱歉，由于我们这里的研究与国防有关，按规定不允许聘请外国人。"拒绝了我的申请。当时我非常失望。学了许多冶金学的知识，到这里来却一无用处，吃人家的闭门羹，真是懊丧之极！

现在想起来，当初巴泰尔研究所给我的挫折，却是后来的福气。且看：在英国学好高温合金成为第一流专家的姚桐斌，在"文革"时期不就惨死于乱棍之下吗？再看董绍庸和严忠铎，不也都有同样的遭遇吗？我若是作为在美国学好高温合金的专家回国，会不会和这三位有才华的同学有同样的遭遇呢，这就很难说了。

在走投无路的情况下，我想我还有两种在美国谋生的本领：一是炊事，二是木工。但我不甘心于替别人干，很想自己干一番。

我首先想到的是像余老板一样开个小饭店，自己当老板。安琦说好，她也可以来帮忙。我管里面的厨房,她管外边的店铺,不就行了吗?正好邻近有一家饭店出让,我们就把它盘了下来,起名"扬子饭店"(Yangtze Restaurant),开起饭店来了。筹备开店,我们已经忙得不亦乐乎。开店以后,就更忙碌:又要上学,又要照顾孩子,还要照顾饭店,经常忙到半夜一两点钟,我们还在算账。不得已,就不上学了吧,我们从此就脱离了OSU。孩子呢,我们托给一个专替人看孩子的妇女布朗太太(Mrs. Brown),那是1950年的事。

起先,饭店的生意还不错,我掌勺,安琦做服务员兼收钱。到周末生意好时,我们常常忙得手忙脚乱,招架不过来。原来开饭店并不简单,要进货、洗菜、切菜、炒菜,还要服务、洗碗、打扫饭厅、收钱、算账、报税,两个人忙得团团转。开始我们自己干,后来实在忙不过来,就请了一位黑姑娘帮忙。哪知不妙,自从请了那位黑姑娘后,我们的门庭就一天比一天冷落下去,越来越少人问津了。至此我们才了解到美国种族歧视之深竟如此。后来即使辞退了那位黑姑娘,我们辛勤经营的饭店也已经一蹶不振。只好吃亏点盘掉了它,前后只有两个月,以失败而告终。但是美国有保护小商业的法律,所赔的钱以后逐年可从所得税中扣还,鼓励你失败后仍能东山再起。几年后,我们居然把赔掉的钱以此法收了回来,没有吃亏。虽然损失了时间,但是吸取了经验教训。

我们义无反顾,必须东山再起。干啥呢?那就是盖房子了。在美国人工很贵,盛行自己盖住房,我也就先从给自己盖房做起了。我买了好几种自盖房的书,和安琦仔细研究,决定自己亲手盖房。也同我在南京市峨嵋路时所做的事相仿,我们在哥伦布斯市的格拉斯米路上买了块空地,我画了四邻图以及房屋平面、立面和结构图,经市政府批准后就开工了。在施工期间,市政府房产管理处派员抽查进度,如有不合格之处,就提出改正。这个检查员看见我一个人在施工，相当佩服，对我非常照顾，作了不少的指导。除了木工是我的本行外，我还同时兼做泥瓦工、管道工和电工。为了安装卫生设备和煤气设备，我还从市政府的工程地图上找到了上下水道和煤气的接头处，把这些设备用管子连接上去。我像一只蜜蜂单独建巢，一根木头一根木头逐渐逐渐地把一座面积为 24 英尺×30 英尺的现代化平房建起来了。我请那个检查员来查验是否合格，他里里外外看过后，认为合格，在证件上签了字，就算完工大吉。安琦为我准备了丰富的晚餐，高高兴兴地庆祝了一番。

美国政府为了鼓励大家盖房子，有很优惠的房屋贷款制度，称作FHA。我们的房子盖了不到一半，就贷到了款，得以继续盖到完工。所贷的钱可以分期归还，低于房租，所以那时结了婚的人家几乎家家盖新房。这种办法也解决了战后的就业问题，真是好办法。

但是作为经商而论，我的房产工程不算是成功的。因为后来以 7 500 美元卖掉那所房子后，核算所得，发现我所花的建房时间折合成每小时的美元数时，还远远不及我当细木工每小时 3 美元的收入。原来美国兴建平民住的房子也是要批量生产才能赚钱，个人建房不可能赚大钱，甚至会赔本。我能够略有所赚，归功于没有请人代劳，已是不容易的了。

两次经商失败，使我不敢再轻易尝试。咋办呢？还是另谋出路的好。我想来想去，我之所长还是考试。但什么是最易找到工作的行业呢。我选择了结构工程。这是我在唐山交大从杨耀乾讲师学得的一门土木工程的分支。由于我学得好，他曾给过我高分。于是我去报考美国政府举办的职业工程师考试，报了结构工程。1951 年秋，我参加了职业工程师的资格考试。

考试那天，我一看题目都不是很难，很快就答写毕，交了卷。那个监考人员把我交得那么早的试卷看了又看。可能他原以为我答不上来，写白卷，所以交卷早，谁知竟是写得满满的大块答案，不禁露出了惊讶的面色。结果当然是考试及格，我得到了职业工程师的执照和钢印。

在哥伦布斯市内的工程单位还是巴泰尔研究所最中我意。我想我如果以职业工程师的身份去那里找一份和国防无关的工作，也许有可能成功。这样，我就有机会接触有关高温合金的科技资料。可是，事与愿违。我再一次去那里申请工作时，仍然碰了钉子，遭人拒于千里之外，无计可施。从此，我对那个研究所连同高温合金这门学科心灰意懒，再也不对它抱进取之心了。

那就改行，到与国防无关的民用结构工程领域中去奋斗一番吧。

在这两三年的时间里，我们买了房子、车，一家四口在哥伦布斯的生活过得非常美好。现在回忆起当时的情景，还有些甜甜蜜蜜的感觉。

第6章

在美国当工程师

到朗乃法给水工程公司工作

我既然进不去巴泰尔研究所,就去找结构工程师的工作吧。

1951年秋,考得职业工程师的执照,我到一家职业介绍所去登记后,就回家等候消息。不几天,就有电话叫我去一家名叫朗乃法给水(Ranney Method Water Supply)工程公司去面试。到了那里,出来一位中等身材、瘦瘦黑黑的高鼻子工程师接见我,他看了我的职业工程师执照,问了我过去的学历。我如实告诉了他,并且给他看我在唐山交大的成绩单,特别指出其中在应用力学、材料力学和结构工程三门功课中的全A成绩。他很同情我,说:"这种接受国防研究工作的单位架子都很大。我们这个公司虽然小,但老板待人很好,中午还有一顿免费午餐,你就在我们这里一道工作吧。至于介绍所的介绍费也由我们替你付,你就不用担心了。"

这位工程师名叫约翰·汤姆锡克(John Tomcik),也是位领有执照的职业工程师。二战期间他在军队里已经是个工程师，复员后到原籍也是俄国的同乡人 Colbert Silich 兴办的这家公司工作。最近接到了美国钢铁公司的大订单，正找不到合适的人帮忙，所以见了我，就立即聘用了。

这家公司从事于一种享有专利权的汲取地下水的给水工程，专利的名称是朗乃法汲水术。就是在测得地下的蓄水层的容许供水量后，通过一个大直径的竖井底部向四周放射的多孔横管汲水，可取得数十倍于一般简单竖井的出水量。其工程设计是前人已经做好了的。我只消根据地质师勘测得的地层深度，帮汤姆锡克对原设计加以修改，就可以作出竖井的结构图。把图纸晒出蓝图后，送工地交施工队照图施工就可以了。

此外，我还帮两位地质师根据他们在野外实地所做的泵水实验结果算出蓄水层的贮水量和建成井后的容许出水量，作出图表。他们做泵水实验需要打测井、定地下水位和抽水泵等设备，由一位技工用一辆大卡车装了这些设备跟着他们走。

管理办公室有两个女秘书，都是中年妇女。我只知道她们的名：Lucile 和 Evelyn，但没有问过她们的姓。这两人都不漂亮，但都打扮得远比安琦讲究，走过我旁边时一阵香风。美国妇女越老越打扮，不以为奇。可是她们的工作效率惊人的高。Lucile 长于用电话接谈，跟客户们谈起来口若悬河。Evelyn 长于速记，上司口授她写一封信，可以在 10 分钟内打印出来。Evelyn 经常向我诉苦，说找不到人喜欢她。我想，我也爱莫能助呀。

管我们午餐的是两位苏联人。他们是老板 Silich 帮忙移民美国的一对难民夫妻，都不会讲英语，只能说几个单字。我们也只知其名：Joseph 和 Marry，而不知其姓，看样子他们都已五十开外了。Marry 当厨师，Joseph 当服务员，我们每天品尝他们做的俄国大菜，吃完就向他们道谢一番，成了习惯。

有个黑人,叫 Bob,跟我很要好。他个子很矮,走起路来一摇一摆。他负责房子里外的清洁和外面空地上树木和草地的平整。看他一天到晚忙忙碌碌,很有自强不息的味道。

当工地上的施工快完工时,公司就派我带了经纬仪到工地测量一次,回来把井底引水管的位置、方向和长度画出来,留作档案。出差时我开车前往目的地,公司给我每公里 80 美分补贴。我在云南大学一年级向陶逸钟教授学的平面测量和在唐山交大向徐象数教授学的矿山测量在此时大起作用,使我的野外测量工作胜任愉快。

有一次,我出差去位于俄亥俄河(Ohio River)边的姐妹村(Sisterville)做一项工程完工后的测量工作。测毕后就试车:当大家看到八个引水管闸门被一齐打开,八股激流在井底向中间冲出来形成美丽的图案时,都雀跃欢呼起来。

那个工头对我也不错(可惜我把他的名字给忘了)。他喜欢钓鱼。河里的鱼很多,他钓不一会,就钓到十几斤鱼。我离去时他把当天钓得的鱼全部送给了我,我带回家全家吃了好几天。

我最不喜欢的是一位跟老板合伙的副经理。那个高个子法国佬平时特别傲气,也特别不学无术。但他是个大财主,家里有个大庄园,养着几匹名马。当我跟他谈技术问题时,他什么诀窍也谈不出,不住地擦头上的汗,使他傲气全消。我有点后悔,不该和他谈些他所不擅长的问题,在行为上有点不礼貌。他是这家公司的实际主管,我这样做,使他难为情,会不会因此而做些不利于我的事呢?

果真,到 1953 年初,我在朗乃法公司已经工作了一年多了。照道理应当加我一次薪,何况公司给我的 400 美元的月薪并不高。我自己认为我的工作做得还不错，所以也有所期待。可是令我失望的是这桩事始终没有发生。

我于是开始另找工作。我找到了一家由三位职业工程师联合挂牌的凡洛工程师事务所（Varo Engineers）。其中管事的工程师是麦克林托克先生（Mr. McClintok），这个人不拘言笑。当我出示了执照要求作为职业工程师入伙时，却被他拒绝了。他说："你可以在这里先作为雇员工作起来，等到你靠自己的本事获得一定数量的工程委托书后，才能加入我们这个队伍。"他们给我的工资折合月薪约为480美元。如果需要加班，还有加班费，每小时增加50%，即4.5美元。我当工程师，和当细木工的收入相差不多。可见在美国，白领工与蓝领工的酬劳相仿，只是在体力上此逸彼劳而已。

我去找汤姆锡克告诉他这件事，他很遗憾。他告诉我加薪的事曾向那个法国佬提起过，可是没有下文。我说了几句客气话就告别了。说实话，这个上司，待我还是不错的。他留我多干几天，等接替我的人来了，把工作交代好再走。我同意了。

最后告别时，那个Bob有点黯然，他知道我对他最好。

来到凡洛工程师事务所

他们三个职业工程师，把执照放在镜框子里挂在显眼的墙上。我是雇工，没有挂。当时我很羡慕他们，于是有了个愿望，想："总有一天也会挂上我的。"后来我决定回国，这个愿望也就永远落空了。

凡洛事务所与朗乃法公司的不同之处是经常变化工作的内容，就好像

开了个工程百货店,顾客要啥,你就卖啥,而且新的各门各类的工作不断涌来,使你应接不暇,经常需要加班。譬如你的顾客是建高速公路的公司,他委托你设计一座桥梁,你就得设计好那座桥梁,并须在蓝图上打上职业工程师的钢印。即使是我所设计的,也得打上他们之中受委托的那位工程师的钢印,表示他对这张图纸的设计负总责,其他经手的人负分责。如果出了差错,就得按合同的规定予以赔偿。所以图纸每经一个人的手,就得签个字,每个人都负责他所经手的那一段业务,最后打钢印的是总负责人。这样,对工程设计他们有一套严格的分层负责制。

凡洛的另一位挂牌的职业工程师瓦其达(Mr. Vargeda)告诉我曾经发生过的一桩事。一个绘图员在作图时把两根工字钢的"2"误写成"21"。这一严重的错误居然漏过了校对员的眼,也漏过了责任工程师的眼,结果在工地上平白多运来了19根工字钢。发觉后只好把多余的钢材运回原地,所有的损失由这三个人按责任的轻重分赔。他对我讲这个故事无非是要我工作必须非常周到细心,切忌粗心大意。我想起在唐山交大上罗忠忱教授的力学课时,对学生的作业要求答案数字必须准确到三位,数字出错的都打零分。唐山交大的毕业生在全国修铁路,在工程上很少有出错的,罗教授之功也!

瓦其达是入了美国籍的匈牙利人,他是三个老板中最有才能的一个。这个年约半百的职业工程师不但工程技术出众,而且所招揽到的工程设计承包项目也比其他两人多许多。我如有疑难问题向他请教,总能够得到满意的答复。多年的接触,使我得出一个结论:原籍是欧洲或亚洲的美国工程师,在科技水平上平均都比在美国土生土长的工程师略胜一筹。

凡洛事务所还有一类生意,那就是顾客如是一家企业,他们的工程师人手不够,就来事务所拆借几个人去帮他们干一阵,事毕后送回事务所。

我就曾被市内一家专门建造上千英尺高的钢构架电波输送塔的企业借去工作了一段时间。事务所派了两个人去，和我同去的也是个意气风发的年轻人。我们两个人在工作质量和数量上都不肯认输，在那里你追我赶，展开了竞赛，从而使工作效率达到空前高的程度。那家企业大乐，向事务所对我们大加表扬。然而他们按合同办事，对我们一毛不拔。其实，我们只是好玩，并不想要什么报酬，年轻人嘛！

业务多变使在事务所工作的工程师们的实际工作能力不断增强，远比那些在大企业中重复做刻板的专业工作的工程师们本领大。这种情况也可以推广到职业律师、职业会计师、职业统计师、职业审计师以至职业摄影师和职业记者等领域，恐怕这些职业工作者都能因工作对象的千变万化而练出一身绝技，都成为有应变能力的优秀人才。然乎？否乎？

我在凡洛事务所结交了个好朋友，他的名字叫 Doliver Pierse，是个埋头苦干的老实人。他虽然也是个职业工程师，可是由于太老实，工作多年也拉不到生意，所以也挂不上执照牌子。他在工作之余喜欢收集钱币，从一美分的铜币到一美元的金币都有，我送了他几个中国的钱币，他高兴极了，一再道谢。作为回报，他送给我嵌有一美分铜币的厚纸折合本，这种铜币上有林肯总统的肖像。他把那些发行量大的也就是常见的铜币一个个按下面的标签（标有发行年份和发行量）嵌在里面，那些发行量小的也就是珍稀的叫我自己去筛觅。我们相互送的钱币都是礼轻情重啊！

后来我回国后把这本钱币带了回来，在"文革"期间却被红卫兵抄了去。但后来平反，物归原主，那个本子赫然在目。在本子里面所嵌一美分的铜币一个也不少，让我回忆起我和 Doliver 之间的深厚友谊。我的孙女儿杨正君也喜欢收集钱币，我就把这一有纪念价值的嵌了许多美国铜币的本子送给了她，让她世袭珍藏。可惜 Doliver 比我大10岁，他要是还活着的话，也已97岁，和他再见面已是不可能的事了。

在凡洛事务所不见像在朗乃法公司里的法国老板那种人。过了一年，他们把我的月薪提升到550美元，年终还发了奖金。

在美国，有个不成文的规矩，就是同事之间谁也不问谁的薪金数目多少。出纳员每周到每人的桌上照例以票面朝下的方式发一张支票，象征性地表示不让别人看见票面上的数字。年底发奖金也是如此，只是改为放在信封里发。这跟中国的情况截然相反。为什么有这样的风俗，使我百思不得其解。但我下意识里总感到这种风格还挺高尚。

1953年全家摄于美国俄亥俄州哥伦布斯家门口

星期五拿到了钱，星期六就是去逛商店购物和做家庭清洁活动的日子。那时，周美4岁、周亚3岁，都是活泼可爱的小女孩了。到超级市场购物，人家都以为她们是一对双胞胎。我们最常去的市场叫大熊超级市场（Big Bear Supermarket）。后来半个多世纪后我们旧地重游时，这个市场却在那里消失了。世事变迁，见不到旧店，使我们不胜惆怅！

星期日我们开车经过教堂时，看到男男女女一个个衣冠整洁地走进去。特别好看的是那些女士们，她们每人都戴一顶漂亮的帽子，却没有一顶相同。我想，原来美国人的做礼拜,成了女帽展览会。我们不是教徒,不进礼拜堂,到门口欣赏女帽展览倒也别致。

下午呢,就带孩子出去玩,最常去的地方是动物园。我们往往邀了朱声铎、龚业达夫妇带了他们的男孩 Eddy 一同去,好让三个孩子一同玩,我们就在一旁看着他们玩。龚业达是湖南人,是安琦的好朋友。多年后友人告诉我:业达后来在加州开了家钟表首饰店,她不久得病去世。安琦闻此噩讯,颇为伤心。声铎是否续弦,迄无音讯。现安琦也已去世 5 年,往事历历,如在目前,思之凄哽!

那时也经常去 OSU 校园。周美学会了骑自行车,从骑三个轮子开始,到骑两个轮子,得心应手,骑得飞快;周亚小一岁,只能骑三个轮子的。两人在校园里大草地中的小道上骑车。我看她们一前一后,神气十足,就照了张照片。这张照片一直保留到现在,弥足珍贵。半个多世纪后我们重访旧地,在原地又为她们照了张照片,那是后话了。

在这两三年的时间里,我们买了房子、车,一家四口在哥伦布斯的生活过得非常美好。现在回忆起当时的情景,还有些甜甜蜜蜜的感觉。

在福格森公司

1949 年 1 月,安琦的父亲汪懋祖在苏州病逝,安琦得信,哭得死去活来。她的妈妈袁世庄由她的妹妹袁世芳陪着仍住在苏州盘门东大街的老宅里。安琦的妹妹汪安琳在金陵女子大学毕业后,与万元康结了婚,在南京林学院工作。弟弟汪安球去了苏联上莫斯科大学,学地理学。因此,岳母冷清清地不时想念安琦,每次的信中都是盼望安琦能够回国的情感十分丰

富的话。这使安琦每接读妈妈一封信,就掉一次泪。母女深情,无与伦比,于是乎提出了举家回国的设想。

我的想法是我到美国来求学,原是想学到一些有用的学识和才能为回国效劳之用,但由于环境使然,不能如愿。那几年做过的工作,却是倒转过来,以在国内大学里学到的科技本领为美国的商人服务。因此心中很不甘心,总想再学一些什么有用的东西后才回国效力,庶几无愧于初衷。但在哥伦布斯已经找不到这样的机会了。考虑到俄亥俄州的最大城市是克里夫兰市(Cleveland, Ohio),在那里也许可以找个能学到有用东西的单位。

在这个信念下,我们就在报纸上大事搜寻适合我们这个目的而又位于克里夫兰的场所,最后还是找到了。

我找到的是一家设计各种类型工厂的工程公司,名叫福格森公司(Ferguson Co.)。我驱车到公司应试,见到的是一家坐落在市中心一座大楼内拥有百余高级工程师的大型公司。他们对我进行测试后立刻聘用了我,月薪650美元,比凡洛给我的又高了一级。我欣然接受,真好运气!

当时有个插曲。我为找工作到了克市,在一家小旅馆住了一天,晚上把我那顺风牌的新车停在路旁,忘了把我的皮包带走。不料第二天开车门一看,皮包不见了。原来车子前面的三角窗已被撬开,我遭偷了。报了警,也毫无回音,只好自认晦气!所以到克市的第一天,既有运气,又有晦气。

安琦呢,在克里夫兰有名的凯斯大学(Case University)生物系找到了一个助理研究员的工作。于是我们决定举家迁往克市。

1954年的冬天,我们分别辞去了凡洛和华伦梯的工作,在克城的晶体街(Crystal Avenue)租了两层楼的公寓,叫了搬家公司,一股脑儿搬到了新寓中。我们把两个孩子托在一位名叫麦奇妮夫人(Mrs. McGinnis)的家里后，两个人开始分头上班。

首先，我在这家工程公司学到了如何使多种类型的工程师集体设计总体工厂的诀窍。

我们的工作间是间大房间，里面放着二三十张画图桌。大家都坐在高凳子上，面向图画板进行设计工作所需的计算和作图。图画板上配有直角尺，上有灯光照明。当时在房间里有两个工作组在工作。两个组分占房间的两半边。左边是接受了导弹发射场设计任务的工作组，右边就是我参加的接受了福特汽车厂设计任务的工作组。我们这个组里有土木工程师、结构工程师、电气工程师、空调工程师、管道工程师、设备工程师、运筹工程师等各一二人。我是结构工程师，跟另外一位比我年轻的工程师搭配。我们只管厂房所有钢结构和混凝土结构的设计，不管其他，但必须与其他各类工程师配合，以免发生工程上的矛盾。大家在一间屋里工作有利于彼此之间的合作与沟通。譬如我在设计厂房墙体凸柱时，必须获得关于吊车的跨度、重量、运行速度及其本身的详图等资料，因此必须不时向设备工程师查询究竟，使墙体凸柱的设计达到使架在它上面的吊车运行时既行动自如，又稳如泰山。又如厂房的结构必须与空调的设施不相重叠，使空调设施在厂房里有足够的空间作妥当的安排。其他如各种线缆和管道，也必须按照有关工程师的设计需要在结构中留下空间使之穿越无阻，还必须使结构对之有一定的承载能力。凡此种种，都必须互看图纸，从长商议，以求作出最佳设计之道。一般而论，通过彼此之间的片言只语就可解决问题。但有时碰到疑难的问题或矛盾而争执不下时，就得把那位运筹工程师请来，由他设法统筹兼顾，解决问题。

至于工作组以什么人、多少人组成，则由总工程师在接到项目任务后，根据工作性质和工作量的预估来决定。因此不同任务的工作组安排不同的工程师职别、人数和不同的完工期限。每个任务往往需要好几个月才能全部完成，所以各个工作组都是短期稳定，长期流动。我在那里工作了10个月，只变动过一次。

这样的安排，使工作效率出奇的高。每一张图纸在完成后都晒成蓝图，发给与我有关的其他工程师，让他们发现其中有问题之处以便加以修正。如此反复，往往次数非常之多，旁边的大桶里满是丢弃了的作废的蓝图。有专人负责处理销毁这些废图，以免机密外泄。

和我同事的那位年轻人有一次为一个钢构架的设计而为难，来向我请教。我一看，这不过相当于我在唐山交大时杨耀乾老师让我们演算的一个设计习题而已。拿过来不到一个小时，我就把那构架中每根钢材的应力图作了出来。他拿到这张图，感佩不已。

工程师们初进公司前，都必须在一份文件上作出承诺并签字："在所有设计出来的资料中如有创新和发明，都必须以1美元的代价无条件卖给本公司，不得据为己有。"我想，这是资本家的一个绝招，也是他们赚大笔钱的手段之一。可怜的白领工人（打工知识分子的另一称呼），连脑子都被他们挖空了。因此我很羡慕那些职业工程师，他们的老板就是自己，如有什么创新和发明，只要申请到专利，利益就不会被别人巧取豪夺走。

不过这些白领工人的待遇还是相当好。每天工作8小时，一星期工作5天，加班则外加50%的工资。当时工作繁忙，经常加班，我差不多每个月都能拿到1 000多美元。我在里面的工资还是比较低的，没有这样的待遇，谁还干呢。

每天上午10点、下午3点，有10分钟的休息。此时就有一位女服务员，推着一辆咖啡车，进房为大家供应咖啡。每人买一大杯，大家边喝边聊。使我印象较深的是一位从欧洲移民来美国的工程师，他总喜欢和别人争论，喋喋不休，有时甚至争得面红耳赤。但10分钟时间一过，他就不作声坐下，拿起计算尺或铅笔，认真工作起来。我心想，像这种性格的人，倒也少见。许多人不喜欢他，希望他滚蛋。但是他的工作出色，老板还不想把他辞退呢。

我在福格森交了一位好朋友，名叫Jack Schaefer。起先当他打听到我家的住处离他家不远时，就来问我："不知能否搭乘你的便车上下班？我愿付你汽油费。"美国城市的道路上往往有用菱形图作标志的专用线，在上下班时只要车内坐两个人以上，就可在这条专用线上行驶，要比其他车道快，借以鼓励大家合用车辆上下班，以减轻道路拥挤的程度。因此我回答说："这就可以两便，我节省了时间，你也不必付我汽油费。"这样，他每天准时和我一同上下班，路上要走45分钟，两人聊啊聊地日久就成了好朋友。

Jack有时邀我们和他家一同出去野餐。他们夫妇有个儿子，比我们的两个女儿小了两三岁，所以玩不到一处去。他的夫人却有个怪毛病。每次Jack因公出差，她就一天好几次地打电话给我们组长，问Jack什么时候回来？又问Jack是不是在外面交了个女朋友，不要她了？打搅得组长很烦，他知道我和Jack比较熟，就拜托我去跟她说情，希望不要打搅组里的工作。我到了她家见到了她，她一见我不等我开口，就大哭大闹，说："公司不应该派Jack出差，他一定在外面交上女朋友了！你必须马上把他叫回来！"对我又推又搡。我束手无策，只得安慰她一番，回去报告组长说："无法完成你交给我的任务，这比设计一个厂房困难得多！"Jack一回家，她就立刻恢复正常，下次见到她，没事人一样。我跟Jack谈了谈他出差后发生的这桩事，Jack叹口气说："她真可怜！她是和她的前夫离婚后嫁给我的，离婚的刺激使她得了精神分裂症中的多疑病，生怕我又不要她了。"

在克市的市中心，距公司不远有个很大的公共图书馆。美国的公共图书馆一般都是开架的，读者可以从书架上随意取阅所要阅读的书，也可以借阅。我工作到中午有1小时的午餐休息时间。我利用这个时间把两个三明治塞下肚子后就拔脚飞奔进那个图书馆，贪婪地阅读大量的书籍；然后一分钟也不浪费地准时奔回工作室。

这样，我就以最高的效率，在那硕大的图书馆里博览群书，大大地扩展了我的知识面，成为我在克市的另一项大收获。

我们告别美国

1950年发生了导弹专家钱学森回国时被美国联邦调查局扣留的事件，当时我和安琦对此事都大为愤慨。但到了1955年9月10日，在日内瓦举行的中美大使会谈就双方平民回国问题达成了协议。于是钱学森等人于9月17日偕家人从洛杉矶胜利回国，我们又大为高兴。

我们感到现在是应当回国的时候了，于是从那时起就积极做回国的准备。我们先把汽车前面那被小偷撬坏的三角窗修好，把它卖给我在克市新交的朋友董纪方的一位刚来美国留学的朋友；把家具和工具廉价卖给了房东；再把家中次要之物丢掉、烧掉；最后把较好之物装进一只特大的箱子寄存在董纪方家里（这箱东西从此也跟我们永别了）。至于书呢，统统送到我那常去的图书馆前面设置的为收纳捐赠书籍用的一个大柜里。

董纪方原籍上海，他劝我们不要回去，他说："你们太冒险了！"我说："我们一片爱国之忱，回国为祖国的建设添砖加瓦，连钱学森一家都冲破了美国FBI的阻挠，回国去了，何冒险之有?!"不听他的劝告。

于是我们抛弃了美国的一切物质条件，用4 000美元买了4张11月1日到香港的机票①。只带了总共9 000美元的旅行支票（我和安琦多年来的全部积蓄）和一只军用旅行袋，我、安琦、6岁半的周美和5岁半的周亚就登上飞机，回国了！

那时的客机远不如现在的飞机那样大，那样讲究。但与10年前我从重庆飞昆明坐的飞机相比，已有天壤之别了。飞机在中途为加油停了三次，第一次停在阿留申群岛中的一个岛（不知名）上的军用机场上，在岛上我们还下飞机照了一张照片。第二次停在琉球岛上的一个大型军用机场上。飞到上空时不准旅客照相，停机后还叫旅客把窗帘拉上，不准往外看。第三次停在台北机场，我们在机上呆着，直到起飞也没有下飞机。

总共花了36个小时，我们顺利到达香港。安琦有家亲戚在香港，我们叫他们英阿姨和史姨丈。英阿姨袁英是岳母袁世庄的堂妹，她和她的丈夫史宝楚都是复旦大学的毕业生。后来史姨丈在上海储蓄银行当襄理，当这家银行搬迁到香港后成为副总经理。她家和汪家一向往来，非常友好。我们一到就来车把我们接到她家住，并陪我们游览香港。史姨丈还帮我把所带的美元汇到北京中国银行。他特别喜欢周美和周亚，后来她们两人都在美国得了学位，据说他总是以她们为榜样来教育他自己的两个子女。

现在英阿姨和史姨丈都已作古，怀念旧情，令人怆然欲涕。

11月4日，我们到我国在香港的派出机构中国旅行社联系回国事宜。旅行社的工作人员问清了我们的情况，代我们买了火车票，第二天派人护送我们去罗湖过境。

到罗湖需步行走过一座旧木桥。在桥前香港境内设有一个岗位，里面

---

① 后来组织上叫我报销这笔旅费，我说：我们负担得起，不报销了。

站着一个英国兵。陪送我们的人入内和那英国兵说了几句话，就放我们过桥。一过了桥，我们见到飘扬着的五星红旗，不禁热泪盈眶！那是1955年11月5日，是一个对我们全家来说非常非常重要的日子。

啊！多么可爱的祖国！！！

原本是作为我的副业的统计方法,却在医学、农学和生物学三门大学科中异军突起。我成了其中的急先锋,确实非我始料之所及!

第7章 在科学院工作

在苏州和北京的休闲时光

安琦日夜思念母亲,阔别也将近10年了。在这10年中,她的父亲已经不在人间,母亲年事已高。因此我们先去苏州,让她们母女相见。

岳母见了女儿和两个外孙女儿,喜笑颜开,万分高兴。亲自做了许多菜肴招待我们。我和安琦吃到家乡的美味佳肴,十分欣喜,可是两个外孙女儿却不习惯。那时周美6岁,周亚5岁,还不太懂事。她们最不喜欢吃的是豆腐,即使给她们喝牛奶,也因没有冰镇并有异味而拒绝饮用。她们的美国习惯一下子要中国化,确实不容易适应,接受不了外婆的爱意。幸而岳母在美国受过教育,能够理解,不以为意。

她们特别想念那只雪橇,那是我们刚到克里夫兰市不久遇到了下雪天时为她们买的。回国前我们把她们的一大堆玩具都送了人,到了苏州她们一无所有。不知何故,她们对别的玩具并不在乎,但对那只雪橇却念念不忘。我们对她们的想法没有考虑周到，感到很对不起她们。为了我们的爱国，她们却作出了牺牲，真也是没法啊！

苏州盘门东大街的老宅依然如故。园子里的桂花树和柿子树都比10年前大多了；那棵香水花更是长到跟房子差不多高了，用竹架把它架住。时值晚秋，桂花季节才过不久，岳母做了桂花糖，放在糯米汤圆里，甜香满嘴，也只在苏州能够品尝到此家乡美味也！

八叔叔家住在西南房前后两间，八婶婶是典型的苏州主妇，安珏、安璞、安瑞等几个孩子都是文质彬彬的好孩子。

我们把苏州各大名胜大大地游览了一番。我们游了拙政园、留园、狮子林、沧浪亭等园林。苏州园林虽小，但古代造园家通过各种艺术手法，独具匠心地创造出丰富多样的景致。在园中，或见"庭院深深深几许"，或见"沧浪之水清"，或见小桥流水、粉墙黛瓦，或见曲径通幽、峰回路转，或是步移景易，"柳暗花明又一村"。孩子们对亭台楼阁都不感兴趣，但对狮子林的假山大觉好玩，爬来爬去，笑声不绝。

岳母有位堂弟，名叫袁惕，他们也住在苏州不远处，两家时常往来。岳母带了我们去他家拜访了一次，我感到他们的房子盖得比较讲究。惕舅留学过欧洲，精通好几国文字，曾从事于外交工作，但因加入过一个叫"扶轮社"的组织，已被羁押起来了。我们没有见到他，感到很遗憾。他们的儿子袁哲平，是地质学院的毕业生，当时在青海做地质工作，后来成为我国著名的青藏高原地质学家。

岳母有位终身没嫁的妹妹袁世芳，她是个画家，画了一幅两只小鸟并肩相亲相近地憩息于枝头的国画送给我们，我们一直保留着这幅画。她还画了一幅山水风景的扇面，叫我题了字。

苏州没有暖气，岳母拿出一件岳父的旧狐皮袍，特地请了位裁缝师傅做了件适身的大衣给我穿。孩子们都穿着从美国带回来的大衣。

我们在苏州住了三个星期,就坐火车去北京。

北京的火车站位于前门的旁边。教育部派人照顾我们,住进西河沿的教育部招待所里。这是专为归国留学生准备的,作为在找到工作之前的临时住所。我们四个人安排在一个大房间里,有人打扫房间,有人准备饭菜。也不用付房租和饭钱。而在美国,人家替你做任何事都得付钱。两个国家,两种做法,真是不可思议。厨师们千方百计地为孩子们准备可口的饭菜。日子久了,两个孩子慢慢地习惯了,但还是拒绝吃那大人都爱吃的豆腐。

我们在招待所里等待工作,只干了一桩事,那就是开批判胡风思想的会。在会上大家都要学习5月13日《人民日报》上的《关于胡风反革命集团的材料》和毛泽东主席在这篇材料上所作的编者按语,说胡风等人是"一个暗藏在革命阵营的反革命派别","是以推翻中华人民共和国和恢复帝国主义国民党的统治为任务的"。

我们刚从外国回来的一群人哪懂这些啊,只能随大流人云亦云。至于那个已经发生的文字大狱,也一无所知。只不过感到反复开这样的会,枯燥乏味,很不习惯而已。

事后我看了些胡风的历史资料。原来胡风一向师事鲁迅,他对鲁迅的感情之深是无与伦比的。几十年来,他矢志不移地捍卫鲁迅的尊严,并坚持全面地阐释鲁迅精神、宣传鲁迅思想,自觉担当鲁迅精神火炬的传递者。可是,毛主席称鲁迅是中国现代伟大的文学家、思想家和革命家,却称胡风为十恶不赦的反革命分子。使我难以理解的是胡风在当时不膺活着的鲁迅,为什么把已离人世的鲁迅捧上天,而把尚在人间的胡风沉诸渊呢?!

和我们住在同一招待所的有美国回来的成竟志和成众志兄弟俩以及他们的妈妈和妻儿老小。竟志是在美国得过奖的优秀建筑师，众志是一位高级电子工程师。竟志有个和周美同年的儿子，名叫成之德，是个淘气可爱的孩子。我们的会议室有架电话机，在开会时，每当电话铃一响，这个孩子就跑进来抢起电话，高声喊："学习啦!!"说罢砰的一声把电话挂掉，转身就溜之大吉，惹得大家哈哈大笑，忘掉了我们正在进行一场严肃的批判会。

我们到达北京的第二天，外交部就找我们去了解回国的情况，我们如实作了汇报。第二天，《人民日报》就在第一版的底部通栏登载了我们回国的消息。过不了几天，纪璋哥就到招待所来看我。一见面，他就眼泪直流，失声大哭起来。原来他与我这个在美国的弟弟多次通信，被认为有特务嫌疑而隔离审查。直到我的回国情况见报后，上级才对他前嫌尽释，予以释放。我不知就里，对他见我而如此感动感到纳闷。后来纪琬哥见了我，说："你不知道！你们的回国，对纪璋哥一家是多么了不起的一桩好事！"

我在一次偶然的机会中看到了一期《考古学报》，于是对考古学发生了浓厚的兴趣，就买了许多关于考古的书刊来阅读，从中学到了不少关于我国商周以前的知识，进而对商周时代铸造精美的青铜器着了迷。最使我钦佩的学者是陈梦家。陈梦家老师所著的《中国铜器综录》《西周铜器断代》两书，对我来说，得益最多。虽然没有见过这位前辈，但是心向往之。

我闲来没事，就到外面街上去溜达，使我最感兴趣的是步行一刻钟可到达的琉璃厂。琉璃厂是条街，街上开着许多著名古董书画老店，如荣宝斋、古艺斋、瑞成斋、萃文阁、一得阁等，成为一道风景线。其中最著名的老店则是荣宝斋。"荣宝斋"三个字为清朝状元陆润庠所题。琉璃厂是清末文人雅士常聚之地。民国年间,老一辈书画家如于右任、张大千、吴昌硕、齐白石等也是琉璃厂的常客。我去看时,这些琉璃厂老店纷纷争列名家书画和古董于店里,以吸引顾客来观赏并购买。我去游览时,数荣宝斋名画最多,其中吴昌硕、徐悲鸿、张大千、齐白石诸名家的画,连同其他古董店里的青铜器,使我流连忘返。

此外,我们带了周美和周亚游遍了北京的名胜古迹。其中第一次是纪琬哥带了桂先嫂和他们的五个儿女周南、周征、周行、周德和周复约了我们四人去北海一游。那天兄弟阖家相聚,真是非常高兴。后来就不再有这样的聚会,确实值得纪念。

我们还没有忘记北京的美味佳肴,全家都去品尝了全聚德的烤鸭、东来顺的涮羊肉和烤肉宛的烤牛肉。烤肉宛的名气很大,可是到里面一看,客人都是围在一块破了一角的大铁板之旁,铁板的下面生了火,上面烤着店员递来的牛肉,烤熟后蘸着调料站着吃。据说这是元代蒙古人的遗风,倒也新鲜别致。

到了1956年2月,我有了工作,于是闲逛琉璃厂和游览名胜以及享用佳肴等休闲之事至此戛然而止。

帮叶渚沛先生创建化工冶金研究所

叶渚沛先生是个传奇式的人物。他出生在菲律宾,于1925年在美国宾夕法尼亚大学矿冶专业获博士学位。毕业后他在美国的研究机关和企业里工作了数年,成为富有实际经验的冶金专家。第二次世界大战结束时他在联合国任职。新中国成立以后，他当即辞去了联合国的职务，回到了祖国。周恩来总理委派他担任了冶金工业部顾问。

1955年，苏联派苏联科学院副院长巴尔金率团访华。巴尔金是一位冶金学家，他和叶渚沛志同道合，谈得非常投机。两人对中国采用当代钢铁冶金中的几项最主要的新技术，向冶金工业部提出了带有方向性的意见，其中一项就是当时世界上最为先进的转炉氧气顶吹炼钢技术。但是这几项意见却由于种种原因，遭到了意外的多方阻挠。当时的冶金部部长助理刘彬（后来升任副部长）表示中国的国情不同于外国，目前还没有引进外国技术的条件，只能采用中国自己的炼钢方法。几经周折，终于安排叶渚沛到中国科学院，请他负责筹建化工冶金研究所并担任所长，进行这方面的科学研究工作。

叶渚沛到了中国科学院，是个光杆司令。他到处找人、拉人，可是不知怎地，从冶金工业部一个人也调不过来，急得他成了热锅上的蚂蚁。人家还讥笑他："你开口巴尔金，闭口巴尔金，你去找巴尔金呀！"终于，他在教育部招待所找到了一个从美国获有冶金学硕士学位的归国留学生，那就是杨纪珂我。

他对我说了正在筹建中国科学院化工冶金研究所，希望进行钢铁冶金的研究工作。我对他说我所学过的钢铁冶金学还是唐山交大王钧豪教授教的，在美国既没有在这个领域内进修过，也没有在钢铁工厂中工作过。虽然如此，我是王教授的优秀学生，关于冶炼钢铁的知识还是很丰富，做科学研究工作还是绰绰有余。他说："目前要做的还不是研究工作，而是建实验楼的工作。"我说："这正好对上了我在美国工作的口径。"于是我把在美国当结构工程职业工程师的经历详详细细地跟他讲了一遍。他一听志同道合，大喜过望，立刻聘请我为中国科学院副研究员，叫我先做建立化工冶金研究所的筹备工作,建成后再从事钢铁冶金的科学研究工作。

就这样,我就当上了叶渚沛先生的忠实助手,成为中国科学院化工冶金研究所的一个研究人员。

至于安琦呢,则由中国科学院动物研究所的陈桢所长请去当了该所的副研究员。

中国科学院设在北京市西北郊区的中关村,那时北边有一座为化学研究所建的化学楼,南边有一座为动物研究所建的生物楼。化冶所的筹备处就借用了化学楼的五层。1956年2月,我跟着叶先生来到了化学楼,开始化冶所的筹备工作。

我到化学楼上班后的第一桩事当然是化工冶金大楼的设计。于是我施展出设计的看家本领,很快画出了主楼的图样,叶先生看了很满意。得到了上级批准后,我们将其交给设计部门和施工部门,克日动工。不到一

1998年化冶所建所四十周年合影。后面的楼即由杨纪珂设计的化冶所大楼。前排左7为杨纪珂,左8为郭慕孙

年，就全部完工。由于大楼的外表为纯白色，大家戏称之为"白宫"。

早期中关村生活中的喜与忧

我家住进了设在化学楼西边宿舍区中的3号楼，那时科学院在中关村新建不久，总共只建了3幢宿舍楼。楼外还有正在施工的其他宿舍楼，工地上堆放着一个个长方形的小木匣，里面是工地上挖掘出来的骸骨，等待其家人来认领，原来此地在过去是一个坟场。给我们住的是两个两房单元，共四间正房加两个厨房和两个卫生间。我们把苏州的岳母和世芳姨母接到北京同住。

两个孩子先送到西边的托儿所，后来送到南边的保福寺小学上小学。那是一所破庙改建成的农村小学，里面的桌子上刻了无数条横七竖八的条痕，已完全失去了原有的平面；凳子也是高高矮矮、破破烂烂不成样子。学生为了能在课桌上写字，每人都得带块硬纸板什么的当做写字用的垫板。我们实在看不过，几个科学院的人聚在一起商量大家不如捐些钱买些课桌椅送给这所小学吧。谁知这件事给上级知道了，就发话："捐钱这类事是资本主义行为，我们社会主义国家不允许这样做！"不久，教室里都换了新的桌

1963年摄于中关村12号楼前。杨纪珂怀抱儿子杨周容，右为汪安琦

子和凳子。我们才知道，所有的教育和科研单位，都不允许私立，全都是国立的。我想起美国最杰出的哈佛大学是私立的，不禁感慨万分。

几十年后再到大钟寺的北面去探寻那所保福寺小学，早已片瓦无存，取而代之的是一座座现代化大楼，使我们有不胜沧桑之感！

1956年8月17日，安琦在海淀医院生下了一个男孩。母子平安，阖家大喜。我和安琦已经有了两个女孩，当然希望生下来的是个男孩，现在果真如愿，真是喜出望外。我们为他取名周容，是和两个姐姐周美及周亚的后一个字的外表都有左右对称的字形。这和金刚石结晶体的对称性有关，三个孩子都是我和安琦爱情的结晶，让他们之间的友爱像金刚石一样的永久和坚定。

我们请了一位名叫陈翠云的安徽妇女当保姆，专职对周容悉心照料。依我们育婴的经验不让她经常抱他，这和中国的老习惯不一样，她觉得很奇怪。但不久她也习惯了，发现婴儿其实并不需要大人老去抱着，大大方便了育婴的工作。

在我们皆大欢喜地迎来周容出世的同时，却为周美和周亚回国后得病而烦恼。

周美得的是过敏性哮喘病，周亚得的是扁桃腺炎。

周美的哮喘病是到了北京后才得的。到1956年秋天发作时，坐在床上呼哧呼哧不停地喘气，呼吸十分困难，痛苦万分。我们带着她去医院，都说没有会看这种病的大夫。最后到1961年才在协和医院找到了新成立的变态反应科，里面的大夫也是刚开始做些试验，没有太多的经验。他们首先为周美做试验，看是哪种生物质引发了她的哮喘，即用40种不同的可能引起过敏症的生物质（各种花粉、霉菌、蔬菜等）制成的溶液各一滴注射在皮肤里，观察其反应。结果找出了主因是两种地方霉菌。因而在北京8月下雨最多也是霉菌盛发之后的秋末冬初的几个月中,有大量干燥的霉菌飘散于空中之际,周美的哮喘也就跟着大发作。

既然找到了原因,就好对症治疗。医生为周美用这两种霉菌制成的溶液放在冰箱里保存,每次用它为母液加蒸馏水配好针剂为周美注射。其浓度是从万分之一开始,在两年的时间内逐渐递增到百分之一;其时间间隔是从每周两次逐渐减少到每两周一次。这种科学方法叫脱敏疗法。大夫告诉我们说:"有的病人没有耐心,到了冬天不发病了,就停止了来院打针,结果前功尽弃。希望你们不要这样,必须持之以恒,可望从根本上治愈。"

我们严格遵照大夫之嘱,3年后,到1964年周美的哮喘病就痊愈了。我们很感庆幸,要是协和医院不开办或迟开办这个变态反应科的话,周美还不知受罪到什么时候呢!但是这只对北京的地方品种的霉菌脱了敏,对其他地区的地方霉菌不一定有效。果真,周美后来在安徽又大喘起来,这是后话。

再来谈周亚的扁桃腺炎。她的这个病也是回到北京后开始的,一发病就喉痛、发炎。外婆也极其关心,她喜欢用中药,我们倾向用西药。但是,不但不能根治,而且时间拖下去,扁桃腺越来越肿大,最后呈糜烂状态。大夫主张动手术切除扁桃腺为上策。可是老太太一听要对周亚"开刀",吓坏了,连说不行,绝对不行。我说:"还是听大夫的话吧!"安琦一向听妈妈的话,左右为难,不知如何是好。这个矛盾很难解决。

不知从哪里,老太太打听到了在儿童医院有个放射治疗科,有位苏联大夫用深度X光照射扁桃腺,声称可以治愈扁桃腺炎。这个疗法可以不动手术,深合老太太之意。于是由世芳姨每星期带了周亚去医院由那位苏联专家用X光照射她。我呢,深感忧虑。因为我知道这种照射很有可能引发癌症,因而强烈反对。但是老太太主见很深,我的激烈的话和安琦婉转的话全都听不进去。几个星期后，周亚的扁桃腺炎全不见好转，完全说明那个苏联专家很可能是个庸医，是到中国来做医学试验而不是来为病人治病的。我急了，一天我对安琦说："不能这样下去了，必须把周亚送医院去做手术。"安琦点头同意，于是我采取了行动。正当我把周亚带出房门时，却被老太太发现了，当知道是带周亚去医院"开刀"时，一边大哭，一边拉住周亚的衣服使劲不放。我夺手拉开周亚，老太太竟躺在地板上号啕大哭。事已至此，我也不管了，径自带周亚上了医院，让安琦在屋里安慰她那心如刀割的妈妈。看来，她老人家当年在美国白读了几年书。

当然，周亚的病很快就根治了，终生不再得扁桃腺炎。事过多年后，做放射治疗的那家医院竟来我家随访周亚的术后情况。这是为什么呢？是不是因为其他做过长期放射治疗的病人出事了，所以要对其他做过同样治疗的病人进行一次普查吗？那就不得而知了。因为那位大夫不肯说出随访的原委是什么。

连带的后果是岳母从此对我这个反对她的女婿有了成见，要求回苏州老家去住了。真是难为了安琦，也只好同意母亲的意愿。

1958年，中国科学院在中关村东区兴建了许多实验大楼，在西区兴建了许多宿舍楼，我家搬到了最西头的12号楼。保福寺小学搬到了新建的校址，改名为中关村小学，周美和周亚开始上那所小学，两人完全适应了北京的水土，天天高高兴兴地去上学。

翠云思念她在安徽无为县的家，告辞回家。周容舍不得，哭着嚷："我要翠云！我要翠云！"我们感到由于工作关系，对他的照顾不如对他的两个姐姐小时候那么多，很有歉意，但也无可奈何啊！

"雏凤"成了"内定右派"

1957年5月,为了响应毛主席帮助党整风的号召,时任国务院副总理的聂荣臻元帅把几个已经成立的研究所的主要科学家召集在一起开了一次座谈会。当时在座的有茅以升、袁翰青、钱伟长、华罗庚、童第周、曾昭抡等,我代表化冶所也参加了会议。聂荣臻元帅对大家非常客气,叫大家知无不言,言无不尽。我一看,与会的都是素所敬仰的长者,当然在追随他们之后,才作了一次发言。发言的内容早已忘却,但使我难以忘怀的是袁翰青先生对我的一句夸奖话。他听了我的发言后,就说:"真是雏凤清于老凤声啊!"袁翰青老先生已于1994年物故,但他的话却至今言犹在耳。

可是到了1957年6月4日,全国掀起了反右运动,钱伟长、曾昭抡、袁翰青等科学家都被打为"右派分子"。及至1966年夏,到处都"横扫牛鬼蛇神",一夕之间教授们都成为"横扫"对象。"大右派"曾昭抡教授的妻子俞大绚教授因不堪凌辱自尽,曾教授不久也随她含冤而亡。至于我非常崇敬但还没有见过面的青铜学考古学家陈梦家教授,在1957年也被划成"右派"。1966年"文革"开始,他遭到"批判"和"斗争",不断遭受罚跪、殴打、侮辱、关押等虐待。他说,"我不能再让别人把我当猴子耍",遂自尽。

正是:忍看前辈成新鬼,天阴雨湿声啾啾!

我呢,曾在《文汇报》上发表过一篇文章,表述关于如何招收大学生的意见,当时也成了问题。幸而对1955年以后回国的留学生网开一面,没有被划为"右派"。这就使我庆幸逃过了一劫！但在我的档案里，仍然贴上了"内定右派"的标签。那是在"文革"期间红卫兵翻阅我的档案时见到后告诉我的。那就是说，不给我带"右派"的帽子是暂时的，以后只要一有"右派"的言论，就立刻给我带上。

正是：花影不离身左右，鸟声只在耳东西！

炼钢炼铁的研究

化冶所成立以后，叶先生又到教育部招待所寻访合适的回国留学生到化冶所工作。居然找到了两位学化工的，一位是郭慕孙，一位是陈家镛。我帮叶先生向两人游说，他们终于同意来所工作。此外，叶先生还把正在新疆八一钢铁厂工作的工程师许导生找来一道工作，随年又添了一位学化学的美国留学生申葆诚。这样叶先生就为中国科学院化工冶金研究所搭起了一个班子。

化冶所共设了四个研究室：一室研究炼铁，二室研究炼钢，三室研究流态化，四室研究湿法冶金。一室的正副主任是叶渚沛和许导生，二室是叶渚沛和我，三室是郭慕孙，四室是陈家镛。后来又添了个化学分析室，称为五室，主任是申葆诚。

科学院来了一批高中毕业生当见习员、一批大学毕业生当研究实习员，分派在各个研究所工作。派给我当助手的是孙长鸣和鲍敏京。孙长鸣高中毕业后因检查出有病而上不了大学，后来病愈，就被分配到科学院当见习员。鲍敏京是复旦大学毕业生，被分配到化冶所二室工作。孙长鸣后来成了社会教育和电视教育的专家，和我共事了半个多世纪，成了莫逆之交。鲍敏京后来跟一位姓马的同事结婚,不幸得了癌症,英年早逝。

于是,到了1958年,在化冶所的新楼里,大家忙着添置设备,购买图书,顿时忙碌热闹起来。

我呢,还得为氧气炼钢的实验做准备。由于冶金部的不合作,不允许我们在石景山钢铁厂借一块地进行实验,我们只好在中关村建立为这项实验所需要的炼钢和制氧车间。试想,在一个科研基地建立这样的车间,多么不合适。真是"不如意事常八九"啊!无他法可想,只得按叶先生的意志办事。

1958年,炼钢和制氧车间都建好了,制氧机也定了匈牙利造的,我的氧气转炉炼法模型实验也在开展了。一切似乎很顺利,但横逆之事正等在我们的后面。

原来中国科学院和冶金工业部是两个貌合神离的机构。冶金工业部负责科技的刘彬副部长对科学技术前沿一窍不通;而化工冶金研究所叶渚沛所长是个科学家,对人际关系一窍不通。就氧气炼钢问题上,从苏联请来的学者巴尔金只同叶渚沛有共同语言,而对刘彬则无话可说,于是双方对立的矛盾悄然滋生起来。

刘部长中意上海钢铁三厂的侧吹转炉炼钢法,以为这是由中国自己的专家发明创造的好方法,必须大加提倡。在他和叶先生之间因此发生了很大的争论。刘部长采取了一个手法,他召开了一个炼钢法研讨会,把这个会不放在北京而放在上海召开。他邀请了中国科学院的化冶所和沈阳的金属所派人出席这次会议。金属所由李薰所长亲自出席,化冶所叶先生不乐意去,派了我去上海出席。

我对在中国这种会议的开法还是初出茅庐,不识高低。开会了,这哪里是研讨会呀!冶金工业部的人一个个站起来,都按照部长在开幕词中的暗示，讲侧吹转炉炼法如何如何地好，氧气转炉炼法如何如何地次。会议开到一半时，李所长拉拉我的袖子，说："你们的氧气炼钢已经被'枪毙'了，我们走吧！"我感到莫名其妙，只好跟着李所长离开上海，到杭州去作了一次旅游，以解困惑。

一个正在全世界各大钢铁厂推广的氧气炼钢法，难道比不上一个侧吹炼钢法？我有点不信，必须实地去看一下其中的究竟。

上钢三厂的厂长兼总工程师碰巧是我在唐山交大上学时的同级同室老同学陈诗纯。我是以访问老同学为由去的，但一到那里，发现里面一片混乱。诗纯说你来得不巧，恕不招待了。原来就在上一天1958年5月26日，上钢三厂的青年炉长邱财康正在炼钢时，发生铁水倒翻事故，他不幸被1 300 ℃的铁水烧伤，烧伤面积达89%，三度烧伤面积达23%，已经送到广慈医院去了。我实在不忍看到这位老友如热锅上蚂蚁的样子，只悄悄地设法打听侧吹转炉炼钢法的实践情况，答案是否定的。因为这种方法使炉温达不到所需的1 650 ℃，而必须抛入金属铝来提高它。这真是冶炼技术中的"奇迹"：消耗昂贵的铝来产生普通的钢。但是又有谁敢违反部长大人的决定呢？我默然离开了上钢三厂。

在这两年多的时间里，我所做成的唯一一项工作是设计了一种"渐缩渐扩"型的超音速喷嘴，后来也被冶金工业部的科研单位要走了。

没有冶金工业部的支持，我的实验只能是寿终正寝的命运，两个建成的空车间既没有制氧，也没有炼钢，交给了三室做流态化的实验用。

对叶渚沛所提倡的氧气炼钢，"百度百科"里有一段这样的描述："世界冶金发展史表明，氧气顶吹炼钢法，给20世纪后半叶的冶金工业来了革命性的变化。这种炼钢法与过去通用的平炉炼铁法比较：投资少40%～50%；生产效率高3～5倍；生产成本低；质量相仿。1953年，奥地利首先开始试用；不久，美国、加拿大和西德相继采用；日本直接从奥地利引进这项新技术，于 1957 年开始应用，到 60 年代初期尝到'甜头'，纷纷拆掉平炉改为转炉，由此钢产量大幅度上升，10 年左右跃居世界第 3 位。叶渚沛早在 50 年代初期就看到氧气顶吹转炉强大的生命力，在我国积极倡导这一正确的技术方向。在学术上，他进行过周密的探讨。1956 年，他向有关部门提出了详细的书面建议，并且明确地指出，采用氧气顶吹炼钢法迅速发展我国冶金工业，看来是必由之路。但是，他的建议当时没有引起冶金界领导的重视，而被搁置一旁了。"我呢，是身历其境的参与者。现在，全国所有的炼钢炉无一不用氧气炼钢法，但比日本晚了整整 10 年！要是那位领导（即刘彬副部长）不跟叶先生斗气的话，原本是和日本同步的。

1960 年杨纪珂在化冶所教育工作会议上讲话。右 1 为叶渚沛

虽然对国家而论,这是项很大的损失,然而对我个人而论,却因此而被迫改行,意外地使我后来的大半生产生了根本性的变化。

在氧气炼钢的项目因遭冶金工业部的抵制而失败后,叶渚沛就转向高炉炼铁的项目,我也跟着对高炉的理论进行了研究。我借鉴三室郭慕孙先生的流态化理论,用数学模型作出了高炉局部流态化的理论,写出了论文。这篇论文在《钢铁》杂志上发表后,曾引起了钢铁冶金学者们的赞赏。但理论毕竟是理论,于实际无补呀。

可是叶先生在化冶所炼铁研究工作的伙伴不是我而是一室的许导生先生,因此我也不能在里面多作客串。自从炼钢项目被迫中止以后,我对在叶先生那里的工作已是心灰意冷,1958年秋全国搞大炼钢铁的群众运动使我更加垂头丧气。于是我以在文章中有高炉局部流态化的理论为由,于1959年冬转到三室研究流态化的郭慕孙先生那里闲散去了。

1966年"文化大革命"开始了,叶渚沛先生被关进了"牛棚";化工冶金研究所被全盘否定,改成了一个生产半导体的小工厂。他于1971年上书毛主席,反映我国科学事业遭受的严重破坏,要求保留化工冶金研究所的科研性质,要求给他本人继续为祖国科学事业献身的机会。就在这一年的11月24日,他因患癌症与世长辞,冶金学术界的一代宗师,就此灰飞烟灭!那时候科技界一片混乱,我在科大,也没有人把他逝世的消息告诉我。正是:人生到处知何似,应似飞鸿踏雪泥。泥上偶然留指爪,鸿飞那复计东西!

异军突起:传播统计方法

1959年我在化工冶金研究所工作期间,安琦正在动物所跟陈桢先生研究金鱼的遗传。那时候在中国，遗传学学者的日子却不大好过。

说来也话长。在苏联，出了一位著名的"科学家"李森科。他的遗传学理论得到了苏联元首斯大林的喜爱而大加表彰，同时把李森科的对立面所谓"摩尔根派"的遗传学家瓦维洛夫全盘加以否定，将他贬谪去了西伯利亚，死在那里。连带被"枪毙"的学科还有统计学。因为如果用统计方法把李森科的实验结果进行分析，其伪科学的原形就会毕露。于是，这两门科学就在苏联遭受批判，从而销声匿迹。我国当时的学术界被迫学习苏联，不可有异。于是这两门科学也被视作禁区，谁也不敢轻易问津。

至于统计学，就连名称都遇到了困难。因为一提起"统计"这个词，有的当权老干部就会问："是'中统'还是'军统'？"怀疑其内容涉及国民党统计调查局这类特务机关。学术界为了避免麻烦，不得不添加了两个字，以"数理统计学"的名称来说明这只是个学科名称，与特务工作无关。这个新名词于是沿用迄今。

这两门重要的基础学科于是从全国所有的农学院、医学院和生物系的课程中消失了。学生所能学习的唯有李森科所倡导的"米丘林获得性遗传学说"。后来过了许多年后，李森科的伪科学原形毕露，成为举世所不齿的科学界败类。但在那个年代，正是李森科伪科学横行霸道的年代。谁要是斗胆赞成经典的遗传学和统计学，就会立时招来政治麻烦，成为个人以至全家的大灾大难。

那些分配到动物研究所做科研工作的助理研究员都是大学毕业生，可是谁也没有在大学里学过统计学。到了科学院，面对在实验工作中所积累的大量数据，他们由于没有学过统计学，遇到了很大的困难。同时，对外国的文献，凡是遇到统计分析的术语和内容时，也都看后不能理解。不得已，只得向刚从美国回国并新到动物所工作的汪安琦先生请教。

那是1960年发生的事。

找安琦的是比她小5岁的史瀛仙①。安琦让史瀛仙找我，说"杨先生在美国学统计比我学得还好，我学统计学时他当我的辅导员"。于是把我介绍给她。我那时刚好因氧气炼钢的项目被"枪毙"而赋闲，她来找我来得正好。于是我把她实验所得的成千上万的数据全盘接收下来帮忙整理。

我首先了解了她的实验内容、做法和目的，然后对她通过大量实验获得的数据用统计方法加以梳理，最后得出了合理的结论。不但如此，我还对她的实验进行了评价：有哪些数据是多余的，浪费了一些时间与物力；有哪些数据是缺漏的，必须补上，否则得不出可靠的结论。而且还作出进一步深入研究工作的建议，提出实验设计的方案等。

我这样做数据分析的服务工作，使她十分高兴。但我一点也不吃亏，因为大大地扩展了自己的知识面。可谓切磋琢磨，互补有无，相得而益彰也！

有了这个开端，动物所内外就不断有其他从事科研工作的年轻人来找我帮忙分析数据。我也来者不拒，尽量服务。不出半年，彼此获益良多。动物所的研究人员都希望把他们在大学里被"枪毙"了的这门应用统计课程补习起来。原先他们请过北大数学系的老师来讲授，结果很是失望，听到的理论多而应用少，多数人听不懂，用不到实验工作中去。于是史瀛仙到我这里来要求为他们讲这门课。

我于是取出了安琦从美国带回国的一本讲义和一本书。讲义是安琦的

---

①史瀛仙（1927—），江苏吴江人。1950年毕业于成都华西大学，1961年于中国科学院动物所研究生毕业。后任职于中国科学院发育生物研究所等单位，为美国坦布尔大学、纽约大学、海洋生物所访问研究员。长期从事转基因动物的研究，协助童第周建立融合细胞技术；筹建了基因工程室，克隆了牛生长素cDNA（互补脱氧核糖核酸）、牛催乳素cDNA及鉴别牛性别的DNA（脱氧核糖核酸）探针。发表论文30余篇。编著《发育生物学》，获美国坦布尔大学国际学联"中美学术交流贡献奖"和中国科学院科学进步三等奖。

导师格林教授教统计学用的；书是美国各大学农学院、医学院和生物系普遍采用的由斯奈迪格教授编写的《应用于农学和生物学实验的数理统计方法》（George W. Snedecor：*Statistical Methods for Agricultural and Biological experiments*）。我把讲义翻译成中文发给大家，并据此作了一系列的讲解课程。

我讲的课通俗易懂，深入浅出，使多数对数学不太在行的农学、医学和生物学者都能掌握，因此大受欢迎。消息不胫而走。继动物所之后，首先是中国生理学会请我去为生理学家讲学，其次是中国医学会请我去为全北京市各医院的主治医师讲学，然后是植物学会、微生物学会等都由北京市科学技术协会出面组织我去讲课。那时候讲课都是不取任何报酬的，我也绝不计较，乐此不疲。每次讲课都是几百人以至上千人来听，座无虚席，后面还有站着的。听众的热情，确实对我是莫大的鼓舞。原本为先进的氧气炼钢法不获重视而产生的消极情绪，至此一扫而光。

外地的大学也知道了这桩事，通过各省市的科协，纷纷来北京请我去讲课。我仍是来者不拒，热心前往，越讲越有劲。我的助手孙长鸣一直跟着我学，日子久了，也成了统计方法专家。据他统计，从1961年到1963年的3年间，我总共作了63场大、中型的讲课报告会。

就这样，原本是作为我的副业的统计方法，却在医学、农学和生物学三门大学科中异军突起。我成了其中的急先锋，确实非我始料之所及！

正所谓：山重水复疑无路，柳暗花明又一村！

我到了这个"又一村"中，确实如鱼得水。这要感谢三个人：一是美国俄亥俄州立大学生物系的格林教授，是他，把统计方法教给了我和安琦；一是苏联的李森科，是他，"枪毙"了统计学，使我有机会在祖国填补并传播这门屡遭冷遇的学科而大受欢迎；还有一位就是史瀛仙，是她，

20世纪中国科学口述史

第一个找我为她整理数据,第一个为动物所找我去那里讲授统计方法。

我作为统计方法的蜂媒蝶使,向农、医、生物界传经送宝,因此填词两阕《西江月·事物多规律》以留后念:

> 事物皆含规律,奈它变异重重。
> 恰如云阵护苍龙,只见一鳞半缝。
> 拾得锦囊数百,收存花粉千钟。
> 春来大地漫东风,蝶使蜂媒相送。

我和安琦花了一年的时间把斯奈迪格教授写的书翻译成中文,交科学出版社出版,责任编辑是蒋伯宁,1963年出版,书名为《应用于农学和生物学实验的数理统计方法》。接着,我写了一本《数理统计方法在医学科学中的应用》,1964年由上海科学技术出版社出版。

这两本书的出版,使我从此脱离了冶金和化工两门科学的领域,转业到属于应用数学的统计学领域中去了,为纪念我这生平的大转折,写了三首七言律诗以作纪念:

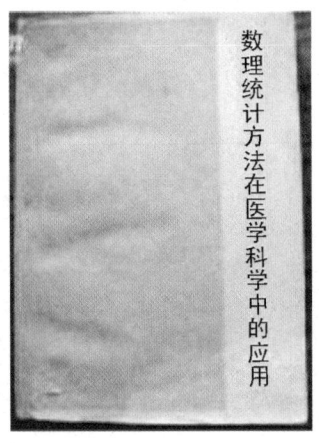

《数理统计方法在医学科学中的应用》封面

编译数理统计书成得句

> 万物参差本不齐,侏儒翁仲两端奇。
> 输赢素为随机望,丰歉每因概率迷。
> 量数回归分布律,解开秘奥乱麻题。
> 仙人指掌浑多事,谁上灵台问一乩?
> 一年辛苦不寻常,酌字裁行费较量。
> 比似蜂劳融作蜜,敢输蚁力缀成章。
> 人随红叶垂垂老,书傍黄花阵阵香。
> 今日把君如好友,西窗夜雨梦初长。
> 书成手迹纸千张,数字丛中日月长。
> 欲度浮生临海角,那堪腰鬓赴潇湘。

恨无铁搭钢珠力，悔读蝇头蠹尾章。

今岁风光无限好，南溟穷发两苍茫。

吟诗酬识华罗庚

1962年1月，科学院在北京的几个研究所选了一些科学家，组织了一个珠江三角洲访问团，团长是数学所所长华罗庚和动物所所长童第周。大概去了十几个人，代表科学院的十几个单位，我是化工冶金研究所的代表。到了广东以后，省里非常热情，说是北京来了很多科学家，一定要好好招待。于是我们就在珠江三角洲的几个县，如顺德、珠海等转了一圈，所到之处备受欢迎，我们品尝了很多美食。当时三年自然灾害刚刚过去，我们都大饱口福。我当时诗兴大发，写了好几首诗：

1962年1月南行杂咏

京广道中

夜渡长江灯万点，朝来又溯湘江岸。

湘水绵绵日夜流，屈原风调已千秋。

不图今日重闻见，依旧虫声咽石头。

三冬南国风霜少，云霞润翠农耕早。

万顷田畴水利匀，一轮红日当空照。

封建王朝付逝波，千年哪有今朝好。

欲向江头告屈原，斑斑丝竹拂云烟。

郴江已绕郴山晓，试看潇湘笑满颜。

游广州花果园

花果园中多佳果，百花竞作群芳谱。

群芳冬日聚岭南，荔枝龙眼绿蕃蕃。
令人长忆杨妃笑，引出渔阳鼙鼓喧。
渔阳鼙鼓已成土，神州一统民为主。
何惧高空核弹声，哪愁海外群魔舞？
妆点山河为乐园，缀以奇葩杂以果。
侧闻园中百岁人，终身不得论婚姻①。
百年只有蜂为伴，应恨此生太早生。

萝岗赏梅花

来时华北霜枯草，春光却在岭南道。
岭上梅花透鼻香，招来鸿雁满萝岗。
蜂围蝶恋知何事？应为高人制雪裳。
衣裳裹玉光霞动，朝阳筛影珊瑚重。
不羡长安万户侯，只愁一枕邯郸梦。
哪得年年避一冬，追随梅岭饮东风。
手把诗卷吟旷野，心融花粉洒长空。
袖花再上关山道，好为人民立新功。

过顺德小住清晖园

广南正月蔗枝熟，蕉堤多护黄花绿。
绿野清江渡口喧，恍如春晓过江南。
浑忘北国冰霜苦，但觉熏风心地闲。
心闲不觉车行速，循循已抵凤城足。
小住清晖园内楼，如临仙境弃尘俗。
梦绕罗浮蝶惹身，闲眠短榻香凝屋。

---

① 园中有百龄老人，在旧社会中任园丁苦役，受尽欺凌。故穷苦终身，无力婚娶，闻者为之叹息。

桂子梅花竞作香，木瓜累累果中王。

昔时豪富繁华地，今为工农服务忙。

最后到了广州，已是1962年的春天了。我们每个人都把自己擅长的学科向广州的科学界介绍了一下，听的人很多。当时我正在全国范围内推广应用数理统计，已经讲了好几十回了，于是我就讲这个。讲完之后广东省的领导就和华罗庚说："你们这里面有一个杨纪珂，讲的数理统计很受欢迎，希望能够再讲一次。"于是我就又讲了一次。我本来不认识华罗庚，通过这件事情以后他对我有了印象。后来在一次宴会上，大家即席赋诗，我写了首五律，当场念了一下：

客中新年团拜即席作

南国三冬暖，群贤聚一堂。

新年花果熟，旧岁稻粱香。

候鸟联翩至，百家比肩长。

行看科学界，为国吐光芒。

华罗庚也喜欢写诗，所以就觉得我和他兴趣相投，对我很友好。我后来又写了两首诗给他看，请他指正。这两首诗是：

在广东科学馆讲统计学

广州冬暖百花红，果熟家家社酒浓。

喜为诸君挥麈尾，愧无高见出麋胸。

抽丝剥茧求真理，锲石镂金叩玉龙。

欲问科研何处往？昆仑山上最高峰。

鼎湖山

鼎湖当日弃人间，一代诗人怆玉关。

不敢明言亡国恨，却将长句咏圆圆。

圆圆红粉今安在？神州扰扰已多代。
饕餮豺狼聚族侵，洪杨失策终归败。
功败垂成事可悲，辛亥革命也成灰。
同室操戈犹未歇，敌机已挟朔风吹。
风云高压天昏黑，黎民无计稍喘息。
盼得东方旭日升，雄鸡一唱天下白。
革命功成建设难，柴门未解骐骥策。
信有鲲鹏冥海来，湖山回翠增颜色。
湖上歌声响彻云，寄言后世休轻掷。

他也回复了一首给我，并说："听弦歌而知雅意也。"诗篇酬答，华先生就认识了我，两人从此成了同道。

我把那首七律寄给了在丹阳工作的纪璋哥，他和了一首寄给我，如下：

五羊城下果花红，遥想南游兴味浓。
别后清辉萦梦寐，书来佳句惬心胸。
十年海外飞鸿鹄，六亿神州育凤龙。
毕竟世间有真是，无妨跃马昆仑峰。

　　大陆上除了青海和西藏由于高原气压使我的心脏跟不上外，其他省份全都有我的足迹，我几乎把全国所有优良的地方品种猪看个遍。所到之处，必然讲学，我不期而然地成了畜牧界的学术红人。机遇之来，幸何如之！

第8章
"文革"前后在中国科技大学

试图恢复生物统计学和数量遗传学

随着我以北京市科学技术协会为媒介在中国科学院和全国各地的讲学,中国科学技术大学的生物物理系就来请我去兼职,华罗庚也来请我到数学系去讲课。我于是从 1962 年起在生物物理系开了一门生物数学的课,在数学系开了一门应用数理统计的课,当了这两系的兼职副教授。

中国科学技术大学成立不久,是中国科学院创办的一所大学,里面的教授几乎清一色地是从西方国家回国而且在中科院工作的研究员,因此多数是兼职的,我也不例外。

那时候,华罗庚先生任副校长兼数学系主任,他在广州认识我之后,就请我去数学系任教。那个系里的老师除我之外全都是教理论数学(如数论、复变函数、拓扑学、泛函分析等)的,我对理论数学也颇感兴趣,暇时也从事有关理论统计学的学习,也翻译了一本这个领域中的书,是巴鲁查-赖特（A. T. Bharucha-Reid）著的《马尔可夫过程论初步及其应用》。我后来也和系里的陈希孺（1934—2005）先生合作过一项科学研究工作。希孺先生是位出色的数学家（他于1997年当选为中科院院士），虽然他把最后的论文以我们两人的名字署名，但实际上绝大多数的工作是他做的。我终以有自知之明，自忖才力不逮，退出了这个对我来说非常艰难的领域。我虽然在科普的领域内做了不少的工作，但作为一名"半路出家"的"数学家"，距离当选为院士的水平还差很远。

我讲课所用的讲义仍然是以格林教授的讲义为基础，添加了我在科普服务工作中所得到的材料。在我的学生中，有几位佼佼者，他们是生物物理研究系的王志珍、张景珠、马重光和数学系的张少吾、齐翔林等。

可是在数学和生物学的交叉科学领域，在国内倒是块无人问津的处女地。我就从生物统计学开始，对两门生物数学进行钻研，一门是数量遗传学，另一门是数量生态学。

为此，我征得生物物理研究所所长贝时璋先生的同意，向中国科学院党组书记张劲夫打了个报告，要求从化工冶金研究所调到生物物理研究所从事生物数学这门交叉科学的研究工作。劲夫同志爽快地同意了，于是我在1963年调到生物物理研究所工作。

科大（即中国科技大学，本书中简称"科大"）生物物理系四年级的学生来所找导师做毕业论文，我收了两人：张景珠和贾志斌。我刚到所里工作，研究工作还没有开头，于是想出了一个题目让他们做。题目是"同一种生物物种的变异性分布"，具体的物种选用了最易捕捉而且数量很多的菜粉蝶。我和他们一道在中关村附近菜粉蝶成群的菜地里用昆虫网大量捕捉，然后把这些随机标本在双筒显微镜下计数某个特征。例如贾志斌做的是计数菜粉蝶白色翅膀上一团黑色鳞片的数目，其所得的数据与统计学中的正态分布曲线相配，他所写的论文还被选作为全级学生所写论文中的佳作。于是毕业后他当了本系助教，张景珠到生物物理所，两人都有了好工作。

那时候我除了拿177元的月薪外，所有的兼职和出外讲学都是不给钱的。唯一一次例外是这次带两个学生写论文拿了科大100元的酬劳，于是我就把学生请到香山的红叶餐厅去吃了顿饭（没有喝酒），以庆祝他们的毕业。可是回来就挨了批，说这种做法是资本主义思想在作怪。这使我恍然大悟：在老师和学生之间不能有"资产阶级感情"，请客送礼在新社会中属于不正当行为之列。

1964年夏，我带了几个生物物理系的学生到北京市西郊的温泉附近的山上去采集昆虫标本。我们在一个土岗上见到一只细腰蜂急急忙忙地奔走，令人觉得奇怪，它为何有翅不飞而作急行军呢？定睛细看，原来在它身下搂着一条显然已被它蜇痹了的螟蛾幼虫。眼看它把虫带到一个想必是预先挖好的洞口旁放下，然后侧身进洞，伸出前脚把虫拖了进去，不出两分钟，又钻了出来。这回它在洞口附近选取直径比洞口略小的石子投入洞里，总共投了三颗，把洞口封好，就振翅飞走，猜想它又去猎取别的螟虫去了。我们当时岂肯错失良机，马上动手挖洞。不到两尺深，就挖出了那条不能动弹的螟虫。仔细一看，在它身上粘着一颗亮晶晶的蜂卵，无疑是刚才那只细腰蜂所产的。它产卵之快已使我惊讶，可是孵化之速更令人惊异。因为当我回到实验室把它放在双筒显微镜下观察时，已见到刚孵出的幼虫正在起劲地吮吸着螟虫的体液。这样的佳肴享用了8天之后，幼虫化而为蛹，螟虫却只剩躯壳了。奇怪的是丝毫没有见到这条螟虫有腐化霉烂的迹象。时届盛夏，难道它虽被麻醉，始终没有死亡吗？或者虽已死亡，但在螫液之中含有某种防腐剂吗？设想人类如能掌握这种高超的既能防腐又能麻醉的技术，运送生猪该多么方便。

联想到螟蛾科昆虫的三化螟、二化螟、棉卷叶螟、红铃虫、菜螟、桃蛀螟等都是人类的大敌，细腰蜂为人除害，是益虫良友。我希望昆虫学家们和植保学家们除了发展饲育那些诸如瓢虫、草蛉、马蜂、金小蜂、赤眼蜂，以及这里所介绍的细腰蜂等已知的益虫外，还必须持续地搜索自然界，寻觅出更多的益虫来为农田除害，保护庄稼。用它们代替农药，使环境清洁，食品无毒。鉴于生物防治的科学技术方兴未艾，故写了一首七律以颂细腰蜂（蜾蠃）：

蜾蠃颂

轻盈蜾蠃小蛮腰，晴日凌空猎兴高。

泥破黄岗营寓宇，洞封白石护蛴螬。

天兵除害银针疾，膜翅擒虫铁锁牢。

贪婪螟蛉何处去，黯然魂断奈何桥。

因此，1960年代我在祖国所做的主要工作就是努力恢复统计学和遗传学之间的两门交叉科学——生物统计学和数量遗传学。原本还想发展一门数量生态学，力量不及，只好作罢。

生物统计学是我从1960年史瀛仙找我为她整理数据并为动物所讲授统计方法后开始的，这在前面已经讲了不少了。至于数量遗传学，这门科学由于在苏联遭李森科的"枪毙"，在中国当时也跟着苏联成了绝响。我对它的恢复颇有"孤军奋战"之感，但是一桩事使我受到了鼓励。那就是由动物所编辑的《动物学杂志》要我写一篇关于如何使人工饲养的大熊猫群体不退化的文章。我写了，也刊登了。于是我着手对数量遗传学作深入的学习和研究。"苍天不负有心人"，想不到后来在1970年代的整整10年中，竟使我在这个领域的畜牧业育种工作中作出了相当大的贡献。

邓拓说我是个杂家

我把统计方法在科学界通过讲学和服务使之广为传播的同时,由于接触的学科门类越来越多,我的经验也越来越多,知识面也就越来越广泛。掇拾起来,日积月累,我逐渐感到不少科学工作者在进行科学实验之前,并没有做好应有的科学实验设计,往往因此而浪费了不少的精力、时间、财力和物力。于是继《应用于农学和生物学实验的数理统计方法》和《数理统计方法在医学科学中的应用》两书之后,我又以案例说明的方式写了一本《科学实验设计一百例评注》交给科学普及出版社,于1965年出版。

由于这本书中涉及的案例不仅限于生物科学,于是我大大扩展了统计方法服务的领域,那就是从医学、农学和生物学扩展到工程、工业以至经济学的领域之中。加之我在报纸上发表的文章和在《科学报》上发表的科学诗词,曾蒙邓拓先生称我为"杂家"。其实呢,我也是点滴积累,出之于胸臆,不足以称道也。曾有一首《粒子歌》的元白体诗,蒙大家称赞,现录之于下:

粒子歌

1962年4月学习粒子物理学有得

世人见大难见小,入眼光波非了了。
蜂须蝶粉几曾看,粒芥微尘何足道。
谁知毫末乾坤里,蒙蒙分子新天地。
结连原子类花丛,嫣红姹紫堆云砌。

堆云丛里护婵娟，电子轻烟薄雾间。
疾转陀螺无止息，长随核子作回旋。
回旋不觉韶光逝，核中结满相思子。
中子质子绕丝萝，难分难解同生死。
画阁幽藏人见稀，重帘不卷知何似。
高能粒子叩关深，帘开遥现影婷婷。
犹遮影里桃花面，不教闲人放眼寻。
闲人叉手空叹息，脑汁枯干求不得。
逍遥粒子教人迷，科研道上多荆棘。
荆棘虽深岂畏难，拨开云雾见青天。
终教小大分明刻，好闯科研第一关。

谁知到了"文革"时期，我所写的"拨开云雾见青天"竟成了大逆不道。是邪非邪?！

此后20年间曾有过两位大家对这首诗作过评论。

第一位是徐振辉先生，他在《一首优美的科学诗》一文中说："凡是好的科学文艺，不但内容是以严格的科学为依据，而且从构思和叙述的方法来看，又是能给人以优美的艺术享受的文艺作品。科学诗更应当如此。但是当前好的科学诗并不多，尤其是反映微观世界的科学诗更为寥寥。最近翻阅了一下10多年前的报纸剪辑，发现科学家杨纪珂写的一首《粒子歌》，至今重读，仍然感到诗意盎然，优美动人。他把枯燥的知识写活了，在读者眼前展示了一幅有情有景、情景交融的画面。"

第二位是秦牧先生，他在《师姐·代序》中说："前几年辽宁科学技术出版社刊行过一本《科学家诗词选》，里面就收集了不少当代自然科学家的诗词佳作。有一位杨纪珂先生，写了一首优美的科学诗，叫做《粒子歌》，长达30句。我读后既佩服，又惊奇。像这样的科学诗，我觉得简直是文坛绝唱。这位科学家竟把原子核内部的秘密写得又有形象，又有感情，生动活泼，情文并茂了。我之所以把这200多字都抄在这里，其原因，一来是觉得如果只引录几句，未免不足尽其奥妙；二来也是想到本文如果发表的话，那样精彩的绝唱可以让更多的人看到；三来也想说明一个道理，世间之事，真是一山还有一山高，有些演戏的角儿可能觉得自己唱得不错，谁知并不经常登台演唱的'票友'，偶然惊鸿一瞥，引吭高歌，却也常有令人喊妙的地方。"

"一位自然科学学者写出了一部爱情小说，既稀奇，也不稀奇。从稀奇方面来说，此类事情，毕竟相当罕见。从不稀奇方面来说，自然科学学者当中，有不少原本就是通才，他们青年时代就有很好的文学素养，发而为文，常斐然可观。在现代文学史中，像鲁迅、郭沫若、丁西林、夏衍等卓越作家，原本就是研究医学或者物理、工程的，后来，他们都成为文坛上的佼佼人物。有更多后人并没有改行，他们一直战斗在自然科学家的岗位上，但是偶尔写诗填词，也叫我们这些文学界中人刮目相看，惊异于他们功力之深。"

我于诗词，亦属兴之所至，偶一为之，与大家之作，相去甚远。承蒙邓拓先生、振辉先生和秦牧先生如此夸奖，使我既有杂家之称，又有通才之誉，惭怍良深焉！

做了沈括《梦溪笔谈》的知音人

除了诗词，我还写过一篇《梦溪笔谈》的译注论文。说来话长，1978

年我曾参加了中国科学技术大学组织的《梦溪笔谈》研究小组。这个小组由几位对《梦溪笔谈》感兴趣的教授组成，大家把各自在书中有关自然科学总共138个条目的研究心得合起来写了一部书，名为《〈梦溪笔谈〉译注》。《梦溪笔谈》由我国宋代科学家沈括（1031—1095）所著。为了逃避当时严酷的文字狱，沈括用了非常深奥隐讳的文字。我选择了其中较难索解的19个条目译成了白话，并按现代科学原理予以注释和简评。其中有一个900多年来一直没有被注释出来，成为学术界的一个难解之谜。经过钻研，我发现了这个条目的秘密，并把这一成果写在《刻漏和太阳的视运动》一章之后所附的《世界上最早的太阳视运行轨道椭圆学说》一文中。破译这个条目的关键是发现沈括用了谐音字。譬如"椭"，他用"妥"替代。在翻阅了大量科学文献之后，我发现我的译文除了少数地方还略感牵强外，大体上可以用近代天文学的时差曲线来作对照。我得出的结论是，沈括在计算时差的同时，提出了太阳视运行轨道椭圆的学说。这篇文章发中外研究我国科学史的学者之所未发，把发现太阳椭圆的视运行轨道的时间提前了500年，揭示出沈括的又一个重大的科学发现。这是我平生得意之作。我这篇文章果真是沈括的原意，那我幸而成了沈括这条谜一般文字的知音人了。使我想不到的是我竟然用了清代考据之学来作这一番研究工作。

　　经北京图书馆李希泌先生的推荐，有幸把手稿保存在国家图书馆，俟后来学者同气之相求与同声之相应也。邓拓说我是个杂家，也许是说对啦！

正式调至中国科技大学

我在中国科技大学任教两年之后,学生对我教学质量的评价颇好,华罗庚就想把我正式调过去。当时他接到了毛主席的一封信,表扬他在生产第一线推广统筹方法。这封信给我看过,是毛主席亲笔写的。信里面大的字很大,小的字一点点,华罗庚把它裱成一个横卷。

华罗庚于是全力以赴地大搞应用数学,想要找个助手,就想起了我这个应用数学工作者。他亲自两次来我家邀请我到中国科技大学数学系去当专职教授,我同意了。开始生物物理所不愿意放我走,幸亏得到了张劲夫书记的支持。经他批准,我于1966年5月脱离了中国科学院生物物理研究所,进了中科大。我选择的方向是搞工业质量评估的推广工作。质量管理是数理统计的一个应用分支,那个时候中国还没有搞。华罗庚非常支持,领导也很重视。我写了一篇介绍质量评估的文章,以整版的篇幅发表在《人民日报》上。华罗庚当时搞的是统筹方法,他写了一本书叫《统筹方法平话》。他让我也写一本书,我就说,"我就写《质量评估方法平话》,跟你一样,你出平话我也出平话,深入浅出"。我很快就写好了这本书,印了13万册,准备在全国普及。但不幸的是,半个月以后"文化大革命"就开始了,这本书一本都没有卖出去,讲课也一次都没有讲过。这项工作就这样夭折了。

与此同时,试图恢复生物统计学和数量遗传学的工作也只得暂时停止。幸而时间不算太长,到1972年由于机遇到来,得以全速发展,亦不幸中之大幸也。

杨纪珂自述
The Autobiography of Yang Jike

"文革"时期有了特务嫌疑

我刚调到中国科技大学数学系工作不久，就开始了"文化大革命"。由于系里的同事们都很陌生，也没有什么恩怨关系，因此他们对我漠然视之，不闻不问。于是在1966年的夏天，当红卫兵到处打人抄家，很多知名学者被戴高帽子游街的时候，我却"逍遥法外"，待在家里无事可做。红卫兵到我们家来抄家，可是什么反动的东西都没有发现，只拿走了一面背面画着一只孔雀的镜子。我们幸亏在红卫兵来抄家之前烧掉了大多数的藏书和我多年攒下的邮票。我收藏了不少美国和国民党时期的邮票，上面有美国国旗和国民党党旗，如果被红卫兵发现那肯定要倒大霉。他们把箱子翻了个底朝天，看见箱子里的衣服都破破烂烂的，感到很意外。我没有工作做，没有书看，于是竟做起了毛线活，给自己织了件毛衣，给安琦织了一顶帽子和一双手套，给两个女儿每人织了一条毛裤。后来学生都出去大串联，我就带了10岁的儿子跑到西双版纳去捉蝴蝶。我们可是自费去的，不愿意沾红卫兵的光。捉蝴蝶是"文革"前向我的邻居好友李传隆先生学的，他是有名的蝴蝶专家。回来后学校组织师生到房山劳动，修京原铁路，在一个山洞做搬运石头的工作。记得晚上也要干活，我看着地上全是石头，天上全是星星，好像是在月球上一样，成了月球上的人了。

后来我们又去支农。有一天，我被带回学校，造反派找我谈话。他们说："你在这里要交代问题，你是不是美国派来的特务？你要老实交代。你在美国的时候有洋房又有汽车，拿的工资是现在的10倍。还有，你最近到西南边境干什么去了？所以你有特务嫌疑。"他们把我关进一间屋子，在数学系二楼。和我关在一间屋子里的还有数学系副主任龚升和副书记曹进。有一天，龚升被批斗回来，我看到他鼻青脸肿，肯定被拳打脚踢过。龚升对我说："老杨，我是过不了关了，我的两个女儿就托付给你了。"我就说："你这个傻瓜，我是什么人？你要是过不了关，我也完了，我们都一样。你把女儿托给我，我能帮你的忙吗，绝对帮不了嘛，所以你绝对不能死啊。你死了以后你女儿无依无靠，那就苦啦。你这样的数学人才，总会有一天派上用场的，国家还是需要你的。现在这种情况是暂时的，所以你无论如何要活下去，你要睡得好吃得好，叫你劳动你就去劳动，批斗就让他们批斗，挺住！"被关起来的还有一个老师叫赵立人，是北大毕业的，非常优秀，跟我挺好。有一次，我们搬家具的时候，他一边搬一边跟我讲："我看来活不下去了。"因为他是一个右派，每次运动都要挨批斗，是一个"老运动员"。

　　后来被关的人越来越多，原来的地方太小了，就把我们搬到一个大楼的地下室里。地下室的门是密封的，门缝上有橡皮圈，可以防空，但地下室的防水不好，潮水从墙上渗出，被子湿得都能挤出水来。各个系挨批斗的人都关在里头。我们每次吃饭的时候都是排队去打饭，打回来吃。大便的时候可以请假出去，小便的话就在一间小屋子里，里面有一个缸，每天大家轮流倒到外面的厕所里。地下室里的空气非常坏，只有一根管子通到外面，我们实在憋得慌就把鼻子凑到管口上，呼吸一点外面的新鲜空气。就这样，我被关了一年零一个月。但和其他学校和文化界的人一关就是七八年相比，我还算是幸运的了。而且我没有挨斗，不像龚升被打得鼻青脸肿。还有科大的党委书记刘达受的苦就更大了，挨斗的时候经常坐"喷气式"飞机。有一次，开一个全校性大会，提出一个"抗拒从严"的例子，就是计算系的李宓。还有一个"坦白从宽"的例子，是化学系的一个女老师,是从日本留学回来的。那个时候,归国的留学生全部都是特务嫌疑,有苏联特务、美国特务、日本特务等。她顶不住了就承认自己是特务。别人就问:"既然你是特务,你发展了多少人?"她说发展了30个,还把名单写出来了,然后30个人统统被关起来,结果查来查去都不是。"文革"期间,科大自杀的人大概有十几个。有一次吃饭回来,我正上楼梯的时候就听见前面有人喊:"有人跳楼了!"原来是化学系有一个老师跳楼了,等我们从窗户往外看的时候,他已经趴在地上了,头旁边有一摊血,送到医院去当天晚上就死了。

安琦没有受到什么冲击。她在当遗传所工会主席的时候,曾结交了些好友。到"文革"时其中有人当了革委会主任和副主任,于是对她网开一面,不加磨难。在我隔离审查期间,她每星期一定来看我一次,对我关怀备至,使我得到莫大安慰,不致自萌短见。在此期间,最使她伤心的是安球①的死。安琦的弟弟安球不幸遭迫害自杀了。他在地理所当室主任,又是党员,所以首当其冲。安球毕业于莫斯科大学,是个非常有才华的年轻科学家,死的时候还不到40岁。

我在隔离审查期间除了劳动,其余的时间都在写交代材料。造反派抓不到我什么把柄,就在我的诗词里找问题,说我的《粒子歌》里"拨开云雾见青天"是希望国民党回来。我表面上很认真地作检查,可是实际上继续在作诗。你们无中生有地说我的诗反动,我偏要写更多的诗。当然不能让造反派看出来。方法很简单,就是每写一句,只写出其中的两三个字,

---

① 汪安球(1928—1967),1950年毕业于浙江大学史地系,就职于中国科学院地理研究所。1952年加入中国共产党。1957年去苏联莫斯科大学攻读副博士。1961年学成归国,任中科院地理所自然地理研究室副主任、化学地理学科组组长,中国地理学会自然地理专业委员会和化学地理专门委员会委员,致力于盐碱土壤的研究。1967年,汪安球因抄写大字报时在有毛泽东名字的地方误画横杠而遭到残酷批斗,于同年8月22日自杀。

剩下的字我一看就知道，可是别人就看不出写的是什么了。后来我把这些诗放在我的诗集中，下面就是其中的几首：

虫吟诗七律十首

1966—1970年浩劫期中，余亦遭莫须有之罪，幽于缧绁者一载有余。独与昆虫为伍，鲜闻人音。于时听蝉鸣于树梢，睹蝶憩于柳叶。螳螂正逞其酷虐，蚂蚁咸动其刀枪。怒螺蠃之凶残，悼螟蛉之负屈。感姬蜂之迷困，纵之清空；悲蚁翅之飘零，藏之封袋。盖海畔有逐臭之夫，见蟑螂而独喜；而柏台有清高之士，闻蟋蟀而长吟。因作虫吟诗十首，聊以卒其岁月云尔。

一、昆虫

身入樊笼本自求，依然因梦过沧州。
未分梦境随诗境，哪计清流付浊流。
冷月秋深听蟋蟀，澄塘春晓对蜉蝣。
只缘罕听人间语，漫作虫吟遣白头。

二、知了

柏台寂静夜迢迢，一例新蝉蜕旧袍。
抛却多年黄土穴，攀登百尺绿杨条。
羡君光透轻纱翅，愧我风欺弱柳腰。
安得来生成比翼，炎阳长日鸣滔滔。

三、蝴蝶

紫光潋滟着新裳，穿柳寻花触角长。
几度逍遥游汉苑？可曾迢递过潇湘？
风流隐入庄周梦，泥藻空留王谢梁。

一世蹁跹晴雨里，不知何物是冰霜。

四、螳螂
两臂锋芒意气豪，螳螂霹雳试新刀。
朱轮那入张飞眼，黄雀空迷关羽袍。
顶聚千瞳欺白日，腰笼双翅蔑青霄。
自从飒飒秋风起，魂断江天独梦遥。

五、蚂蚁
数尺方圆作战场，盈千鳌甲动刀枪。
槐阴城阙邯郸道，龟背山陵玳瑁墙。
烈日罡风争地岳，寒云煞气斗天光。
不期大雨倾盆泻，尽扫三军到水塘。

六、姬蜂
何处飞来小姬蜂，投身振翅困窗笼。
回旋才识天涯远，宛转方知道路穷。
命剩游丝悬一线，魂将飘絮过三峰。
开窗一得清空气，转眼流星便失踪。

七、蚁翅
蚁鼻原来不值钱，哪堪残翅落人间。
衣轻脉细成何用？雨渍风飘谁见怜？
波漾江湖山海外，魂依星月斗牛边。
昊天若解生灵苦，不作轮回宇宙间。

八、蜻象
斜风拂拂气薰天，蜻象缘枝自在眠。
尽日唯知贪口腹，终生不解辨东西。

只因味恶能逃吻，更为无声得尽年。
莫道此身无顾者，云山海畔有人怜。

九、瓢虫

珊瑚珠剖半圆球，点漆明眸陌上游。
万翅散花仙女到，千骑驰橄羽书流。
红旗习习棉蚜灭，绿叶莹莹氧气浮。
待到隆冬都感暖，闲人追忆付歌讴。

十、蟋蟀

低昂蟋蟀送秋音，来伴茅檐滴雨声。
仿佛田园交响曲，依稀牛女别离吟。
广陵曲散安闻笛，玉树歌残何用琴？
未若泥乡沟壑里，无边天籁任君听。

其中《蚂蚁》一首暗讽红卫兵武斗，其结局乃不幸而言中者也！

我被关押了13个月，造反派查来查去没有发现任何特务的证据，他们自己又忙于打派仗，就把我放了。

两个女儿去了内蒙古呼伦贝尔盟的阿荣旗插队落户。她们离开北京的时候我正在被关押，于是请求造反派放我出去和女儿送别，居然获准出去半天。我们全家到科大附近永定路的一个照相馆拍了一张照片。当时的情景大女儿写了一段回忆。

杨纪珂自述
The Autobiography of Yang Jike

看图忆事 那是 1968 年。有一天从学校回家,发现家里的气氛不对。妹妹吞吞吐吐地说,爸爸不能回家了,他所在的大学的造反派怀疑他是特务!妹妹是 66 届的初中生,正面临分配。她沮丧地告诉我,她最要好的朋友已经被批准去北大荒兵团,而她没有被批准。内蒙兵团也没有要她,理由是我们的父亲是美国特务,所以政治上不可靠,会跑到苏联去。爸爸之所以被怀疑是美国特务是因为他是留美回国的,"文革"开始以后不老老实实地待在学校里,串联时竟跑到西双版纳去了,还带了一台收音机。这还得了,造反派发现了敌情,马上行动,把我们家翻了个底朝天。虽然没有找到什么特务证据,但翻到了不少我们全家在美国时的照片,于是作为战利品给抄走了。

1968 年摄于北京。前左汪安琦,前右杨纪珂;后排左起:儿子杨周容,二女儿杨周亚,大女儿杨周美

妹妹最后总算被批准去内蒙古呼伦贝尔盟的阿荣旗插队。我们 68 届还没有开始分配。谣传 68 届去山西和陕西。我想,山西、陕西那么穷,我们到那里不是抢了农民的饭碗吗?还不如和妹妹一起去阿荣旗,那里地广人稀,有大片未开垦的处女地,一定很浪漫。于是我也去报了名,当即就被批准了。临走前我们去探望了父亲。造反派的头头是个很凶的家伙,我每次去探望父亲,他总是百般刁难。幸亏工宣队的负责人还比较通情达理,他居然放父亲出来和我们照了相并吃了一顿饭。那张合影我一直保存着,我们一家五口,爸爸、妈妈、弟弟、妹妹和我,每人胸前别着一个毛主席的像章,手里握着毛主席的小红书。父亲消瘦而且脸色苍白。我穿着一条打着补丁的裤子。大家都面带微笑,可是,我们都痛在心里啊。

妈妈送我们上了火车,我们都没有哭,把眼泪忍住了。还好,我们姐妹作伴,妈妈放心多了。

杨周美忆述

1970年，林彪一号指令，命中国科技大学搬迁到安徽省。起先说要搬到安庆市，后来改为合肥市。于是我随校到了安徽。安琦留京，周美和周亚在内蒙古插队，周容随我一起到了安徽。数学系先到铜陵炼铜厂"接受工人阶级再教育"，周容就在铜陵上初中。合肥的校舍准备好以后我们回到了合肥。由于合肥一中不接受周容上学，他就回北京上了北大附中。这样，我们一家五口分居三地。虽受离别之苦，但我们很庆幸一家人安全地度过了"文革"时期。比起中国许许多多科学家的不幸遭遇来，我仅仅被隔离审查了13个月，又算得了什么呢?！正是：流水落花春去也，天上人间！

挽救优良地方纯种猪

后来，学校开始招收工农兵学员，慢慢的正常化了。1972年的某一天，我家来了一位客人，是中国农业科学研究院畜牧研究所的所长郑丕留教授。他是畜牧界的权威。我们素不相识，他之所以来找我，是希望我协助他挽救全国各地的地方家畜家禽的优良纯种，它们正面临灭顶之灾。他说："老杨，有件事情无论如何要请你帮忙，我们要在广西开一个全国猪育种会议，全国猪育种项目的骨干人员和领导都要来，这是个学术会议。全国各个省本来都有优良猪的纯种，但是苏联专家来了以后要求我们按照苏联的做法，不准搞猪的近交，只准搞杂交，搞新品种，这样引起一个恶果，就是我们的良种猪都要灭种了。比如安徽的淮猪，一头也没有了。"

原来，我国有许多珍贵的纯种猪，是农民世世代代用近交的方法培育出来的。由于在欧洲不存在近交而不衰退的家畜纯种，于是所有的育种家都不敢轻易冒近交的风险。特别在苏联，有个伪科学者李森科竭力反对现代遗传学，使许多所谓育种专家实质上都是科盲，他们更是闻近交而色变。他们在我国"学苏联"的行政干预下，神气活现地到中国来"传经送宝"，大肆提倡杂交和违背科学理论实践的"杂交固定"。

"杂交固定"培育新品种的风在畜牧界刮起后，在我国，凡是交通所到之处，优良的地方纯种都纷纷灭种。因为只留杂种作为种公猪，对原来纯种的种公猪一头不留，这个纯种就万劫不复了。例如在淮河流域的淮猪，就遭此厄运。畜牧界的老人很多都挨过整，在政治的压力下，对这种大规模破坏我国优良地方家畜品种的事，谁也不敢吭一声。

为此，郑丕留教授在我的客厅里发出了痛苦的求援声。因为他知道我和汪安琦从美国回来，正在抢救两门被苏联李森科所"枪毙"了的学科——遗传学和统计学。那时我们已经在中关村中国科学院的各个生物学研究所中为大学毕业的研究人员补这两门课程，并且在全国范围内向大学毕业程度的医务、农业和生物学的技术和科研人员作过几十次的大、中型统计学讲课。中国科学院遗传研究所也已经聘我当该所的兼职研究员，中国遗传学会也以我有数量遗传学的特长而选我为理事。郑教授认为我们最有希望为此作一次尝试。

于是，1972年在广西玉林由中国农业科学研究院畜牧研究所召开的一次全国猪育种会议上，我应大会主席郑丕留教授之邀，有幸登坛作了一个基调发言，标题是"智慧出诸困厄，资源创自勤劳"。这次的发言是我毕生最重要的关键性发言之一。我讲了一个我国千余年来祖辈劳动人民的畜牧业成果，一个了不起的成果，至今使我们这些子孙们以及我们的子孙们受惠无穷。我指出，中国农民几千年传下来的配种传统和近代培育纯种的基本科学做法不谋而合，用的是小群隔离、近亲交配、系间选择之法。

1979 年在养羊场讲课

几千年的"近交+系间选择"造就了中国许多珍贵的近交而不衰退的优良地方纯种猪，包括金华猪、太湖猪、梅山猪、皖南花猪、监利猪、宁乡猪、内江猪、八眉猪、陆川猪，等等。我特别提到了云南西双版纳的滇南小耳猪是靠亲子配种，也就是使母猪所产仔公猪半岁发情后和生它的母猪配。当地的农民之所以这样做是因为贫困和交通不便，而亲子配是最经济便利的使所养的猪传代的方法。

我把中国这个育种传统和西方作比较，指出西方的育种者只关心其作为赚钱资本的种猪的体型外貌。例如巴克夏猪以外貌上的"六白"为商标，汉普夏猪以外貌上的"黑腰带"为商标。所以一旦出现近交衰退，立刻通过杂交把病基因掩盖起来。结果病基因永远去不掉，也就永远培育不出真正的近交而不衰退的纯系来。正是这个原因，西方的学者虽然育成了小家鼠的近交系，但始终培育不出猪的近交系，尽管花费了大量的人力和物力。

我郑重地向在座的猪育种专家们作个建议：如果谁培育成功一个地方猪的近交系，它在资源上的经济价值不亚于重新开发一个大庆油田！在海南五指山的黎族和云南西双版纳的傣族有近交猪的习俗，你们如果在那里的偏僻山区找到长期近交所产的猪，用它来培育近交系，或许可以成功。

美国人培育猪的近交系没有成功，不意味着近水楼台的我国专家们就不能成功！

我在会上讲了两个多小时，从理论到实践，从中国的情况到外国的情况，统统作了一个分析对比，结果全盘否定了苏联人在中国推行的育种方法。这在学术界引起了非常大的震动。当时参加会议的都是全国各地种猪场、种牛场、种羊场的技术骨干和领导，会后他们纷纷邀请我去讲学。所以在1973—1977年间，我几乎没有在科技大学讲什么课，都是在全国各地讲家畜育种课。我先后在中国科学院遗传研究所（北京）、家禽育种短训班（邵伯）、南方黑白花奶牛协作会议（上海）、北方黑白花奶牛协作会议（西安）、华东地区猪育种会议（淮阴）、浙江中白猪会议（衢县）、北方黑白花奶牛短训班（通县）、安徽黑白花奶牛协作会议（合肥）、安徽水牛育种会议（和县）、芜湖地区猪育种会议（宣城）、上海市猪育种短训班（松江）、全国猪育种科研工作会议（佳木斯）、西北五省猪育种协作会议（乌鲁木齐）、新疆猪育种短训班（石河子）、四省滩羊育种协作会议（银川）、南方黑白花奶牛短训班（滁县）作了培训工作或报告。听众都是大学毕业生，但没有学过数理统计和遗传学，这两门学科是被苏联专家判处死刑的学科，我把这两门课恢复起来了。

于是，大陆上除了青海和西藏由于高原气压使我的心脏跟不上外，其他省份全都有我的足迹，我几乎把全国所有优良的地方品种猪看个遍。所到之处，必然讲学，我不期而然地成了畜牧界的学术红人。机遇之来，幸何如之！

现在，浙江金华猪、上海梅山猪、江苏太湖猪、安徽皖南猪、湖南宁乡猪、湖北阳新猪、福建莆田猪、广东蓝塘猪、广西陆川猪、海南老鼠猪、云南版纳猪、贵州关岭猪、四川内江猪、宁夏八眉猪、西藏藏猪等业经鉴定的优良地方纯种猪,其纯度全球首屈一指,都是猪猡郎祖辈千辛万苦留给我们的珍贵遗产,也都成了国家重要的家畜资源,猪基因库之丰富,骄傲地名列世界第一。

值得一提的是云南农业大学曾养志教授遵照我的建议,于1980年在中缅边境一个偏僻的拉祜族小寨子的大山里找到了一窝有近交传统的小耳猪。从这窝猪,他开始了历时30年的艰辛的近交培育工作。1991年,应曾教授的邀请,我和安琦到昆明和西双版纳实地考察了版纳微型猪近交培育的情况,并给予这项工作高度的评价。从那时起,我和曾养志结成了莫逆之交。时至今日,曾教授的版纳猪"亲子配"了26代不衰退,已成为国际育种界知名度最高的大型哺乳类动物近交系。这一作为医学实验用的宝猪,外国育种者愿出20万美元买一对。曾教授一笑置之。

我为版纳微型猪作赞诗一首,以留纪念:

1991年在西双版纳和曾养志教授(左1)、
Dr. Morgan(右1)在一起讨论版纳微型猪

版纳微型猪赞

西双版纳蚩尤裔，勤劳傣族久居地。
雾淬丛林浓绿中，锦鸡翠鸟深山里。
筒裙绣出百花图，红颜常驻朝阳气。
橄榄江中笑语喧，槟榔树上攀高枝。
僧俗披红寺庙香，女郎泼水欢情起。
操持内外妇当家，养猪种地忙未已。
汉豕传宗赖豭郎，傣猪巧使貘豵继。
和平传世历千年，佛乡好景随随喜。

于是，我成为中国科学技术大学唯一一个在农牧业领域中作出了成绩的教授。能为祖国农牧业的发展尽到自己的绵薄之力，是我引以为自豪的。1979年科学出版社的编审蒋伯宁把这些讲稿缀辑成书，名为《数量遗传基础知识》。我于1955年自美归国后科研工作一直困厄到1970年代获展，智慧出诸困厄，信然矣！

《数量遗传基础知识》封面

在农村推广沼气的困难一是缺乏资金，二是缺乏技术力量。鉴于安徽煤炭资源丰富的特点，我提出了一个工农联合解决农村能源需求的设想。

第9章 无意之中步入政界

在全国科学大会上

粉碎"四人帮"之后,1978年3月18—31日,中共中央、国务院在北京召开了第一次全国科学大会。在这个具有重大历史意义的大会上,邓小平提出了"科学技术是生产力"的著名论断,从而解开了长期套在知识分子身上的枷锁。

安徽省代表团由省委第二书记顾卓新(1910—2002)带队,其中也有由杨海波书记率领的科大代表,我是其中之一。

在一次有方毅副总理出席的安徽省小组会上,当听到有位科大的代表声称科大的形势一片大好时,我觉得这并不是实际的情况,于是站起来有针对性地发了个言。我说:"照我看来,科大形势并不是'大好',而是'不妙'。至少数学系是如此。例如我系有位'老右派'曾肯成教授(1927—2004),有一天,他不知说了一句什么话,被那个造反派头头听到了,就指着曾教授的鼻子骂:'你别得意忘形,如果不老实,再把帽子给你戴上!'使曾教授灰溜溜地低头无语。"我发言时,方毅副总理好几次插话:"决不能允许小爬虫如此猖狂!"当时顾卓新书记也在座,为我的发言鼓了掌。会后安徽省的代表们都说我有勇气,敢于直言。

大会散会后回到科大,代表们向全校作了汇报。我在汇报大会上把上面的发言重新讲了一遍,也引述了方毅副总理的插话。这一来,全校的正气得到了上升,曾教授也终于能够抬起头,过正常的教授生活。

其实,这次的发言,也是我政治生涯的开始。

顾卓新书记后来有一次偶然在合肥机场候机时和我同桌吃午餐。我们没事就攀谈起来。他欣赏我在科学大会上的发言和知识面的广阔,两人越谈越投机。我当时穿了双解放鞋,衣着也很朴素,他回省后在各次会议上提到了我,称赞我学问广博,生活朴素,还特别提到了这双解放鞋。于是想不到的事发生了:在此后的好几年中,在安徽省的干部行列中,大兴穿解放鞋之风。

人称:"杨纪珂穿双解放鞋,顾卓新得一副省长。"知己之感,我是永远不会忘记卓新书记的!

李昌书记把我带进了农业现代化的领域

在党的十一届三中全会以前,中国科学院经党中央批准,决定同时在湖南桃源县、河北栾城县、黑龙江海伦县分别建立具有不同地域特点的农业现代化综合科学实验基地,并于1978年4月下旬至5月上旬,在湖南桃源县召开了农业现代化综合科学实验基地县会议。中国科学院党组副书记李昌同志于4月中旬到迁至合肥的中国科学技术大学来考察。他接见了我,邀我出席这次会议,并希望我作个基调发言。我就跟他去了桃源县。

在会上我以《从运筹、统计、遗传、生态等学术的角度谈农业现代化的几个问题》为题作了报告。我在报告中首先对农业现代化下了个简洁的定义，然后对所谓亩产3 000斤的"丰产田"进行了批评，认为没有太大的推广价值，应当以适合当地实际情况进行有科学代表性的实验田作为科学种田的示范。我说，"着手于实验田，着眼于将来在大田作有效推广"才是正路。我提出在今后相当时期内我国的农业主要还是靠畜力耕田，牛仍然是"农家之宝"，否定了"农业的根本出路在于机械化"的"最高指示"。我说："安徽省财政厅拿出4 700万元在蒙城县搞农业机械化试点，中央还补贴了一部分，结果农机全部锈在那儿，全部毁了，四千几百万几乎全浪费掉了。为什么呢？首先，农民不会使用机械；第二，坏了他们不会修理，请人修理很贵；第三，他们买不起柴油；另外没有那么广大的土地来施展机械功能。农业机械化还不如牛。"在报告里我还谈到了对袁隆平的杂交水稻以及其他作物、家畜和家禽的经济杂交成果的推广、沼气池等农村能源的利用、有机肥和土壤有机质的重要性、畜牧业为农民致富之道、农业知识在农民群体中的普及等，都是从农村经济角度出发作了现实可行的农业现代化如何起步的一些看法。我的发言获得了与会党政领导和农业专家一致的赞成。

后来我又陆陆续续写了不少有关农业现代化的文章，到1983年由安徽科学技术出版社出版了《农业现代化的起步策略》一书。

党的十一届三中全会后，1979年的一天，校党委书记杨海波找我去。他说，安徽省委书记万里想请科大教授为安徽省党政领导讲课，要配合中央提出的八个科技重点讲。第一课是农业。你是我校生物系主任，而且一直在畜牧农业方面到全国各地讲学，能不能由你讲农业这第一课？我说可以，而且第八课的分子生物学我也能讲。

讲课的那一天，在省委的小礼堂里省委省政府的领导们坐在最前排，后面厅级、处级干部坐得满满的济济一堂。我就把在桃源县讲过并取得赞同的《我国农业现代化的起步策略》又讲了一遍,一边讲,一边看见万里书记在台下不住地点头。讲完后,他上来跟我紧紧握手,说我讲得好。我得到了很大的鼓励,觉得没有辜负海波书记的期望,心中非常高兴。

在讲课中,我以安徽省蒙城县搞农业机械化大失败为例,建议安徽省在技术上不能用行政命令搞农业机械化。这句话在当时是谁也不敢说的。现在回头看,很可能就是对宝钢和农业机械化的议论引起了万里的注意。他发现这个杨纪珂不仅懂农业,也懂工业,而且敢于直言。

对宝钢上马放了一炮

如果说我在科学大会上放的是第一炮,在桃源会议上放的是第二炮,那么我的第三炮就是对宝钢上马所提出的批评。当时我在顾卓新的举荐下当了安徽省的政协委员。在政协的会议上,我写了一个有关宝钢的提案,指出最合理的布局应该是把钢厂设在产煤区,因为每吨铁矿石需3吨的煤来炼,运煤的成本要高得多。把钢厂设在铁矿是错误的,把钢厂设在大城市

1995年杨纪珂和万里(左)摄于大连

就更是大错特错了。我列举了宝钢建在上海的六大弊端。万里听了很赞成，连说这个意见非常好。很可惜那时宝钢上马的事中央已经拍了板，不能再更改了。虽然我对宝钢的意见未被采纳，可是万里认真听取意见的态度使我非常感动。后来，虽然宝钢成绩斐然，但是对上海市也造成了沉重的负担，我当年提到的弊端也都已慢慢地显露出来了。

出任安徽省副省长

就是在这个时候，女儿在美国为我办好了绿卡。我的两个女儿于1978年到美国留学，在她们的外婆的母校威尔斯利学院读书，两个孩子因"文革"耽误了学业，得到出国留学的机会当然不能放弃。她们是美国出生的，按照美国的法律是美国公民。所以她们一到美国就为我和安琦申请了绿卡。孩子们希望我们一家团聚。安琦已经到了美国并找到了工作，我也向科大递交了一份出国的申请。

1980年出任安徽省副省长的杨纪珂

也就在这个时候，海波书记找我谈话，说安徽省政府要换届，问我愿不愿意做安徽省副省长的候选人。当时我没有一点思想准备，这个提议太出乎意料了，于是我说，容我考虑一下。回到家我想，既然当初我是因为爱国回来的，在国内又经历了一场磨难，现在终于有机会可以报效祖国了，不能再去美国了。我想，人一辈子不要老是活得那么平淡无奇，当行政领导也是一种经历，是发挥自己的才智报效祖国的大好机会，为什么不干？就这样，我决定接受这个提名。我写信给安琦告诉她我的决定，她很支持，马上抛弃了在美国的工作，回来了。

后来听说，当时省委开会表决的时候有人反对，说杨纪珂的家人都在美国，他本人也正在申请出国，这样的人怎么能当省级的领导干部呢？万里否定了这个观点，当即拍了板。于是，翌年我当了副省长，步入政界。正是：书生不惮宦途险，爱国为民作马牛。

1980年，我当了安徽省的副省长，一直当到1988年，当了两届。在任副省长的8年期间我坚守了三条原则。第一是不参加任何派系之争。第二是不争权。在我权限内的事情我都放权给厅级干部，这样我就把全部的精力放在对宏观的经济战略的研究上。第三是不徇私枉法。我大哥纪璋有个儿子当时在科大教书，儿媳在江苏乡下，他希望我能帮忙把儿媳调到合肥来，被我拒绝了。记得他带了儿媳来合肥找我，被我拒绝之后一怒之下不辞而别。后来我这个侄子回到松江老家，和妻子一起创业办工厂，非常成功。我哥哥的气也就消了。

说到我对安徽省经济战略的研究，当副省长以后我跑遍了安徽各地作考察，在这个基础上提出了把皖北建设成"华东的鲁尔"，把皖南建成"东方的瑞士"的战略构想。我看到淮北与世界闻名的德国鲁尔工业区的自然条件非常相似，如果能引进国外的资金和技术，完全可以建设成一个以煤铁资源为主的煤炭、电力、钢铁、机械和建材五大重工业基地，用能源和钢铁支持长江三角洲的高精尖工业，使上海经济区更迅速地起飞。为了促成鲁尔和安徽的合作，我跑到德国驻华大使馆，由他们牵线，和鲁尔一家大公司取得了联系。他们同意派人到安徽来建厂，由安徽提供人员的住房，工资的一部分按照安徽的标准由安徽出，其余的部分由德方补齐。就在这件事马上要谈成的时候，被外交部知道了。他们说，你们怎么可以不经过外交部直接和德国人打交道？于是我们挨了批，和鲁尔合作的事情就这样夭折了。安徽省错过了一个引进外资的绝好机会，非常可惜。后来回头看这件事，问题出在我当时太超前了。到了1990年，引进外资哪里还需要外交部的批准？虽然华东鲁尔的建议没有得以采纳，但被采纳的建议还是有的。比如皖南旅游区的开发就搞得很成功。还有，我对农村能源产业化的建议受到了重视并得以实施。

除了安徽本省，我还应邀参加过湖南、山东、内蒙古、上海、大连、连云港等地的经济研讨活动。特别值得一提的是1984年应马洪先生邀请参加的"上海经济发展战略战役研讨会"。为了这个会议，我在上海调查了一个月，在会上以《为振兴上海的战略对策刍言》为题发了言。我提出了"鼎力扶持金融业，把外滩和江西路重新划作银行区，上海市政府机关都应迁出该区"的建议。这个提议在当时还没有人提过，所以发表以后轰动一时。后来上海市把金融业作为首要产业来抓，并把市政局迁出外滩。1990年代初有一次黄菊书记对我说："你当年的建议我们都在做了。"

在安徽，我组织过几次大型的科技咨询研讨会，其中包括1980年组织10多个学会的20多位专家对皖西山区和淠史杭的农业、水利资源进行多学科综合性考察，1981

1982年杨纪珂和华罗庚摄于淮南煤矿

年组织华东六省一市的专家对华东区域能源政策的论证,以及 1982 年和华罗庚一起主持的对两淮煤田的布局、规模、配套、顺序和速度的最佳可行方案所进行的论证。从"文革"开始算起,14 年后再次和华老合作,真是感慨万千。回想起自己走过的道路,有很多的偶然性,自己事前完全都不能预料。如果当初吹氧炼钢被采纳了,我就不会转行搞生物统计。如果当年没有到广东碰到华老,我就不会去科大,也不会去安徽。当然,也有必然的一面:如果我不勤奋不好学,后来也不会碰到那些机遇。1988 年,我获得了国家科委、经委和计委联合颁发的国家技术政策研究重要贡献奖。

对农村能源建设和环境保护所做的努力

在安徽当副省长期间,我深感农村的能源发展缺乏统一的领导和管理。于是我于 1983 年向国务院建议成立专门机构统一管理农村能源的工作。这个建议被采纳,1984 年国务院成立了农村能源领导小组,各省市也都成立了专门的农村能源管理机构。我担任了安徽省农村能源领导小组的副组长,在肥东等县参与了沼气示范工程的领导工作。

在农村推广沼气的困难一是缺乏资金,二是缺乏技术力量。鉴于安徽煤炭资源丰富的特点,我提出了一个工农联合解决农村能源需求

1987 年杨纪珂摄于安徽农村

的设想。我算了一笔账:建沼气池所需要的成本比用煤发电高出一倍,所以在有煤矿的地区,供煤比建沼气池在经济上更加合算。农民有了煤,就可以把秸秆作饲料进而转作有机肥,既节省了买化肥的资金,又保持了土壤。有了足够的电,农村的轻工业也能得以发展。等农民富裕起来有能力建沼气池的时候,再逐渐减少煤炭的供应。而农村的轻工业反过来可以支援工业部门。很可惜当时安徽的工业部门拿不出煤,他们有他们的苦衷。

除了沼气,我们对省柴灶的推广也做了大量的工作。经调查我做了个估算:安徽省913万农户,每户平均烧柴以每天7千克来计算,一年烧掉的有机物就有2 330万吨,折合1 600多万吨煤炭。还烧掉氮、磷、钾等肥料,相当于烧掉了80万吨化肥。要生产这么多化肥,大概需要80多万吨煤,加起来相当于每年要烧掉1 680万吨煤,这是巨大的能源消耗和浪费!我们推广的省柴灶把炉灶热效率从10%~15%提高到了30%~35%。1987年,我在全国政协会议上以"农村能源的供需发展与对策建议案"为题对农村能源发展的迫切性进行了呼吁,并根据几年来在基层所作的调查研究提出了10条对策(收入《杨纪珂文存(第3卷)》)。这个提案得到了中央的重视。

杨纪珂的部分著述

我对农村能源问题的关注是从1972年搞畜牧业的时候开始的,和能源问题密切相关的还有生态农业和环境保护问题。多年来我发表了许多这方面的文章,其中大部分都收在《环资集》这本书里。

1988—1998年,我担任了中国致公党中央常务副主席的职务。

1988、1993年我分别当选为第七、八届全国人大常委会委员，1998年当选为第九届全国政协常委。从1979年担任安徽省人大代表开始，在这20多年中我在两会以及民主党派会议上发表的论文、提案、建议和议案达215篇，分别收录在《农业现代化的起步策略》《对策与战略》《人才培养和才能发挥》《十策集》《诤言十得》《环资集》《十策续集》《杨纪珂文存》等书里。我的提案涉及了立法、监督、教育、经济、能源、环境保护等各个方面，其中我最关注的是能源建设和环保问题。

其中比较有影响的提案之一是1986年我在全国政协会议上送交的一个题为"为制止长江中上游林区'五把斧头'砍树案"的提案。我讲了长江中上游砍伐森林的六条严重后果，并提出了八条对策，其中最重要的一条是把长江上游的森林从用材林为主转为以涵养林为主。这份提案的摘要后来发表在《瞭望》杂志上，在社会上引起了很大反响。国务院和林业部非常重视，把长江中上游地区的水土保持工作列为一项长期战略性的生态保护工程。2000年，林业部投资5.6亿元实施了"天保工程"，使长江上游天然林得到了有效的保护。这一消息使我感到非常欣慰。

1998年从致公党的位置上退下来以后，我和我原来的秘书陈青一起创建了一个民间的环保组织——天恒可持续发展研究所。我们向国际的环保机构申请到了不少的研究项目，在陈青和同事们的努力下，取得了可喜的成绩。从1999年起，我们为推动我国清洁能源汽车的发展，特别是上海市的氢能源汽车的起步起了积极的作用。我们认为中国在传统的内燃机发动机汽车发展上很难超越其他国际大牌汽车生产商，但在新能源汽车的研发、生产上还有一搏。在上海市委市政府领导和科技部的支持下，上海市氢燃料电池汽车项目成功启动，上海专门请回当时在德国奥迪汽车公司

2002年杨纪珂在中国燃料电池商业化发展战略研讨会上

当工程师的万钢①来主持研发工作。2010年在上海的世界博览会场内大量使用的氢燃料电池车,就是此项目的成果。2000年我们还组织全国政协人环资委对内蒙风力发电情况及发展瓶颈进行了专题调研,就风力发电技术引进及税收等影响风电发展的几个问题向国务院写了报告,建议减少风电税率,对之后风电按小水电税收优惠政策的出台起到了推动作用。10年来,我们研究所还将农村户用沼气技术在云南西北山区推广,以减少当地林木砍伐。

寄语青年:保护中华大地

30年前,我坐火车经过湖南省,看到紫云英的紫红色、油菜花的黄色和麦苗的绿色交织成一幅锦绣江南的景色,非常感慨,作七律一首以歌颂绿肥:

---

① 万钢(1952—),上海市人。毕业于东北林业大学道桥系。同济大学结构理论研究所实验力学专业硕士,德国克劳斯塔尔工业大学机械系博士。曾任同济大学新能源汽车工程中心主任,同济大学校长。现任全国政协副主席,致公党中央主席,科技部部长。

绿肥赞

朝发西江暮洞庭，紫红千里逐车行。

云英固氮称能手，苜蓿添肥感此生。

蜂采花多勤酿蜜，牛酬草饱健输能。

年年岁岁土常好，烟雨平原处处耕。

很可惜，现在很少能看到紫云英的美景了。紫云英又称红花草，属豆科植物，其根瘤菌有固定空气中氮气的能力，是我国南方传统绿肥，又可作为饲料。随着化肥的广泛使用，有机肥的使用比率大为下降，其结果是土壤中有机物质的组成被剥夺了。若非采取断然的措施增加有机肥的比例，年深月久，沃壤化为瘠土，瘠土化为沙漠的可怕情景很有可能出现在中华大地上！古代的哲学家庄子早已知道生态良性循环的道理，他在《庄子·寓言》里说过："万物皆种也，以不同形相禅，始卒若环，莫得其伦。"有利于人类生存的土壤有机质和氮、磷、钾生态循环就是农业的根本。我辈子孙，慎勿滥用化肥而瘠化土壤资源，毋使祖辈劳动人民流涕于九泉也！

人类对自然界最最不合时宜之举，无过于污染环境。人类为了获取能量，燃烧掉的化石燃料与日俱增。这样，越来越多的二氧化碳、二氧化硫和其他物质被释放到大气中或水中。对于这种形式的污染，到现在还没有人知道其安全的上限在哪里。此外，由于汽车的普及，大量的碳和氮的氧化物以及其他各种废气排放在大气中。发达国家的科技人员已经对不产生这些废气的汽车进行研制。例如不产生有害废气的燃料电池开始进入商品市场；利用太阳能的光伏电池的成本也在迅速降低，距离商品化的时间已经不远。估计到 21 世纪中叶，继 20 世纪的《联合国气候变化框架公约》之后，国际上很有可能会进一步制定《联合国禁止燃烧化石能源公约》。

到那时，燃烧化石能源最多的国家（现在美国是老大，中国是老二，将来中国是老大）首当其冲，必将成为众矢之的！在我国古代法家名著《韩非子·心度》中有两句格言："法与时转则易治，治与世宜则有功。"果如此言，则应及早考虑如何多利用各种可再生能源来代替煤炭和石油等化石能源，方能使我国在本世纪内成为国际上有功之国。

自然环境是人类赖以生存的宏观生境，是个综合性的概念，如果人类想要保持为地球的主人，就必须想方设法利用个人和集体的智慧，学会如何控制自己，不把危害别人、危害子孙的三废向大气圈、水圈和土壤圈乱放乱抛；学会如何控制自己，不使人类的数目增加到使人类难以生存的地步；学会如何控制自己，保存那些与人类互济共存的生物种类和数量，不使之灭绝。必须认识到这种控制的主动权隐藏在本身的文明品德之中。必须向其他的生命伸出手去，不是去消灭它们，而是去帮助它们留下来作为地球上的一分子。因此，目前人类所进入的境界是：不但在人群内部要设法彼此和平共处得好，而且在外界还要设法使人群与所有的生物和平相处得好。人类必须作一次新的集体的努力，使在生态上已经失掉了和谐的世界重新达于平衡。只有这样做，才能使人类能够持续地、幸福地在地球上长远生存下去。苏东坡有过一句名言："天下之患，莫大于不知其然而然。"可是对大自然的危机而论，他还只说对了一半，似应增写一句曰："天下之患，莫大于知其然而不然。"或曰："天下之利，莫大于知其然而然之。"中华大地的保护者们，加油！

附 录

杨纪珂年表

杨纪珂主要著述目录

汪安琦回忆文选

人名索引

杨纪珂年表

1921年　12月4日出生于江苏省松江县（今上海市松江区）。

1926年　入松江杨家桥初小。

1929年　入松江观音桥高小。

1932年　入省立松江中学（今上海松江二中）。

1935年　考取上海光华大学附属中学。

1937年　11月，松江沦陷，随父母逃难。

1938年　赴重庆，考取云南大学矿冶系。

1940年　因病辍学，就职于西南公路局任绘图员。

1941年　入交通大学唐山工程学院矿冶系。

1945年　在重庆矿冶研究所工作。

1947年　入美国俄亥俄州立大学冶金系，翌年春获硕士学位。

1948年　在美国俄亥俄州立大学物理系攻读博士学位，半工半读。6月10日与汪安琦结婚。

1949年　长女杨周美出生。

1950年　次女杨周亚出生。

1951—1955年　先后在美国多家公司任工程师。

1955 年　11 月回国。

1956 年　子杨周容出生。

1956 年　任中国科学院化工冶金研究所副研究员，参加化冶所筹建工作。

1959 年　开展高炉局部流态化理论的研究工作，在《钢铁》杂志发表论文。

1960 年　用统计学方法为动物所的科研项目作数据分析，随后开始在生物学、医学、农学界讲授数理统计方法。

1962 年　在中国科学技术大学生物物理系、数学系兼职副教授，讲授生物数学和数理统计。

1963—1966 年　调入中国科学院生物物理研究所，任副研究员。著《数理统计方法在医学科学中的应用》《科学实验设计一百例评注》，译有《应用于农学和生物学实验的数理统计方法》《数量遗传学概论》等书。

1966 年　应华罗庚之邀，调中国科学技术大学数学系，任副教授。著《质量评估方法平话》一书。

1968 年　以美国特务嫌疑被隔离审查 13 个月。

1970 年　随中国科技大学迁到安徽。

1972 年　在全国猪育种会议上作报告，否定苏联专家在中国推行的育种方法。

1973 年　开始在全国各地讲授以数量遗传学为理论基础的家畜育种方法，著《数量遗传基础知识》等书。

1978 年　参加中国科技大学《梦溪笔谈》研究小组。

1978 年　在农业现代化综合科学实验基地县会议上发言，对"农业的根本出路在于机械化"的论断提出质疑。

1980 年　出任安徽省副省长。主持对皖西山区和淠史杭农业、水利资源的多学科综合性考察。

1981 年　主持对华东区域能源政策的考察论证。

1982 年　和华罗庚共同主持对两淮煤田的考察论证。

1983 年　当选为第六届全国政协委员。向国务院提出成立专门机构统一管理农村能源

	工作，提出建设皖北"鲁尔"工业区和皖南旅游区的设想。
1984 年	在"上海经济发展战略战役研讨会"上提出扶持金融业的建议。
1986 年	在全国政协会议上呼吁保护长江上游的森林。
1987 年	在全国政协会议上提出"农村能源的供需发展与对策建议"。
1988 年	出任安徽省第七届人大常委会副主任，获"国家技术政策研究重要贡献奖"，当选为第七届全国人大常委会委员，中国致公党第九届中央常务副主席。
1991 年	出任中央社会主义学院院长。
1993 年	参加中国环境与发展国际合作委员会，任能源战略与技术工作组中方组长；当选第八届全国人大常委会委员，任第八届全国人大环境和资源保护委员会副主任。
1997 年	当选中国致公党名誉副主席。
1998 年	任第九届全国政协人口资源环境委员会副主任。
1999 年	创办天恒可持续发展研究所。
2000 年	出任国务院全国社会保障基金第一届理事会理事。
2002 年	参加中国燃料电池商业化发展战略研讨会。
2005 年	出任中华环保联合会主席。
2006 年	就职工安全生产知识电视培训致信家宝总理，并提出四项具体建议。
2009 年	5 月，在国际生态大会上发言，分析经济发展与生存环境的关系。9 月 15 日，温家宝总理批示："纪珂同志已是九秩老人，仍心系安全生产、节能环保事业，常深入基层调查研究，提出许多有价值的建议，令人感佩。"
2010 年	年初突发脑梗塞住院。

杨纪珂主要著述目录

1. 杨纪珂. 氧气在冶金上的应用. 北京：科学普及出版社，1957
2. 杨纪珂. 行星卫星的轨道. 北京：北京市科学技术协会，1962
3. 杨纪珂. 农业数理统计. 北京：北京市科学技术协会，1962
4. 杨纪珂. 数理统计方法在过程工程中的应用. 北京：北京市科学技术协会，1962
5. 数理统计方法. 杨纪珂译. 北京：科学出版社，1963
6. 斯奈迪格 GW. 应用于农学和生物学实验的数理统计方法. 杨纪珂，汪安琦译. 北京：科学出版社，1964
7. 杨纪珂. 数理统计方法在医学科学中的应用. 上海：上海科学技术出版社，1964
8. 杨纪珂. 科学实验设计—百例评注. 北京：科学普及出版社，1965
9. 法尔康纳 DS. 数量遗传学概论. 杨纪珂，汪安琦译. 北京：科学出版社，1965
10. 杨纪珂. 质量评估方法平话. 北京：北京工业出版社，1966
11. 杨纪珂编著. 应用数学讲座. 香港：商务印书馆香港分馆，1977
12. 斯蒂尔 RGD，托里 JH. 数理统计的原理与方法. 杨纪珂，孙长鸣译. 北京：科学出版社，1979
13. 杨纪珂. 数量遗传基础知识. 北京：科学出版社，1979
14. 巴鲁查-赖特 AT. 马尔可夫过程论初步及其应用. 杨纪珂，吴立德译. 上海：上海科学技术出版社，1979

15 杨纪珂. 世界上最早的太阳视运行轨道椭圆学说——读沈括《梦溪笔谈》第 128 条,《梦溪笔谈》译注（数学、天文、生物部分）. 合肥：安徽科技出版社，1997

16 杨纪珂编译. 人类和大自然的变迁. 北京：科学技术出版社，1981

17 杨纪珂，齐翔林，陈霖编译. 生物数学概论. 北京：科学出版社，1982

18 群体遗传学. 杨纪珂译. 北京：科学出版社，1983

19 杨纪珂. 农业现代化的起步策略. 合肥：安徽科学技术出版社，1983

20 杨纪珂，孙长鸣，汤旦林编著. 应用生物统计. 北京：科学出版社，1984

21 加德纳 EJ. 遗传学原理. 杨纪珂，汪安琦译. 北京：科学出版社，1984

22 杨纪珂，黄吉虎著. 椭圆和行星卫星的轨道. 北京：人民教育出版社，1984

23 杨纪珂编. 面临新挑战的科学技术. 合肥：安徽科学技术出版社，1984

24 布琼 LO. 光与生命. 杨纪珂译. 北京：科学出版社，1984

25 杨纪珂，齐翔林编著. 现代生物统计. 合肥：安徽教育出版社，1985

26 戴维斯 OL 主编. 工业实验的设计与分析（第 2 版）. 杨纪珂等译. 北京：化学工业出版社，1985

27 杨纪珂. 对策与战略. 合肥：安徽科学技术出版社，1985

28 杨纪珂. 人才培养和才能发挥. 北京：中国展望出版社，1986

29 杨纪珂，孙长鸣编著. 生产中的数理统计. 北京：科学出版社，1986

30 杨纪珂. 十策集. 合肥：中国科学技术大学出版社，1987

31 杨纪珂. 诤言十得. 北京：中国医药科技出版社，1992

32 杨纪珂. 统筹经济学. 合肥：安徽教育出版社，1993

33 杨纪珂. 环资集. 北京：中国环境科学出版社，1993

34 杨纪珂. 统筹经济学初步. 北京：中国致公出版社，1994

35 杨纪珂. 统筹经济学导引. 北京：中国致公出版社，1997

36 杨纪珂. 十策续集. 合肥：中国科学技术大学出版社，1997

37 杨纪珂. 科技进步实验设计案例精选. 合肥：中国科学技术大学出版社，1998

38 杨纪珂. 杨纪珂文存，第 1 卷. 北京：中国致公出版社，1998

39 杨纪珂. 杨纪珂文存，第 2 卷. 北京：中国致公出版社，1999
40 杨纪珂. 杨纪珂文存，第 3 卷. 北京：中国致公出版社，1999
41 杨纪珂. 杨纪珂文存，第 4 卷. 北京：中国致公出版社，2000
42 杨纪珂. 杨纪珂文存，第 5 卷. 北京：中国致公出版社，2001
43 杨纪珂. 杨纪珂文存，第 6 卷. 北京：中国致公出版社，2001

汪安琦回忆文选[①]

我的外祖父袁希涛 / 外婆的酱菜 / 懋庄往事 / 逃难 / 我的大学生活 / 战时在昆明 / 重返哥伦布斯 / 中关村的日子 / 汪安琦著述目录

汪安琦（1922—2003），江苏苏州人，出生在教育世家，曾就读于苏州振华女校，迁滇华中大学。1946年赴美国留学，1947年获美国威尔斯利女子学院动物学硕士学位。毕业后在杜克大学任助教，1948年在美国俄亥俄州哥伦布斯市和杨纪珂结婚，就读俄亥俄州立大学。1955年11月回国，先后在中国科学院实验生物所、动物研究所和遗传研究所担任副研究员、研究员，并曾在安徽医学院任兼职教授。期间在辐射遗传学、白血细胞染色体分析、羊水培养、产前诊断、遗

[①] 书中收录各文为作者写于2000—2002年间。

传病等方面做了大量的工作,发表了 50 多篇学术论文。1987 年在安徽医学院组织并指导了安徽省山区遗传病与先天性疾病的调查,该成果获卫生部科技进步奖。

我的外祖父袁希涛

在我的印象中,外祖父是一个慈祥的老人。他个子高大,胡子很长,穿着有点发黄的粗布白褂子。常见他从外面回来时,汗流浃背,气喘吁吁的。小时候妈妈带我到外公外婆家去玩,他们住在上海租界的弄堂里,我家住在苏州,要坐火车去。外公的藏书很多,记得他的书房两壁是用书箱搭成的。有一次我到他书房去,他给我两本书,说:"这是小朋友们看的书,很好看的。"书中讲,冬天很冷,一个老奶奶在外面扫树叶,冻得发抖。这使我幼小的心里,对穷人产生了同情。这是陶行知晓庄师范编的书。

外祖父袁希涛字观澜,上海宝山人,生于 1866 年(清同治五年),卒于 1930 年(民国十九年)。他毕生从事教育事业,贡献是很大的。

光绪二十三年(1897 年),在他 32 岁时,考中了举人,到上海广方言馆任汉文教习。他精研新学,意识到教育为治国之本,就到家乡宝山创办了宝山县学堂(宝山原是江苏省的一个县),后又和上海龙门书院的同人们倡议改办师范学校。他到日本考察,回国后任龙门师范学校校长。光绪三十一年他辅助马相伯先生筹建复旦学院。为了筹设复旦学院,累积负债 6 000 余两白银,无人承担,都由他逐年偿还。听姨母说,那几年家中生活很艰苦,家务事都由外祖母操持。在他的筹划下,宝山各镇设立了小学30余所,又创办了太仓中学,组织成立了江苏学务总会。光绪三十四年应直隶提学使傅增湘先生之召,任直隶学务公所科长,到河北各地视察学校。

辛亥革命成功,民国元年,教育总长蔡元培召他到北京,任教育部普通教育司司长。任职期间赴江苏、湖北、山西、陕西、河南、河北各省筹设高等师范学校,并视察了上海、苏州、无锡三处学校。民国三年,因病辞职回南京,任江苏省教育会会长,组织了南京高等师范。民国四年张一麐召他赴北京,任教育次长。民国五年范源濂任总长;民国六年,范总长请假,他奉令任代理总长。北京大学风潮,校长虚位,他呈请政府请蔡元培先生出任北京大学校长,帮助蔡先生提倡文化事业,草定义务教育计划。民国七年,傅增湘任总长。那年他到东北去说服张作霖出资、拨地,筹设东北大学。他建议由国家培养美术人才,蔡元培推荐徐悲鸿,外祖父于是送徐悲鸿公费赴法国深造。民国八年第一次世界大战,我国对德宣战,他主持收同济大学为国立,在吴淞建校。外祖父在教育部先后7年,他对新的教育制度、法令的制定、课程设置等无不亲自动手参与。在部期间,他改各省高等师范为国立,并悉心规划、筹设。他还促成了庚子赔款兴学。五四运动,傅总长辞职,外祖父暂代部务。爱国学生被警方拘留22人,由外祖父出面保出。6月他辞职,赴五台山。他本兼任北京图书馆馆长,10月辞去图书馆馆长职务,南下,住嘉兴,因舅舅在嘉兴与舅母葛敬璇女士结婚。

1979年我到美国去见到舅舅,他告诉我,当年五四运动,外公同情学生,辞职去五台山,当局对他怀疑,派暗探跟踪,家中前后门都有暗探。舅舅不得已,只好到嘉兴去结婚。

民国八年11月外祖父与教育界人士发起组织欧美教育考察团出国考

察。他先在美国考察了20余州，又到欧洲考察了11国，费了一年时间。民国十年回国，到上海和黄炎培先生一起在江苏省教育会工作，处理了暨南大学办商科事，找各方面人士商谈东南大学经费问题，讨论对付南洋英属地取缔华侨设学校事，并到各地讲演欧美教育情况。那时军阀专政，教育经费无着落，学校发不出工资，北京大学等校都停课。教育总长因经费无着落而辞职，国立各校教员提出总辞职，政教界有志之士都相继出京。

考察欧美后，外祖父特别倾心于义务教育，他到各处演讲宣传。民国十年7月义务教育期成会在江苏成立，推外公为会长，黄炎培为副会长。他们访问了江苏省王省长商谈义务教育筹款办法，因事势牵制未成。民国十年、十二年他和黄炎培先生代表江苏省教育会出席了在广州和云南召开的全国教育会议。军阀混战，外祖父隐退在上海居住，但仍任江苏省教育会和江苏省义务教育期成会会长，为江苏省的教育事业操劳。他奔走各地演讲，大声疾呼提倡义务教育。他还和黄炎培、沈信卿两先生一起创办了中华职业教育社。他虽患足疾仍步行数十里到乡间办乡村师范和小学，作为义务教育的基地。

外祖父爱好旅游，考察之余，遍游我国名山大川，曾自己画了许多地图，也写了一些游记。他还写了《欧美教育考察笔记》，可惜几经战乱都丢失了。民国十六年游黄山，他看见黄山风光绝胜，但山路崎岖，回上海后募款修建天都峰山径，他自己也倾囊捐助，曾写《黄山修路记》，可惜也丢失了。外祖父自奉很俭，外出考察或游山常步行，常自带干粮或沿路买烘山芋充饥。他对人非常慷慨、宽厚，亲友有困难的，无不接济、帮助，尤其愿意帮助青年求学，对公益事业十分关心，常倾囊捐助。

有一次我见到一位长辈友人，她说："你的外祖父只有一套衣服！"我听了有点莫名其妙。原来是这样，有一天一个骗子到家跟外祖母说："今天有人请老爷证婚,叫我回家拿一套好点的衣服给他换上。"外祖母说:"他哪里还有衣服,不就那么一套,今天已经穿了出去了!"那个骗子听了就一溜烟地跑了。

晚年,外祖父经济很困难,经常在灯下编书、写作以自给。闲暇时博览群书,钻研学问,仍常步行下乡劝学,一直到他患病逝世。正如黄炎培先生所作象赞说:"谋己不工,谋人则忠,其识通,其抱冲,其建于群也丰,吁不得于一国而一省而一里一井,苟死而教育成也。先生其瞑。"

外祖父倾心于义务教育事业,谋于一国不成,而一省一乡。那时军阀混战,民不聊生,他的志愿不能完成。只有到了今日,全国解放,尤其

1929年袁希涛全家摄于苏州。后排右1汪懋祖(汪安琦父);中排右1袁世庄(汪安琦母,怀抱汪安琦弟汪安球),右2袁希涛,右3秦织云(袁希涛妻);前排右1汪安琦,右2汪安琳(汪安琦妹)

是改革开放后，国家繁荣昌盛，国富民强，实现了"九年义务教育制"。现在教育普及，大学林立，可以告慰于外祖父了。

外婆的酱菜

小时候，我们家住在苏州盘门，有一个园子。外婆跟我们一起住，她一年到头都忙于做吃的东西。现在想起来那些东西都非常好吃，尤其是她做的酱菜。黄梅天刚过，大概是6月，她就要做酱，要做三种酱：甜面酱、黄豆酱和豆瓣酱。甜面酱是先把面做成糕，不用发面，是死面糕，糕蒸熟了，切成小块，放在很大的筜里，筜是竹子做的容器。然后放在阴凉的地方，让面块发霉，金黄色的霉菌是最好的。等面块全部霉好，就可下酱。用一个大缸，先放适量的开水和盐，然后把霉好的面块放下，搅拌均匀，放在太阳下面晒。每天早晨，太阳还没出来，就要把酱搅拌一下，然后用纱罩盖上，以防风沙、苍蝇。下雨天就用木盖把酱缸盖起来。这样晒了个把月，酱就做好了。黄豆酱和豆瓣酱的做法也差不多，不过黄豆酱用黄豆，豆瓣酱用蚕豆罢了。如果在黄豆酱里放很多水，多搅拌，就成了酱油。自家做的酱油，味道特别鲜美。做酱菜用豆瓣酱，把酱放在一个钵子里，把萝卜、茄子、黄瓜或西瓜皮等放在里面，过几天拿出来吃，非常好吃。甜面酱是用来做炒酱或炸酱面的。

熏青豆、虾干、笋干、笋豆，都是我喜欢吃的。春天，收了很多毛豆，外婆先将它煮熟，放点盐，晾干，然后放在炭火上熏。要很小的火，上面放一个铁丝网，把煮好的豆放在网上，慢慢搅拌，如果在火上撒一点松香，那就更香了。当春笋大量上市的时候，外婆就做笋干和笋豆。把笋切成条和黄豆一起煮，放盐、酱油，再放一点糖；煮好后，把笋条用线串了挂起来晾干，豆放在筵里晒干，就可以吃了。虾干算是比较珍贵的食品，不过我小时候，在苏州虾还是很多的，也不太贵，做虾干的方法和做笋豆是一样的。因为舅舅是煤矿工程师，在矿上吃不到这些东西，所以外婆就做了很多寄给他吃，我们也沾光大吃。

到了冬天就要做很多腌菜。先把青菜洗干净，一层菜，一层盐地放在一个大缸里，然后一个男子把脚洗干净，穿上一双新的草鞋，站在上面使劲地踩。踩好了，就用一块大石头压在上面，然后再用木盖把缸盖好，过了一段时间，菜就腌好了。生吃也行，炒了吃也行，味道非常鲜美。腌肉要在阴历腊月腌，叫做腊肉。记得外婆做很多腊肉，挂在廊下，让风吹干，随时可用。

记得外婆还做萝卜干、莴笋干，都很好吃；还有霉干菜。到了春天，大缸里的腌菜一般都吃不完，天气暖和了菜容易坏，就要拿出来煮一下，然后切碎，要切得较细，然后晒干放在坛子里。要把菜压得很紧，把坛子封起来，再叫为我家种地的阿荣拿个梯子爬到屋顶上，把装霉干菜的坛子放到屋顶上，一坛坛排成一排，这给我的印象很深。到现在我也不明白为什么要放到屋顶上，我家的园子很大，下面有很多地方可以放的。这样做的霉干菜特别香，烧肉尤其好吃。

外婆忙碌的身影，历历在目；她做的好吃的食品，永远在我的记忆之中。

懋庄往事

我的父亲汪懋祖因办苏州中学有成绩，当时在教育界颇有影响。他曾留学美国，1920年获哥伦比亚大学教育学硕士学位，师从杜威并在哈佛大学做过研究工作。回国后在北京师范大学任教授兼教务长。后到南京东南大学任教育系主任，又担任江苏省督学。但他的专长是中等教育，一直向往着按照自己的愿望办一所中学。1927年他放弃教授和督学之职回到家乡苏州，将原有的几所中学合并改建成一所规模较大的现代化的中学，聘请了一些学术水平很高的教师。当时国文教师有钱穆，英文教师有吕叔湘，美术教师有吴作人、颜文梁，历史教师为孙起孟，那时都很年轻。学生也是人才辈出，如钱伟长、钱人元、李竞雄等都是当时的学生。他在校刊上写了30多篇文章，提出"教育源于生活"的学说，比他的老师杜威提出的"教育即生活"似乎更深入一些。关于他办学的设施、经验及成绩，苏中金德门先生有文章详述，我只想记述一些家庭往事。

我母亲袁世庄，是教育家袁希涛的长女。于1916年考取清华留美，毕业于美国威尔斯利女子大学。回国后曾在北京女子高等师范学校、东南大学、金陵女大、苏州振华女校、东方语专等校教授英文和西洋史。

我父亲是苏州人。幼时家中很穷，祖父科举不成，大概只是一个穷秀才。因为没钱，私塾都开不起，只好到有钱人家去当家庭教师，那时叫做坐馆。主人一般为地主或做官的人家。据说他坐馆的那家人家很刻薄，可能把隔夜酒宴剩菜给他吃，吃完饭又吐又泻，回家没几天就去世了，大概得了霍乱。他去世时才50多岁。父亲兄弟姐妹共8人，祖父去世后全家几乎没有生机，父亲那时才11岁。苏州因范仲淹倡始兴办义庄。范仲淹是宋代有名的文人及官吏，他用自己的田地设立义庄，族中孤儿寡母无法生活者可得到救济。我们汪家的祖先为安徽徽州人，因经商到苏州买茶叶在苏州落户，到我已有13代了。我们的六世祖中了翰林做了很大的官，也办了一个义庄，叫做汪氏义庄。苏州的有名园林环秀山庄，原来是属于汪氏义庄的。祖父死后留下祖母及许多子女就靠义庄救济生活。父亲读书十分聪明，他13岁（虚岁）就考中了秀才（这是最后一次的科举考试），那时他实足年龄只有11岁，个子很小。他说县衙门的门槛很高，他跨不过去，只好坐在上面先跨过一条腿再跨过去。回来祖母说："为什么不叫人抱你过去嘛？"他考试成绩很好，考官将他列入录取名单，由县令审批决定。县官不相信那么小的孩子能考得这样好，于是把父亲叫来面试。面试结果，出乎县官意料，果然不错，就中了秀才。然后敲锣打鼓地到家中报喜，身价一时十倍，从此人家都叫他少爷。第二年废科举，办了新学堂，这些秀才们都成了苏州府学堂的学生。新学堂请了日本人当体操教员，每天早晨"一、二、一"地做体操。可以想象那些拖着辫子的秀才们做早操的情景。于是苏州的绅士们大发议论，说："秀才们做洋操，成何体统！"后来父亲到上海广方言馆读书，外祖父在那里教书，看中了这个学生，就决意要把女儿嫁给他。外祖父是非常开明的人，他把父亲带到家中让我外祖母看看，尤其是要让他和我母亲见面，如果大家同意就谈婚事。这在当时是不可思议的举动。因为一般人家都由男女双方家长做主，不需征求双方本人的意见，婚前也不可能见面，要在结婚之夜拜过天地祖先父母之后，挑开面纱才能见面。但是外祖父居然领父亲到家和母亲见面。那年母亲17岁，她不好意思，出来看父亲只看了一分钟，就赶紧跑回房中去了。虽然只是一分钟，但大概印象不错，外祖母也认为很好；虽然父亲家中很穷，但父亲长得很清秀，文才又好，所以都同意了。后来父亲就不断地给母亲写信。这些信母亲一直都珍藏着，一直到抗战前我还见到过，字写得特别端正漂亮，词意也很好。

母亲考取清华留美，父亲当然很着急，他拼命用功考上了江苏省官费留英。后来他设法跟留美的学生交换了留学国家，1916年到美国上哥伦比亚大学，1920年毕业回国。

当时一般家庭的女孩子都要缠脚，用很长的布条把脚缠起来，对很小的孩子来说是非常痛苦的事。外祖父很开明，我妈妈被缠了不到三天，第三天晚上外祖父回家，看见这情况就对外祖母说："现在还要缠脚！赶快去掉！"所以妈妈得以免受此苦。妈妈11岁时进了上海新办的女子学校（名叫务本女校），只有一个班，班主任老师是黄炎培先生。班上各种年龄的学生都有，大的有18岁，章太炎的夫人汤国黎女士也在她们的班上，还有黄炎培先生的大女儿。大的女孩帮我妈妈梳辫子。黄先生以他的爱国热情激励着学生。妈妈熟背岳飞的《满江红》，对清廷的昏庸腐败、丧权辱国十分气愤，此时妈妈受到很大的爱国教育。民国元年外祖父到北京任教育部次长，妈妈到上海启明女校读书，她在校寄宿，那是一所天主教办的教会学校。外祖父有子女3人，大儿子名袁师汾，是我的舅舅；妈妈居二；我还有一个姨母名袁世芳。那时师汾舅在上海南洋中学上学，世芳姨随外祖父母到北京就学于女高师附中。清华大学用退回的八国联军庚子赔款的部分钱，送青年学生到英美留学，并开始每年送10名女学生到美国留学。当时已送了第一批10人前往，又要招考第二批，妈妈就报名应考。妈妈原先在上海启明女中由英国修女教过英文，英文根基好。因为外祖父是举人，她从小得到家庭的教育，中文也很不错。此外，还受过务本女校黄炎培先生的教导。但她认为数理较差，所以到无锡外婆家去闭门读书，复习数理化半年之久，然后去应清华庚款留学考试。她考得虽然不错，但她向来很谦虚。全国只有10个女学生能录取，她认为自己不行，就回家天天和同学们玩。据她说，她在家很随便，不爱做家务事，但舅舅很勤快。她经常带同学回家吃花生等，搞得一地乱七八糟的就走了，舅舅就帮他们收拾干净。因此舅舅在女孩子中有好名声，终于娶到当时女高师又漂亮又贤惠的"校花"舅妈。有一天邮差送信来,舅舅拆开信,很无所谓地说:"啊!第四名。"妈妈说:"什么第四名?"舅舅说:"是清华给你的通知书。"妈妈想:"难道考不取的也有通知书吗?"她不认为自己能考取,把信抢过来一看,才知确被录取了,是第四名。全家人的兴奋就不用说了。

妈妈1916年到美国,先到核桃山女校大学预备班学习,1917年进美国有名的威尔斯利女子大学。母亲在美留学期间相当活跃,假期里与几个同学一起用英文编演《木兰从军》,她扮演的花木兰很受美国观众好评。

1929年摄于苏州。左起:袁世庄、汪安球、汪安琳、汪懋祖、汪安琦

我小时候常听父母讲留学美国的一些情况以及各留学生之间的一些恋爱故事。那时美国也很保守,男女青年如有约会必须有人陪同。所以我父亲到威尔斯利去看我母亲,必定有他的同学陪着一起去。陪我父亲到威尔斯利去的有陈寅恪、吴宓、郑晓沧、孟宪承等人。

1938年在昆明见到陈寅恪先生,他亲切地称我母亲为袁小姐。1974年我到杭州见到郑晓沧老伯时,他还津津乐道当时他陪父亲到威尔斯利见母亲,并且一起在湖中划船的情况。

父母亲回国结婚后在北京教书。当时军阀混战,东北的张作霖和华北的吴佩孚开战。张作霖派飞机轰炸北京，母亲带着我和二妹安瑾到教堂躲避。因教堂为洋人所设，谅不敢轰炸。父亲说"我不去躲，中炸弹的机会和中彩票差不多，我中不了彩票，也中不了炸弹"，所以他待在家里没去躲。我唯一记得的事，是在教堂里种牛痘，很痛。

我们北京家的院子里有一棵枣树，当树上结满了枣子时，摇一摇就会掉下许多。我那时穿的褂子很长很大，大人摇树我用衣服兜，可以兜满一兜，那枣很甜。那时跟我父母来往较多的是吴宓。他已有妻室，但却爱上了毛彦文。毛彦文与徐志摩谈恋爱，徐志摩还留下许多写给毛彦文的爱情诗。大概吴宓是单相思吧！后来徐志摩乘飞机摔死，毛彦文嫁给大财主熊希龄。吴宓因追求毛彦文与其妻离婚。军阀混战，大学没有经费，教职工欠薪达半年之久，我父母也不免受害，半年拿不到工资，家中几乎断炊。父亲接受南京东南大学之聘，举家南迁。时为1926年，我4岁，我的三妹安琳出生才40天，就乘轮船回南京。我父母亲结婚时置的一套很好的家具寄存在吴宓家，因吴宓离婚，后来那套家具也不知搞到哪里去了。父母教书生活很简朴，后来一直没有置过好家具，常听母亲说起那套家具是她一生中拥有的最好家具。

留美同学分散各地不易聚会。抗日战争期间，很多人到大后方避乱。1938年我家经湘桂绕道越南入滇到昆明。后来北京几所大学清华、北大等迁到昆明成立西南联大，吴宓也到了昆明。父亲作了一首诗送给他，其中有"京城赋洛神"之句，笑他当年追求毛彦文，赔了夫人又折兵。父亲写了这首诗，大为得意。母亲说，可惜我们也赔了一套好家具。我不解其意，不知父母为什么笑，他们讲给我听才知详情。

父亲在南京东南大学的时候和生物学家秉志、陈桢同事。有一次秉志到我家来串门，是冬天，穿了一件羊皮大衣，反面有很长的羊毛。我那时还小，摸着羊毛说"狗狗"，惹得大家都大笑起来。

我6岁回苏州，直到14岁抗战时离开，对苏州有非常美好的回忆。我家开始租的房子是沿河的，所谓的"人家尽枕河"。打开后门便是河，卖菜的、卖柴的船停在后门，很好玩，但是蚊子很多。后来搬到苏州中学二院后面一个院子住，对面是沧浪亭，有假山、水池，夏天池中荷花开得特别美丽。颜文梁办了一所美术专门学校设在沧浪亭，在古老的园林旁盖了一座希腊式的房子，看起来有点不大协调。我家东边有一个花园（可园），园中种了许多梅树，春天梅花盛开，我们常去玩。再过去就是大片稻田了。现在回想起来，在这样的环境中生活真是太美了。但那时年幼不会欣赏。我在苏州中学附属实验小学上学，校长是施仁夫先生。穿过苏中二部有许多教室，再穿过一个大操场就是实验小学了。我常到苏中二部和住校的学生们玩。有一次和小朋友们玩捉迷藏，我跑到后面教室里，有一个学生把我藏在课桌下，小朋友们怎么也找不到我。后来全家出动来找，父亲也出来了，在教室外大叫，我才跑出来。父亲把我教训了一顿，说以后不许藏到后面来。有一次我独自走出大门到水稻田玩耍，不知不觉迷了路，一看周围全是稻田，找不到回家的路，就哭了起来。幸亏来了一个卖馒头的山东老头，他常到我家卖馒头。他问："这不是汪家的孩子吗，为什么哭？"我说不知怎么回家了。他说："不哭，我带你回家。"

胡适和父亲是同学。有一次胡适带全家到苏州来玩，我家招待他们乘船到天平山去玩，苏州的船菜是很有名的。有一天大人们有事去了，胡适的一个儿子和我差不多大，留在我家。我和他拍了一个下午的皮球，印象颇深，那时我大概八九岁。

父母亲在苏州盘门东大街买地造了一幢房子，称"懋庄"，各取父母名字中一个字，镌刻于墙角勒石之上。庭院里花树很多，玉兰花、桂花、月季、石榴,四季不断。还种了各种蔬菜。母亲从浒墅关农校搞来甜玉米、草莓种子,我们可以吃到当时外面买不到的甜玉米和草莓。那时父亲当苏州中学校长,母亲在苏女师教书。母亲还参加苏州妇女界的一些活动。九一八事变后,为了支持东北义勇军,她们费了很大劲捐款做了一批布鞋,买了草帽、药品等物品支援前线。但是过了些时侯,母亲发现那些布鞋、药品等物在观前小摊上出卖,不知被什么人贪污了,根本没有送到前线。她的气愤是可想而知的。

她到女青年会烹饪班学做蛋糕,用洋油箱做成一只烤箱,我们可以吃到自制的蛋糕。她在苏女师当老师很活跃。有一次师生演出,她上台扮演老渔翁,唱道情,我觉得母亲本事大,会演戏。杨荫榆在女高师时曾被鲁迅写文章骂过的,那时也住苏州。她在盘门城根盖了一幢小楼,离我家很近。她在某中学教英文,据说她的日文很好,但是英文却不怎么样。但她还谦虚好学,经常到我家来向我母亲请教英语。母亲有一本韦氏大字典,我们小孩子觉得那字典奇大无比,跟茶几一般大。她来了,母亲就和她一起翻阅那本大字典。

宋美龄和母亲是威尔斯利的校友,在美国时曾相识。她知道母亲在苏州,派人来邀请母亲到南京去担任某种妇女要职。母亲婉言谢绝了。她说:"不为五斗米折腰,学陶渊明过田园生活是再好不过的了。"

那时盘门一带非常冷清,旧称"冷水盘门",但我还是很喜欢那地方的。我家前边就是瑞光塔,后面是开元寺,夜晚听得见寺院内的钟声。每当傍晚时分,夕阳西下,我们一家外出散步,看晚霞映衬下古老的瑞光塔影,一片片田野里秧苗嫩绿,油菜花金黄灿灿,还有盛开的红色紫云英……真个是"锦绣江南"呵,至今忆起那段美好时光,心中依然充满了幸福。

［注］汪懋祖先生（1891—1949），江苏苏州人。少年时代曾就读于上海广方言馆、苏州府中学堂、江苏省高等学堂。1912年入天津北洋大学工矿科，肄业两年后，因需赡母抚弟，辍学到陕中三秦公学执教。1916年考取公费留学美国，入哥伦比亚大学专攻教育学，获硕士学位。1919年受聘美国哈佛大学研究员。1920年回国，历任北京师范大学、北京女子师范大学、南京东南大学教授，并兼任教育系主任等职。1927年回乡组建苏州中学，任苏中校长4年。1931年任中央政治学校教育系主任。抗日战争期间，于1938年赴云南大理，创建中政校分校，后改为国立大理师范学校，先后主持校务4年。1942年赴丽江等地劝学，并筹建丽江师范学校。1942年年底至1945年受聘于昆明西南联大，1944年曾兼任东方语言专科学校校长。1946年年初回故乡苏州治病、养病，同时在社会教育学院任教。1949年1月9日逝世，享年58岁。

汪懋祖先生与袁世庄女士于1922年1月在北京结婚，养育二女汪安琦、汪安琳，一子汪安球。子女都能遵照父训：爱国、敬业、严于律己、宽厚待人。

逃　　难

1937年7月，那时我正在苏州上中学，和外婆住在一起。放暑假了，父母弟妹都从南京回苏州过夏，因为父亲在南京工作，平时他们住在南京。一家团聚，正是欢乐、愉快的时候。园子里各色花儿盛开，瓜果、蔬菜十分丰盛。父亲教我们读些诗词古文，母亲教我们做些针线活，多么恬静、安逸的生活！

7月7日卢沟桥事变爆发了，继而是八一三淞沪战争。全国人民奋起抗战，同仇敌忾，我们都是义愤填膺。日寇打到我们家门口了，带着太阳旗标志的飞机在我们头上盘旋。父母亲商量先送外祖母和姨母到上海租界。母亲和一些妇女们发起募捐，支援前线，她把自己得奖的一个漂亮的银盾也捐了出去。我把历年积蓄的压岁钱和零用钱共15块银元捐了，似乎为抗战尽了一点力。形势吃紧，日寇离苏州越来越近了，母亲就带了我们到上海租界躲避，父亲则到南京他的学校去了。走时匆忙，我们只带了两个箱子和一个铺盖卷儿。因为弟妹都还小，带了保姆阿宝帮忙照顾。我们住到外婆的妹妹家，她家在上海法租界，人多大家挤一下。她家有好几个小表妹，小孩子不知时局艰难，在一起觉得很好玩。9月，学校开学了，母亲送我到上海允中女学去上学。他们的英文教得很深，我跟不上，每天回家妈妈给我补课。市郊战斗很激烈，有一些伤兵送到租界来，我们中学生也常去慰劳伤兵，还到街上去唱抗日歌曲。10月父亲来信说他已随学校迁到庐山，叫我们也去。妈妈决定带我们到庐山和爸爸团聚。因为铁路和火车站都被日机轰炸得很厉害，我们挑了一个下雨天走。妈妈说下雨比下铁好。

告别了外婆和姨婆一家，我们冒雨上路。雨下得很大，一个个淋得像落汤鸡似的。车站上挤满了人，大的哭、小的叫，臭气冲天。母亲鼓励我们说没有敌机轰炸就算好了。幸亏有阿宝，她力气大，才把弟弟、妹妹和几件行李挤上火车。没有座位，我们只好坐在箱子上，饿了就吃一点带的干粮。半路走到石湖塘火车停了，原来前面的铁路桥被炸断了，我们只好下车，走过临时搭的木桥，再上那边的火车。下着雨，天又黑，路又滑，幸亏带了一个小手电照路，可是我们都还摔了好几跤。还幸亏阿宝，她扛着、提着行李。天亮了我们好不容易到了杭州。虽然杭州那时还比较安全，但敌机有时也来轰炸，市面很萧条。母亲说我们要好好休息一下，就在西湖边找了一家湖滨旅社住下。母亲性格开朗，乱中取乐，她还带我们去游西湖。因怕敌机来犯，船只敢靠岸边划。湖上冷冷清清的，几乎没有游人。我们去了岳坟，参拜了抗金名将岳飞，母亲给我们讲了岳飞精忠报国的故事，激励我们抗日的爱国心。在杭州休息了一天，我们又乘火车经浙赣铁路到南昌再到九江上庐山，一路还比较顺利。父亲已为我们租好了一幢房子，房子在山间，虽然旧一点，但是环境很好。我于是到从南昌迁来庐山的葆灵女学上学。我每天都走山路，早晨朝雾蒙蒙，太阳出来了，光芒四射，山峦起伏，满山遍野的红叶，煞是好看；放学回家可以看到晚霞映着山岭，美不胜收。冬天的庐山也很美，尤其是下了雪，整座山都是银装素裹，每棵树都像水晶似的，晶莹透亮。父母的朋友陈衡哲、李四光两家也都到庐山避难，周末我们常一起出去玩。大人们吟诗作赋，孩子们嬉笑玩耍，似乎忘了国难当头。

　　1938年春，国军节节败退，九江遭到轰炸，庐山不是久居之地，父亲的学校决定搬迁到湖南。父母不愿到湖南去，商量后认为到云南比较安全。父亲从南京带了一些书到庐山，就先把书打包邮寄到云南友人处。我们一家下庐山又开始了内迁逃难的征途。我们从九江乘火车经南昌、萍乡、株洲到达长沙。长沙虽屡遭轰炸，市面还很热闹，从北方和东面各省逃难来的人很多。父亲的学生接我们到一家酒店去住，没有房间了，就在餐厅雅座里搭了几张行军床睡下。那家酒店前一天刚遭到轰炸，有一家人家正举行婚礼，前厅被炸毁，新郎、新娘都被炸死了。我们住在那里很害怕，第二天就赶紧离开。父母有朋友侯家源在湘潭筑湘桂铁路，还有一个我的表哥也在那里，我们就到湘潭去暂住。我们是坐船去的，船上又挤、又脏、又乱。我们在湘潭住了一个多月等便车到桂林去。因为铁路还刚在修，公路也不通车，侯家源说可以帮我们联系修铁路运材料的卡车，让我们搭到桂林去的便车。那些天似乎天天下雨，非常沉闷，孩子们很烦躁，父亲就教我们一些唐诗和古文，记得教了一篇《喜雨亭记》。母亲说这里没有敌机轰炸，没有枪林弹雨，有吃有穿的，我们应该很满足了。后来终于等到了便车。父亲身体不好，带弟弟坐在前面司机舱内，母亲和我们坐在卡车后面。开车时风很大，飞沙走石的，我们只好用围巾把头包起来。到了桂林遇见很多父母的熟人，他们都是从各地逃难来的，有黄炎培、李四光等人。有一天父母出去应酬，叫阿宝陪我们几个孩子留在旅馆里。忽然警报响了，敌机来轰炸，我们吓得不知到哪里去躲。阿宝急忙把被子堆在桌子上，叫我们躲到桌子底下。警报响过两次后，只听得敌机轰轰轰地由远而近，好像就在我们头上。忽听得一声巨响，炸弹爆炸了，似乎离我们不远，只听见街上人的奔跑声、哭喊声。我们看见窗外不远处火光冲天，有房子被炸起火了，吓得我们躲在桌子下不敢动，直到警报解除。我们准备经过越南到云南去，可能是等办护照，记得在桂林住了8天。虽然局势紧张，父母还带我们去玩了七星岩等名胜。后来我们经过龙州出镇南关（现名友谊关）到达越南河内。

那时候越南还是法国殖民地，称安南。那里的老百姓很穷苦，衣不蔽体，一个个面黄肌瘦的；住的地方很脏乱，房子很破旧。男人们干着笨重的苦力，妇女和老人在街上做小买卖，孩子们光着身子到处乱跑。可是法国人住的地方却非常豪华，在他们住的区域，街道整洁，绿树成荫，房屋建筑优美、讲究，市区繁华，商店林立。绅士们西装革履，手拿Stick大步在街上走，妇女、孩子都穿着漂亮的衣服。可见殖民地人民的悲苦和殖民者的奢侈。我们找了一家中等的旅馆住下，去游逛了一个公园，布置得很精美，各色花卉非常好看。在河内住了两天我们就乘火车由滇越铁路经越南的老街进入云南河口然后到昆明。滇越铁路穿过群山峻岭，经过无数个山洞、很多险要的关口。为了省钱，除父亲坐二等车外，我们都是坐闷罐车，本来是运货的，但也坐满了人，没有窗户，只好开着门通风。沿路经过许多越南人的村庄，看来都很穷。村民们提着几只鸡、背着一袋米或挑着一担菜来乘火车，一般乘几站就下车了，可能是拿这些东西去卖的。越南人爱嚼槟榔，嚼得满嘴通红的。我们最怕过山洞，因为车门开着，火车的烟雾都跑到车里来，山洞又还特别多，十分难受。最后终于到了昆明。

父亲有一些以前北师大的学生在昆明，他们到车站来接我们。报上还登出"汪懋祖到昆明"的消息，父亲非常高兴。有一个学生说他们家有空余的房子，可以给我们住。他们家住在华山西路，我们就搬去住了。

汪懋祖 1940 年在云南

在昆明最初几个月的生活还很美好。云南物产丰富，天气晴朗，四季如春。物价也较便宜，各种蔬菜如萝卜、白菜都长得特别大；盛产核桃、松子，我们吃了很多。我和弟妹都上学了。我上的是昆华女子中学，我的学习成绩很好，还交了一些云南的朋友，周末常到西山和滇池去玩。可是好景不长，敌机来轰炸了。我们经常要躲警报，有时躲到附近圆通公园的山洞里，有时来不及跑就躲在桌子底下。生活很紧张，又不太安全。那时父亲正筹划在滇西办一所学校，他经常出差到云南西部各地去考察。经友人介绍将我家安顿在安宁温泉，那里很安全，而且风景优美。

1939 年初，父亲决定在大理办学校，我家就搬到大理去住了。

我的大学生活

这是半个多世纪以前的事了，我们的祖国正遭受日寇的侵略，前线将士浴血奋战，半壁河山沦陷了。同胞们颠沛流离，生活在水深火热之中。我们家也从苏州逃难到云南。父亲到云南大理办了一所学校，我们家就在大理住下来了。从 1937 年离开苏州至 1938 年到达云南昆明，经过上海、江西庐山、湖南湘潭、桂林，出友谊关（那时叫镇南关）经越南到昆明，一路上走走停停，我们孩子们的学习受到很大影响，只在从南昌迁来庐山的葆灵女学上了几个月学，又在昆明的昆华女子中学念了半年书，拿到了初中毕业文凭。我们是 1939 年年初到达大理，我本应该上高中，但是父亲办的中学不收女生。大理有一个女子师范学校，那个学校水平太差，教的东西我都学过了，因为苏州的学校水平较高。父母决定让我在家自学，由父亲教我中文，母亲教英文，请了一位数学老师教我数学。母亲教英文很认真，可是父亲太忙，没有多少时间教我。那位数学老师也是从江浙一带逃难来的，他教我几何和三角，教得很好。另外，母亲还教我世界历史，她在美国就是学历史的，所以很熟，就像讲故事一样讲给我听。我就这样在家学了半年，之后听说有一个大学搬到喜洲，叫武昌华中大学，是一个教会学校，正在招生。喜洲离大理 40 里路，不太远，父母说让我去考考看吧！我没有高中毕业文凭，据说可以同等学力资格去考，我就去报了名。我那时还不满 17 周岁，还是一个孩子。记得考试时是母亲陪我去的，前一天，我们就乘了滑竿从大理城走了40里路到喜洲镇，在朋友家住了一夜，第二天到学校考试。我一点都不紧张，本来就是去试试看的，能否考取无所谓。考试只考三门：中文、英文和数学。中文、英文各要求作一篇作文和回答一些问答题，我觉得都不难，因为在家每星期都要作中、英文作文一篇，由父母修改；数学题有代数、几何和三角，也不太难，我大部分都会做，考完了感到很轻松愉快。那个夏天我还学会了骑马，因为那时云南交通不便，人们多骑马代步。有一天家里收到华中大学的一封信，原来是我的录取通知书，大家都非常高兴。到9月份开学我就成了一个大学生了。

大理是一个非常美丽的城市，在苍山洱海之间，是狭长的一条地，南起下关，北至上关，是洱海的两端。下关和上关之间有大理城和喜洲镇。有下关风、上关花、苍山雪、洱海月之说法。大理古时为南诏国都，喜洲因蝴蝶泉而闻名。喜洲有一个姓严的盐商，在外面赚了很多钱，回家乡盖了许多房子，还建了医院、图书馆和一所中学。华中大学迁滇，到昆明找校址，正好遇到严家的人，说"你们就搬到我们喜洲去吧！"后来华中大学就搬到了喜洲。学校所在地原是一座庙，把大殿改为礼堂，把两旁的厢房改建为两座小楼，作为教室、实验室、图书室、办公室等等。有一个操场，一个校园，校园旁还有一些平房。校园里有参天古树，还种了许多花木。学校离镇约2里，教职员和学生都在镇上租用民房作为宿舍。因为是从湖北搬来的，老师和学生大多讲湖北话。校长是德高望重的韦卓民先生，他在基督教界颇有威望。而校务多由洋人掌权，教务主任、财务、会计等都是洋人，因为那是一所教会学校，由美国一个教会来办的。教授们大多是很有学问的人，有留学博士，有国内知名人士，也有外国人。学生只有两三百人，高年级学生都是随学校从武昌搬来的；一年级新生有的是从湖北和湖南招来的，也有在昆明和大理招的。

我是学校里最小的学生，年龄小，个子也小，大家都叫我小伢儿。记得一年级我选了生物、化学、英文、微积分，还有中文。教生物的陈伯康先生和教化学的张先生都是留美博士。生物学我念得最好，经常考100分，因为要背的东西较多，我都背得很熟。上课时老师提问，那些大的学生答不出来，我就偷偷地笑，老师说："那个小伢儿在笑，她一定会了，叫她来答。"我全答对了。教微积分的是一个外国人，他管财务也教数学。他教得一点也不好，学生都听不明白。教英文的是一个德国女教师，她教得也不太好，其实英文系里有很好的老师，大概因为这个德国人不会别的，叫她来对付一年级的外系学生。教中文的是游国恩先生，他是一位很有名的教授，他讲课很生动，引人入胜。他教我们用文言文作文，他改文章很认真，我经常得到他的好评，所以很喜欢上他的课。政治是必修课，国民党派一个教官来教三民主义，大家都很讨厌那个教官，上课也都马马虎虎，考及格就行了。

女生宿舍是一个四合院的民房，8个人一间房，四张上下铺的床，中间放几张小书桌。记得同房间的有汪海珍、董一男、张葆英、张爱贞、张保贞、丁宝筠等人，大家相处得很好。尤其因为汪海珍、董一男、张保贞和张葆英都是生物系的，在一起上课，关系更加密切。我比她们小几岁，她们都叫我小伢儿。有一天，天气很冷，刮大风，我们的房门被风吹开了。大家都怕冷，把被子拉紧，不愿起来关门，我睡在上铺跳下来把门关好了，她们就给我起了一个外号叫做"勇敢的小兵"。男、女生在各自的宿舍里办伙食。抗战时期政府发给沦陷区学生贷金，我们就拿这笔钱包伙。我们宿舍约有四五十个女生，请了一个厨师，每天有一个学生轮流监厨，由那个学生和厨师一起去买菜。如果餐桌上有土豆，准是广东人买菜；如有辣椒，准是湖南人买菜；如菜做得很甜，准是上海人监厨，为这事大家经常哈哈大笑。因为钱少，伙食不好，每星期只有一两次加餐，有红烧肉等。有时家里给了钱就到街上买点肉，腌起来挂在床头；再买点鸡蛋，做蛋炒饭佐餐。镇边上有一个老太婆，她煮了牛奶鸡蛋卖给学生，她也可代学生炖鸡，草屋里放上几只桌椅，学生们就在那里吃。我有时也和几个同学到那里去饱餐一顿。从学校到镇上的宿舍，走的是乡间小路，两旁都是稻田，到了傍晚你可以看见学生们三三两两在田间散步，夕阳西下，映着远处的苍山、洱海，鸡犬相闻，真好像置身于世外桃源。

学校里没有电灯，起先晚上在礼堂里点一盏大气灯，学生可到那里自习。后来物理系的教授用卡车发动机发电，各实验楼里都装上了电灯。可是宿舍里没有电灯，每人点一盏菜油灯，功课多或要考试的时候，只好在油灯下挑灯夜读。

我家在大理，星期六吃过午饭，我就走路回家，要走4个小时，傍晚才能到家。只能住一晚，第二天即星期天下午又要走回学校。后来知道可以租马来骑，但是比较贵不能经常骑马，还是走路的时间多。我常常请同学到我家去玩，妈妈做了许多菜招待他们。和同学们一起走路或骑马，一路说说笑笑也不觉得累。

在我大学二年级的时候，因为大理的盐里缺碘，妹妹和弟弟年纪小，甲状腺开始肿胀，而且外婆在上海生病，母亲决定带弟弟、妹妹到上海去，父亲和我留在大理。他们是经越南海防到香港然后到上海的，本想去一段时间就回来的，但是正好遇到珍珠港事件，太平洋战争爆发，他们就回不来了，我们家分居两地。父亲本来有胃病，母亲走了，他的饮食无人照顾得了胃溃疡大出血。幸亏有一位江苏来的钟医生及时给他治疗，才得以脱险。我在学校得知他生病的消息，赶紧连夜走回家。一个人走黑路，因为心里着急，倒也不觉得害怕。

走时太急来不及请假，教务主任是个洋人，他很生气，说我不请假不守纪律，晚上一个人出去，要以开除处分。后来还是校长替我说情，才免予处分。记得那天我到大理正好遇见韦宝谔，他是校长的儿子，一定是他跟校长讲的。那个洋人教务长叫什么名字记不得了，因为他的脸很红，他对学生很凶，大家叫他"红萝卜头"。

父亲病了没人照顾，我只好请假在家侍候，请了两个月假，父亲才慢慢好起来。我回到学校，功课赶不上，很辛苦。校长对我说我年纪太小，以后毕业出去工作也不方便，不如慢慢念，在校多念一年，把基础打好。开始我在化学系，因为母亲希望我学医。但是我的生物学念得好，老师也喜欢我，而我的数学念得不好，因此生物系的老师劝我转到生物系。我退掉了有机化学和物理两门课，留待明年再念，我感到轻松多了。多念一年很有好处，我可以有时间选修中国文学和英国文学，这些课都是有学问的老师教的。还选修了中国历史和经济学等课。哲学在华中大学是必修课，由韦校长亲自教，他用英文讲课，我觉得很玄妙。

课外我还参加英文系同学演戏，我演一个小孩子，挺有意思的。

生物系有四五个老师，除陈教授外，还有吴醒夫老师、陈培生老师等。后来陈伯康教授走了，来了一位萧之的教授，他是哈佛大学博士，他的太太是美籍犹太人。学生很少，最多时也不过七八人。老师们教课都很严格认真，尤其是吴、陈两位年轻老师，还有化学系的两位讲师，都是饱学而认真教学的老师。我的解剖学、发生学、组织学、遗传学、分析化学、有机化学等课都是跟他们学的。到了四年级，生物系只有我一个学生。虽然只有一个学生，老师还是照样上课。我的毕业论文是萧教授带的，做的是云南各民族血型的比较。我到各地取各个少数民族的血样，东到呈贡，西到丽江去了许多地方。

我们是1943年的春节到丽江去的，一行5个人，有萧先生、萧太太、我，还有两个同学，其中有一个是剑川人，他做我们的向导。我们是骑马去的，从喜洲到丽江走了5天。一路上朝行夜宿，晚上睡在马店里。人和马都住在一起，一个房间拴马，隔壁一间铺上几个草垫，各人把带来的被褥铺在草垫上就是床了。因为走累了也睡得很香。店主人把马喂饱了，弄点饭菜给我们吃。记得饭和鸡肉都特别硬，咬不动，可是没有别的东西可吃，只好胡乱吃一点。经过邓川、洱源、剑川，这一带是白族聚居地，白族妇女爱唱歌，一路上看到那里的风土人情，听着美妙的歌声，很有意思。到了剑川，住在那位同学家里，他们家房子很大，是当地财主。主人做了许多好菜招待我们，晚上月明天清，主客谈笑风生，一扫多日的疲劳。快到丽江就看见玉龙雪山了，白雪皑皑的山顶覆盖着浓绿的山，满山遍野的杜鹃花，鲜艳夺目，美不胜收，我们好像到了仙境一般。即使是一路抱怨的萧太太也惊叹如此美景不虚此行了。

丽江是一个古老的城，街道、房屋很有特色。这里是纳西族聚居的地方。他们是妇女当家，只见满街做买卖的、干活的都是妇女，连赶马帮的也是妇女，不知男人到哪儿去了，也许在家带孩子吧！萧先生带我找到了洛克博士（Dr. Rock），他是美国人，在云南西部多年，为美国《国家地理》杂志写文章，很有名气，当时住在丽江雪松村。他住在一个木屋里，摆设很简朴，门前有一条大狗，很凶。主人出来叫住，我们才得以进屋。经洛克博士的帮助，我们调查了雪山南和雪山北两个村的居民的血型。这些村民曾受惠于洛克博士，和我们合作得很好。经统计总结，山北那个村的居民血型比例指数和青海的数据相近，而山南的则和白族相近。这与洛克博士从人文科学调查的结论，认为丽江北边居民是从青海迁移来的论点是吻合的。通过做论文，萧教授教我如何查资料、做试验、实地调查、数据分析、写总结等，学到许多东西。

学校里有许多基督教教徒，礼拜天要做礼拜，就在原来的大殿里，把佛像用布遮盖起来。我喜欢听他们唱歌，有时也去做礼拜，但是不信教。过圣诞节很好玩，他们表演耶稣诞生的故事，还唱圣诞节的歌，我也学会了一些歌。

有一次镇上流行霍乱，病死了很多人，街上哭声震天，非常悲惨。这是我在喜洲遇到的最可怕的一幕。幸亏我们学校的人因为讲卫生没人得病。校医教会学生打预防针，我们都到镇上和附近的村里去给人打预防针。

在华中大学和我交往较多的在一年级是熊爱莲，她和我一起念的课较多，她是物理系熊教授的女儿，她的学习成绩很好。我们常和同学们一起去骑马、爬山，有时许多同学一起到洱海去划船。二年级的时候来了黄小玲，我们常在一起学习和玩耍。常和我们一起出去玩的男同学有冯容保、宋文麟和韦宝谔。父亲辞去大理师范学校校长之职，搬到喜洲来休养，我住在家里很舒服。父亲对我很严格，不许随便交男朋友，有几个男同学找过我，父亲不同意我和他们交往，我也无所谓，也就作罢。后来父亲到昆明西南联大任教，1943年母亲和弟弟经过种种惊险和困难，从上海回到昆明，我在那年暑假也到昆明和他们团聚。1944年夏天我从大学毕业了，记得在毕业典礼上我代表毕业班同学讲了话。我就依依不舍地离开了我的母校华中大学，离开了风景优美的喜洲和大理。

战时在昆明

1944年我从华中大学毕业后,就到昆明,因为父母和弟弟都在昆明。父亲于1942年离开大理师范学校后就到在昆明的西南联大任教;母亲带弟弟离开上海,经过敌占区艰险的旅途于1943年到达昆明。因为路上很危险,母亲把妹妹留在上海了。到了昆明,家人团聚,非常高兴。我已经大学毕业了,必须找一份工作。那时候找工作还是比较困难的,有种说法叫"毕业即失业"。我想到研究所工作,我父亲的同事联大的一位教授给我写了一封介绍信给清华植物研究所①的汤佩松教授,让我去试试。植物研究所在郊外,离昆明市区挺远的,走了很多路才到那里。见到汤教授,他看了介绍信说:"我也很想添一个助手,你的条件也很好,但是我没有经费,请不起人,实在很抱歉。"我很失望,不过觉得也是意料之中的。那里有好几位年轻助教和我挺谈得来的,大家一起说说笑笑很高兴,他们也觉得我不能去很惋惜。后来又碰了两次钉子。正好母亲应邀到东方语文专科学校教书,她原来教书的昆华女子师范学校的位子就空出来了,校长就请我到该校教课。同时昆虫研究所②的友人也来告诉我可以到那里去工作,但是他说那位当所长的教授非常厉害,在所里好像天天"放警报",因此没有人愿意去。他劝我还不如到昆华女师教书会快活些,我就去教书了。

昆华女师在九华山边上的华山东路,为双塔寺原址。我初为人师,不

---

① 应为清华大学农业研究所植物生理组,汤佩松为组主任。编者注
② 疑指清华大学农业研究所虫害组,刘崇乐为组主任。编者注

免紧张，各方面都要谨慎一些，不能像做学生那样随便。我教的是初中英语和化学。初中女孩子很听话，也好教。我还当班主任，组织演讲比赛、英语比赛，我们班都得第一名。那时我家住在西南联大的家属宿舍，在二楼，房子很旧，窗子是用纸糊的。一间房，用芦苇、泥灰外面涂点石灰做成隔墙，隔成两间。里间为睡房，外间作为吃饭、办公、会客、看书之用。弟弟在联大附中读书，我和弟弟各住自己学校，只有父母两人在家住，不过我们经常回家。

昆明为大后方，外地来逃难的人特别多，异常繁华、热闹，真是商贾云集。最热闹处为正义路和金马碧鸡牌楼。北方迁来的由清华、北大、南开组成的西南联合大学，连同原有的云南大学，还有其他学术机构都在此处，因此也是有名的学者云集之地。父母亲有许多久不相见的朋友，都在昆明见面了，简陋的小屋里经常高朋满座。常来往的有联大训育主任查勉仲、教育系教授陈友松等。有一次李公朴的丈人张筱楼先生来看父亲，他白胡子很长，飘然若仙，给我的印象很深。

当时由于通货膨胀，月初拿的工资到月底就不值钱了，学校干脆发米票代工资。我家三个人工作，每月可拿到三张米票。最先必须把米票换成米，自己留一部分米吃，其余的米拿到市场上去卖掉，卖到钱才能过日子。因为生活困难，联大的教授夫人们都想些办法，贴补生活。有人在正义路开了一家店，卖工艺品给美国军人。那时作为盟国，有一些美国兵驻在昆明。教授夫人们就绣花拿到工艺店去卖给美国军人。她们日夜绣花真是很辛苦。我看见吴有训夫人、费孝通夫人等都在绣花。也有的夫人们做蛋糕、点心，开一家小店在街上卖。因为美军飞虎队帮我们防空，敌机不敢来轰炸了，起码比较安全。

西南联大借用原昆明师范学院校舍，另在后面空地上盖了许多平房，作为教室、实验室等,都非常简陋。陈桢教授就住在我们楼下,跟他联系后,业余我就去听他的课并做实验,以求提高自己。

我家虽然三个人工作,经济仍感拮据。昆女师隔壁有一所私立的中学,名叫求实中学。一天同事告诉我,求实中学正缺一位生物老师,你何不去任教,虽然这个学校很乱,但待遇不错。经他介绍我就去教了。教的是高中一年级的生物学。高一的学生有的看起来比我还大,班上纪律十分差。我说话他们根本不听,闹哄哄、乱七八糟的,说话的、递条子的,甚至有在后面玩游戏的。我不管他们就讲了一堂课。第二次去我提问,我问前排年小的学生:"动物和植物有什么区别?"几个小孩手举得很高,我叫一个孩子回答。他说:"动物会走路,植物不会走路呗!"这也不能说他错,但我讲了半天诸如光合作用之类都是白讲,真令人啼笑皆非!那些大的学生还嬉皮笑脸地学我说话,气得我要命。我不想教了,就去跟校长辞职。校长是一个抽鸦片的老头,他对我说:"你价(您的意思)教教嘛!你价教教嘛!"我头也不回地走了。

有一个国民党的王将军托查勉仲物色一位教英语的家庭教师。查勉仲来找我母亲,父亲叫我去。王将军乘吉普车亲自来接我。他家在一个旧式庭院里,走过几道门,到一小院,有假山竹子颇幽雅。我以为是教小孩,也没见小孩。他走进房间,有一个年轻女子在里面,打扮得很时髦。王将军对她说:"我给你请的英语教师来了,你来见见吧!"那女子娇声娇气地说:"谁要学英语,我不是跟你说我要学京戏吗?"我听了很不是滋味,心想这个女子不正派(实际上是王的小老婆),想早些脱身。王将军出来再三说对不起,叫他的副官送我回家。我总算也见识到了国民党高级将领私生活的一个侧面。

父亲应教育部之聘,任东方语文专科学校校长,但仍兼任联大教授。

东方语专在呈贡，要坐汽车去。那里有一幢别墅，房子比较好，作为教职员的宿舍。父母有一间房，我常于周末去住。学校靠近滇池，环境优美。那个学校教职员之间矛盾很大，财务混乱，父亲处理那些事情很头痛（幸亏纪珂帮了许多忙，把账目理清楚）。他来往于昆明与呈贡之间太累了，胃溃疡发作，很严重。后来还是我在华中大学的一位老师请教会帮忙，送进医院治好了。父亲身体虚弱，消化不良，但是买不到牛奶。后来找到金马碧鸡牌楼后面的一条街上，有美军剩余物品出售，其中有大罐的奶粉、奶油、果酱，还有肉罐头等。我们很高兴地买了很多回来。

日本投降了，抗战胜利了！我们欣喜若狂。大家都跑到街上去庆祝，挥舞着旗，敲锣打鼓，又跳又叫的。父母都由衷地欣喜，父亲写给我们看杜甫的诗："剑外忽传收蓟北，初闻涕泪满衣裳，却看妻子愁何在，漫卷诗书喜欲狂。白日放歌须纵酒，青春作伴好还乡，即从巴峡穿巫峡，便下襄阳向洛阳。"这首诗正好体现了我们当时的心情。

父亲到重庆开会，以前在苏州熟识的一位姚姐姐来看他，问起我是否有男朋友。父亲说还没有。她说她丈夫的弟弟非常优秀，经常考第一名的，今年大学毕业了。她想给我介绍做朋友，父亲同意了。因为在昆明虽然有一些男生找我，但没有合适的。而且昆明风气不好，有的男孩追女孩不择手段，女孩不愿意，他就缠着不放，特别烦人。姚姐姐的外弟名叫杨纪珂，他给我写信，后来我们就通信了。有一天我家请客，我正在做菜，一个年轻人走上楼梯。我见过他的照片，知道他就是杨纪珂，见面有点不好意思。我忙于做菜，又来了许多客人，那天没跟他多说话，好像就打了一个招呼。他帮父亲招待客人，我看他谈吐不错，对他印象很好。他作了一首诗给父亲看，父亲很赞赏，安排他住在联大师院宿舍，和沈从文同房间。此后我们常在一起，有时一起出去玩。我们于1945年中秋节在昆明订婚。

重返哥伦布斯[①]

一直很想回到美国俄亥俄州哥伦布斯城去看一下，离开那里快半个世纪了，不知有多大变化。纪珂盖的房子还在不在？我们开饭店的地方还是饭店吗？学校还是那个样子吗？这次到美国探亲，一定要去看看。我跟女儿们说了，她们都很兴奋。啊！哥伦布斯，那是我们结婚的地方，是两个女儿出生的地方，是我们艰苦奋斗的地方，也是有着美好生活回忆的地方！周美负责筹划行程，订飞机票，租车，订旅馆。在 2001 年 5 月下旬的一个周末，一大清早，天还没有亮，我们一行四人，纪珂、我、周美、周亚，乘了一架小飞机，从周美住的城市巴尔的摩飞往哥伦布斯。晴空万里，天空是那样的蓝，云像棉花糖一样，又白、又松、又软。云在我们的周围，在我们的下面，我们飞在云海里。一路上勾起了我无尽的回忆。

那是 1948 年夏天，我乘火车离开杜克大学的所在地 Durham 到了哥伦布斯，纪珂在车站接我。我们乘了一辆出租车到他的住处。我们正在热恋之中，我是准备去和他结婚的。那个出租汽车司机看出什么了，说："你们是在度蜜月吧！"我们感到非常幸福。但是结婚首先要有房子呀！我们想去租一间房子，不能太贵，因为我们没有钱。两人使劲地看报纸，看到有合适的房子就去问，跑了好多家，一看我们是中国人，就说已经租出去了。最后一家特别让我们生气，一个房东老太婆对我们说："听说你们中国人爱吃老鼠，要租我的房子可不能吃老鼠啊！"这样污辱中国人，我们

[①] 此文曾发表于《中国统一战线》2003 年 10 期。

气得再也不想租他们的房子了。纪珂的同学中有一位美国人，是二战复员军人，他告诉纪珂，他父亲是农民，如果不是政府让复员军人免费上大学，他是没钱上大学的。他已有妻儿，住在一个拖车里，我们去参观了他的家，真的不错。这种拖车，是有钱人出去旅行用的，里面床、桌椅、煤气灶，一应俱全，这就给我们解决了问题。我们把各人的存款拿出来，凑了600元买了一辆旧拖车，租借了一块停车的地，记得是每月租金10元。我们定于6月10日结婚。打听到公证结婚很方便，我们便跑到市内最高的楼上，那里有一个公证处，可以办结婚登记公证。公证人还替我们举行了仪式，因为我们没有带证人，就请了那里的两位女秘书给我们做证人。纪珂到附近的商店买了两个便宜的戒指，交换了戒指，各人签了名，仪式告成。我们欢欢喜喜地拿着结婚证书，回到我们的新居拖车去了。纪珂的同学们都来贺喜，我们自己做了一个大蛋糕，请他们吃。

暑期我选了三门课，其中有一门生物统计，一门昆虫学。纪珂没有选课，晚上到一家中国饭店去打工；白天经他的同学 George Mock 的介绍去做木工，在烈日之下帮人家盖房子，真是非常辛苦。住在拖车里，夏天也是非常热，但是我们的小日子过得很快乐。昆虫学这门课的老师要求捉各种昆虫做成标本，越多越好。纪珂帮我捉昆虫，兴致特别高，尤其喜欢捉蝴蝶。到学期结束评分时，我的昆虫标本数全班第二；第一名是位生物老师，他有许多学生帮他捉虫，所以更多。生物统计要做许多练习，用一个手摇计算机，我算得太慢。纪珂不耐烦看我算，就来帮忙，后来他倒成了统计学专家了，这是后话。我们在拖车里住了两三年，连续生了周美、周亚两个孩子，那时生活的确是很艰苦。纪珂原是靠国民党政府的公费留学的；国民党垮了，公费没有了，只好靠打工维持生活。

有了两个孩子，住拖车实在太挤了，纪珂学会了盖房子，就自己盖了一幢房子。因他在中国饭馆打工，我们就想，自己来开一家饭店吧！正好邻近有一家饭店出让，我们就盘了下来，开起饭店来。真是忙得不亦乐乎，又要上学，又要照顾孩子，还要照顾饭店，经常忙到夜里两点钟，我们还在算账。起先生意还不错，由纪珂掌勺，我做服务员兼收钱。到周末生意好时，忙得手忙脚乱，招架不过来。原来开饭店并不简单，要进货、摘菜、洗菜、切菜、炒菜、做饭，还要服务、洗碗、打扫饭厅、收钱、算账，两个人忙得团团转。开始我们两人自己干，后来请了一个黑人来帮忙。哪知不好，请了那个黑人以后，我们的饭店就门庭冷落，无人问津了。这才了解到美国种族歧视之深。后来虽然辞退了那个黑人，但我们的饭店已是一蹶不振了。正好那时因抗美援朝，美国政府不准中国学生回国，但是准许我们就业了。我们两人都找到了工作，就把饭店盘掉了。因为急于脱手，不免赔本。

1949年新中国成立了，我们海外学子闻讯无不欢欣鼓舞。我们加入了留美科协，这是一个进步组织，华罗庚先生是带头人之一。它号召留美学人、学生回国参加新中国建设。记得当时留美科协的同学们，经常集会学习毛泽东著作，传达并讨论国内的情况。有一些同学回国了，我们收到国内亲友的信也劝我们早日回国。可是当时我们一个孩子不满周岁，而我又怀孕了，行动不便。周亚是1950年6月27日出生的。记得我刚分娩完毕，纪珂来看我，他说："打起来了！"抗美援朝开始了！不久报载钱学森等回国被扣留。美国政府通告，中国学生不许回国；如提出回国申请，就要罚款一万美元或者拘留。后来听说有同学申请回国被关起来了。我们十分气愤，但也只好留下来。留美科协也被迫解散了。

为了维持一家四口人的生活，由于美国政府不准中国留学生就业，

杨纪珂自述
The Autobiography of Yang Jike

2001年重返美国俄亥俄州立大学

我们度过了一段艰苦的日子。直到1951年美国政府才准许中国学生就业。

我们有了工作,生活逐渐好转,记得那几年生活还是很优裕、美好的。我们搬到较好的住宅区,买了新房子、新汽车;周美、周亚健康成长,活泼可爱;邻居们也很友好。我们还留了一些照片,记录了当年的生活情况。

飞机到达哥伦布斯还只是早晨7点钟,刚下过一阵雨,地是湿的。带着她们小时候的照片,我们一起去寻旧。我们租了一辆汽车,由周美驾驶,纪珂看着地图指路。我们先到俄亥俄州立大学校园。有一张旧照片,那是1954年照的,她们在一块大草地边上骑车。我们找到了那块草地,周围的教学楼依旧,但树都长得又高又大了。她们找到当年照相的地方,又照了一张相。当年她们只有四五岁,现在已经年过半百了。我们又找到了纪珂当年住过的宿舍的地方,那时是二战后盖的简易房,现在盖了一幢漂亮的大楼。还找到了我当年上学的植物学和动物学大楼,还是老样子。找到了周美、周亚出生的医院,以前只是一个小医院,现在扩大多了。有趣的是,以前我曾在花房照过一张相,我们去找那花房,怎么也找不到,抬头一看原来花房盖到屋顶上去了。可能是为了充分利用地皮,在花房原地盖了五层楼的停车的车库,把花房盖到屋顶上去了。可惜纪珂以前上学的冶金学楼找不到了,大概是拆掉了。虽然过了四五十年,校园和附近的街道基本上还是原样,我和纪珂都能认得出来。我们找到了当年打工的饭店的地方,现在是一家墨西哥餐馆。经过仔细观察和回忆,又找到了当年我们开饭店的地方。"就是那个地方!"我们高兴地认出来了!现在还是一家中国饭店,名叫"中国村"。中午我们就在那里吃饭,告诉那里的人,50年前我们在这里开过饭店,那时我们是这里的老板。我们把50年前我们四人的照片给他们看,他们非常感兴趣,还帮我们照了相。

回到旅馆休息后,下午又出发继续寻旧,下午最大的收获是找到了纪珂自己动手盖的房子。那条街还很整洁,家家门前都种了花,但现在是黑人区。我们遇到一位黑人妇女,告知来意,她很热情,为我们在她家门前照了相。那一排房子维护得非常好,纪珂认出了其中一栋,因为有一些特征和其他房子不一样,他认定是他盖的房子,50年了居然还在!我们都非常兴奋。然后又找到了两栋以前住过的房子,有照片对照,还是那个样子,不过门前的树长得很高了。

第二天,我们在市内逛。很多楼还是原样,哥伦布斯发展不快,不过也建了不少新楼,市区面貌不错。我们以前在那里结婚的楼,现在不是最高的楼了,又建了许多高楼,比它高了!但那座楼有它古老的特色,我们想上去再看一下结婚的地方,看门的人说:"顶楼已经15年不开放了!"

出人意料的是，以前我们常去购物的名叫 Lazarus 的百货商店居然还在！依然是那幢旧楼。周美、周亚小时候，曾在这里和圣诞老人照相。我们就进去买了一些小东西留念。

在蒙蒙细雨中，我们离开了哥伦布斯。旧梦依稀，真令人感慨万千！记得我们是 1954 年离开哥伦布斯的。因为工作关系，我们搬到克利夫兰去住了 1 年。经过中国留美学生的艰苦斗争，中国政府的外交交涉，美国政府终于同意准许中国留学生回国。我们于 1955 年 11 月回到久别的祖国。那时周美 6 岁，周亚 5 岁。1956 年又生了周容。1978 年周美、周亚回到美国上学、定居。

回想当年离开美国时，我们的生活是很优裕的，有汽车、房子，可以带孩子到海边度假；孩子们无忧无虑、幸福、快乐。抱着报效祖国的赤子之心，回到祖国，风风雨雨 40 多年，经过反右、三年灾害、"文化大革命"，吃了不少苦。是否值得呢！看到今日祖国的繁荣昌盛，尤其是改革开放以来，祖国建设日新月异，人民生活水平大幅度提高，香港、澳门回归祖国，北京申奥成功，我们衷心喜悦。40 多年来，我们辛勤耕耘，能为祖国建设添砖加瓦，虽然吃了一点苦，也是无怨无悔啊！孩子们受到祖国的教育，能感到身为中国人而骄傲，也无悔当年带她们回国。

在我们 80 高龄时还能够携手同游旧地，真感到非常愉快，幸福！

中关村的日子

1955 年 11 月我们从美国回来，先到苏州看母亲，月底到北京，在招待所住了几个月，等待分配工作。正好是过新年和春节的时节，我们受到中央和地方各级领导的欢迎和接待，宴会、参观、观看各种演出，应接不暇。周总理在北京饭店设宴招待归国留学生，宴席后还和留学生们跳舞，大家挤上去争着和周总理跳舞，我们不会跳舞，只好在旁边观看。当时的统战部部长陈云和科学院院长郭沫若也设茶话会招待我们。参观、游览了许多地方，我们感到一切都很新奇，看到新中国建设日新月异，我们能回国参加建设，感到很兴奋。

随后有不少单位来联系，希望我们能去工作。请我去的有北京大学生物系、中国医学科学院、中国科学院等。北大生物系的书记来过好几次请我去。我很喜欢北京大学，校园优美，生物系有好几位前辈老教授学问渊博，他们也欢迎我去。但我的亲友告诉我，北大的领导很"左"，如搞起运动来你们吃不消，思想改造时，老教授们被整得够呛。医学科学院特别缺人，他们恳切地希望我去，我看那里条件也不错。因为纪珂已决定去中国科学院，两人在一起安家较方便；同时，亲友们也都劝我们到科学院，他们说那里的领导掌握政策好，保护科学家，现在虽是初创，但是经费充足，设备不会差。我和纪珂商量后，就向领导表示我们都愿意去中国科学院。看到这么多地方争取我们去工作，我很受感动，我的学识并不算太好，在美国要找一个满意的工作也不那么容易。新中国真是需要人才啊！经过多次参观、联系、商谈，我们被分配到中国科学院工作。我到实验生物研究所，纪珂到化工冶金研究所，地址在北京西郊中关村。

我们于1956年3月分别到两个研究所上班，把家安置在中关村职工宿舍。那时中关村科学院只有几幢实验楼，宿舍楼只有3栋。实验生物所和化冶所都暂借化学楼5楼，因而我和纪珂在同一栋楼上班。我家搬到中关村3号宿舍楼住，给我们两小套共四间房。我把母亲和姨母从苏州老家接来同住，以享天伦之乐。从家到实验室上班非常近，走几分钟就到了。

中关村当时正在大兴土木，兴建许多楼房，事前必须平整土地。母亲说看见窗外不远处工人在挖坟，把挖出来的骷髅放在一只只小木盒里等死者的亲属来领。她很害怕，晚上睡不着觉。据考证，中关村在清朝时为太监的坟地，原为荒郊。我们去时，周围建筑物还不多，只有西边的北京大学和北边的清华大学，过马路有几家小店，其余都是大片的农田。

回国时周美6岁、周亚5岁，都还不大会讲中国话。那时她们进了中关村科学院新办的幼儿园，在宿舍楼后面几间平房里。她们学会讲："老师早！""老师，我要添饭！"等简单的话。老师对她们很好，她们不爱吃豆腐，还特地给她们做炒鸡蛋。她们和小朋友们一起玩得很高兴。后来周美要上小学了，附近只有一所保福寺小学，那个学校原是乡村小学，房子很破旧，桌椅板凳也不够，要学生从家里带去。我们就发起到学生家长那里募捐一些钱置办些新桌椅，科学院很多家长都同意，乐意捐款。但后来科学院某个所的领导知道了，就出来干涉。他跟我们说："你们的好意可嘉，但我们不赞成这样做。"因此这事只好作罢。过了些时候科学院建了一所中关村小学，师资和设备都还不错，这才解决了科研人员子女的上学问题。

在国外时听说新中国成立后国内治安很好，路不拾遗。果真名不虚传，我在中关村一把伞丢了好几次，都又回来了。那把伞是从美国带回来的，式样比较特殊。一次我把伞丢在图书馆里了，第二天同事把伞拿给我说："汪先生，这把伞是你的吧！"又一次我把伞丢在医院里了，过两天又有人拿给我说："汪先生，这把伞是你的吧！"另一次丢在班车上，也有人送回来了，使我很感动。

我在国外主修遗传学，回国后听妹妹说西方的遗传学受批判，我也做过细胞学和生物化学方面的工作，因此只只说是学细胞学和生物化学的，所以分配在实验生物所工作。毛主席提出"百家争鸣,百花齐放"。1956年夏召开了遗传学讨论会,西方正统的遗传学开始受到重视,当时叫摩尔根派遗传学,此外苏联提倡的叫米丘林派遗传学。我跟同事施履吉先生讲了情况,他说你应当去做遗传学方面的工作,后来我就调到动物研究所跟陈桢先生一起研究金鱼的遗传。

1956年8月周容在海淀医院出生。有母亲和姨母照顾我坐月子,很舒服。我们还请了个保姆做些家务事。那时在中关村工作和生活都很安定。母亲在北京有许多亲戚、朋友,常来往,家里很热闹。孩子们健康成长,周容特别好玩,周美、周亚尤其喜欢这个小弟弟。周末我们经常带孩子们到颐和园等处去玩。后来因为要照顾妹妹安琳生孩子,母亲和姨母回南方去了,我们也从3号楼搬到了12号楼。12号楼靠近马路,我们住在4楼,望出去外面都是水稻田,颐和园的佛香阁和远处的西山以及山后的宝塔都看得很清楚,风景非常好。傍晚时分,下班回家,看到晚霞照着西山和颐和园,真是美极了。

中关村日益繁荣,房子越盖越多。化工冶金所的新楼,是纪珂设计的大样,因为纪珂在美国曾当过结构工程师。除了各研究所纷纷建起实验楼外,宿舍楼也盖了很多;马路两旁的商店也多起来了;又建了一个中关村医院,看病也方便了。

周美、周亚不适应国内的环境,经常生病:周美犯哮喘,老是治不好,看她喘得很厉害,我们心里很难受;周亚扁桃腺常发炎,不免使我们感到烦恼。1957年反右斗争,因在此之前"大鸣大放"时纪珂曾在《文汇报》上发表过文章,对科研体制提出意见,此时被视为"毒草"批判。周恩来总理说1955年以后回国的同志们,还没有足够的时间学习,他们是爱国而回来的,如果他们说了错话,应不予计较,因此纪珂才没有被划为右派。后来在"文化大革命"时才有人透露给我们：纪珂当时被划为"内定右派"，令人毛骨悚然。我曾参加过几次反右斗争大会，真是惊心动魄，非常野蛮。所谓批判全都是强词夺理，毫无说服力。在动物所也开过几次较小型的批判会。那个被划为右派的人低头站在那里，其他的人都必须发言批判他的所谓右派言论，如果不发言就是立场不稳。很多时候人们心里明白那人讲的没有错，但也必须找出种种理由狠狠地批判他。也有一些积极分子，气势汹汹地大声斥责这个可怜的"右派分子"。

虽然不习惯这种环境，很烦恼，但我的科研工作还比较顺利，发表了两篇文章。我做北京及附近地区的果蝇调查，到处去捉果蝇，还挺有兴趣的。我们买了一辆两个轮的小自行车给周美，她非常高兴，因为在美国5岁时她就已会骑车了。周亚喜欢唱歌跳舞，常到少年宫去参加活动。周容学说话、学走路很可爱。母亲走后，我们请了一个叫陈翠云的阿姨来带周容，她很负责，孩子照顾得很好，不用我太操心。我每天下班回家跟孩子们玩，很愉快。化冶所的食堂为科学家办小灶，伙食很不错，我们不用自己做饭。

我知道纪珂不太愉快，因为冶金工业部不支持他想做的氧气炼钢研究，而西方国家早已用上了这种先进的炼钢技术。我们到上海出差，他去开冶金的会议，会后各钢铁厂的厂长都围着他，对他提出的氧气炼钢非常感兴趣，可是冶金工业部那位外行的刘彬副部长却反对，坚持采用落后的侧吹转炉炼钢技术。沈阳金属所的所长李薰劝他第二天不要去开会了，免得生气，他就带我们到杭州去玩了。回国后还是第一次到杭州，新中国成立后杭州经过整修，比以前更美了。

纪珂还是很努力地工作，写了一些有关高炉炼铁的理论论文，设计了炼钢炉的炉型和氧气炼钢的喷嘴。直到1970年代我国才用上了氧气炼钢技术，他的一个在首钢工作的同学告诉他，第一台氧气炼钢的喷嘴还是他设计的，我国采用氧气炼钢整整推迟了10年！

1958年"大跃进"，大炼钢铁。我在动物所，晚上也去搞土法炼钢，炼不出来。同事们说："你的爱人在化冶所，一定知道土法炼钢的方法，快回去问他。"我回家问纪珂，他在床上睡大觉，说："你们都炼钢，我们没有饭吃了！"我们每天看到《人民日报》上的红字大标题：某地亩产几万斤，甚至几十万斤，真是全国都发疯了，不知谁骗谁。谁也不相信，但皇帝的新衣，没人敢讲。但毕竟还是有敢讲的人，不久就开展了对"右倾机会主义者"的批判。我所对三个人进行了批判，开了整整三天三夜的会。我还真佩服那三位同志，他们敢讲真话。后来知道这次是针对彭德怀，他讲了真话被软禁起来了。

1959年遗传所成立，动物所的遗传组合并到遗传所，正统遗传学的

1958年摄于动物研究所，右1为汪安琦

人成立一个室，我为室负责人。苏联科学院派了两位专家来和我们合作研究辐射遗传学，我被派去和他们合作。我们以猕猴作为研究材料，在云南昆明郊外山上花红洞建了一实验站，饲养了很多猴子，并且建了一个钴源，以便照射猴子。

我和苏联专家阿辛念尔娃、伯契洛夫于1960年到昆明进行研究工作。他们会讲英语，我们可用英语交谈。他们讲了苏联遗传学家受李森科迫害的情况，真是悲惨。李森科的伪科学影响了苏联以及中国遗传学的发展几十年，可谓科学史上的耻辱，也是独裁政治的恶果。他们也讲了苏联卫国战争的惨烈，阿辛念尔娃一家人都被打死了，只剩她和她的一个侄子。伯契洛夫同班同学共11人，战后活下来的只有2人。1960年正当我国受灾害，老百姓都没有吃的，不过还是尽力招待苏联专家，吃得还好。我们住在翠湖宾馆，每天开车上山工作。我们在昆明待了3个月，合作很愉快，我和阿辛念尔娃还一起发表了论文。

三年灾害，饿死了很多人。因为粮食短缺，营养不足，科学院很多人都犯水肿病。科学院每月发给每人两斤黄豆，发给科学家每人每月两罐罐头肉。我家当时有一个保姆叫刘玉娣，她跟楼下几家的保姆一起有办法到黑市买到鸡蛋，每个六毛钱，刘玉娣和周美、周亚在阳台上养了鸡和兔子，每天割草喂它们，还在楼下一小块空地上种了玉米；养金鱼的老金帮我到黑市买面包。纪珂那时写的诗里有"书斋种菜向阳绿，厨室栖鸡练骨轻"之句，盖写实也。那时候科学院为了特殊供应高价餐给科学家，办了所"福利楼"餐厅。有鱼、肉供应，但价格昂贵。为了全家人的健康，我们还经常去那里吃，把我们从美国带回来的钱都用光了，这样我们家人才免于水肿。

我看到国内很多杂志上发表的论文，数据没用数理统计方法处理，例如文章说亩产540斤比原来亩产510斤高出百分之多少。我想也许没有统计学意义。有的研究工作做了不少，最后在文章里列出一大堆数据，不加处理，也得不出正确的结论。我跟纪珂讨论此事，他也觉得很遗憾。我跟研究所的同志讲了，他们说看见国外杂志上发表的论文数据都经过处理，但他们不知道如何处理。我在俄亥俄州立大学学过生物统计，纪珂也一起学了。他们拿来很多数据，请我帮忙。因为纪珂数学比我好，也会数理统计，我就拿回家请纪珂帮他们算。他很热心帮忙，后来名气传出去，动物所内外凡是有数据需要处理的都来请他帮忙。后来各个所又请他去讲课，他也用心服务，越讲越好。北京市科协的生理学会和医学会都请他去讲，办了许多次讲座，北京市主治医师以上的医生都去听了他的课。他把我们在美国学的那本斯奈迪格写的教科书翻译出来，另外还写了一本应用数理统计的书，十分畅销，他就成了有名的统计专家了。那时他在化冶所的工作得不到重视，因此有时间干别的事。为什么当时国内没有人搞数理统计呢？因为李森科打倒遗传学的同时也把统计学打倒了。中国学苏联，没有人敢学，后来发现在研究工作中非常需要，幸而找到了纪珂，都来请他补课。

1961年因刘少奇提倡搞包产到户，粮食产量有所增加，国内形势好转。那年夏天科学院请我们到青岛休假，可惜不能带孩子去。海边风景优美，我们遇到很多老朋友，天天游泳，吃得也好，很高兴。科学院还组织科学家到广东休养，化冶所请纪珂去了。他在广东还写了一些诗。1962年纪珂调到生物物理所工作。他以果蝇和蝴蝶为材料，进行生物数学和数量遗传方面的研究。我自从和苏联专家合作后，就做辐射遗传方面的研究工作，有些成绩，发表了一系列的文章，开学术会议时，获得好评。那几年暑假我们常到青岛或大连休假。母亲和姨母住在苏州，我也常回去探望她们。

周容要上幼儿园了，但没有名额不能上。我出差了，保姆也走了，纪珂只好在家带周容，不能上班，所里急了才把周容送进幼儿园。后来请了刘玉娣，她送周容上幼儿园。路上见到大树，周容问："这树几岁了？"刘玉娣哄他说："一百岁了。"周容说："那为什么不长得碰天啊！"那时周容3岁。我出差回来，我们一家到颐和园去玩，纪珂告诉我周容可以分辨出松树和柏树了。我试他一下，果真说得一点都不错。我惊喜地抱起他说："小宝贝，真聪明。"周美、周亚在中关村小学学习成绩都很好，都当少先队员了，周亚还当了中队长。

他们的乒乓球都打得很好，和他们的堂哥杨周道一起被称为"杨家将"。周美在协和医院治喘病。那里有一个变态反应科，试出周美对两种霉菌过敏，医生为她配制了脱敏药，坚持了两年半的脱敏治疗，居然把喘病治好了。暑假，楼里的孩子们组织各种活动，把各家的书放在一起组成一个小图书馆，小朋友们可以看的书就多了。周容最喜欢到动物园玩，每年跟爸爸在动物标本（一般是老虎标本）前照相留念。我们还带他们到天象馆、自然博物馆去，可以增加知识。

那几年生活还是比较艰苦，粮食定量，每家发一粮本。例如我每月定量为28.5斤，其中有6斤大米、20斤面粉，其余为粗粮，粗粮是玉米面。孩子们的定量根据年龄而定。每月到指定的粮店领粮票，票面写着米或面。一般每月供应的米很不好吃，只有过年过节才有好大米卖，大家都去排队抢购。面粉也是到过年过节才有富强粉卖。不过拿粗粮票可到饭店买米饭、面食，到店铺买馒头、油饼、面包、糕点等。每人每月只有半斤食油，每户有一购物本，凭本每月可买几两麻酱和一些粉条。此外，布也是定量的，每人每年一丈二尺。我们的孩子正在成长，做衣服很困难。幸好有时能买到化纤衣服,不要布票。但他们还经常穿打补丁的裤子。过春节时可以拿购物本买些糖果、花生,孩子们特别高兴。后来可以买到高价油,刘玉娣炸了许多排叉放在一个用洋油箱做的大筒里,孩子们吃得非常痛快。平时他们很少有零食吃。商品短缺,手表、自行车、衣橱等稍大件的东西都要票,而发的票又很少。单位里一个组每月有一张票,大家来抽签,谁抽到给谁。后来改为购物券,根据工资数发,要积很长时间才能买一样东西。北京冬天蔬菜很少,只有大白菜和萝卜。秋末大白菜上市,每家都买几百斤储存,要吃一个冬天。没有地方储存白菜,楼梯过道里都放了白菜。有时也买一点黄瓜、西红柿,价格非常贵,因为是温室里种的。

1964年夏,周容放暑假,我带他和他的表哥泽青到苏州探望母亲和姨母,那时周容8岁,上中关村小学,周美上101中学,周亚上北大附中。那几年苏州基本上和我小时候的情况差不多,不过从火车站到南门桥修了马路叫人民路,可通公共汽车。观前街开阔了也修了马路,商店门面都很漂亮,市内新的建筑物很多。我家盘门一带还是很清静的。园子里仍种着花树和菜,但很乱,房子也挺旧了,不过还宽敞,空气好,老人住在这里比较舒服。母亲看到我和两个孙子特别高兴,做了许多好吃的。两个孩子在园子里跑,玩得很来劲。苏州的园林修整得很好,我们去玩了很多地方,还吃到我爱吃的苏州小吃如臭豆腐、蟹壳黄、小豆腐干等。不过苏州夏天太热了,在北方待惯了回去不习惯了。

我们掌握了用培养外周血白细胞制作染色体的方法,染色体可以散开,看得非常清晰,比以前和苏联专家合作用的压的方法先进多了。我想进一步用新的方法去研究猕猴辐射遗传。因为是体外培养,也可以研究人的染色体了,可以比较人和猕猴的差异。昆明的实验站已成立为昆明动物研究所,我们商定和昆明动物所合作。1964年冬,我带了我的助手周宪庭到昆明。昆明所派了两位同志陈宜峰、罗丽华跟我们一起工作。昆明所在山上，条件很差。培养用的血浆必须到山下去取，要自己用豆做凝集素。我们还自己做了一个紫外线消毒箱。猴血很难培养，费了很大工夫才把猴子的染色体做出来，在山上工作了3个月才完成。结果说明，猕猴和人的辐射效应非常接近，而兔子则差得很远。这项工作达到了国际水平，因为国外还没有人能做出猴的外周血染色体，并证明猴与人的辐射效应相近。我在华中大学的老师陈伯康先生在桂林的广西师范大学任教，他邀请我从昆明回去时到桂林讲学。1965年春，昆明的工作结束，我就到桂林，见到久别的老师很高兴。我跟广西师大生物系的师生们讲了辐射遗传新进展，受到他们的热情接待，并游览了桂林山水。我还是抗战时期15岁时到过桂林，这次旧地重游，真是感慨万千。回到家里，大家都非常高兴。孩子们成长很快，我因工作忙，又要出差，对他们关心太少，幸亏我出差时纪珂在家，还有刘玉娣把家照顾得很好。

那时已开展农村"四清"运动，我参加第二批，到安徽省霍邱县。路上先经六安县，那里条件还比较好。第一批去的同志们已在那里干过一段时间，和老乡们关系很好，同志们是回所过了春节又来的。我们到时春节已过了一些时候，老乡们非常热情，拿出腊肉、腊鹅等招待我们，原来他们过春节都舍不得吃，一直留着等我们来吃，使我们非常感动。

后来我们就到了霍邱。那个地方真是很穷，住的都是土房子，老百姓穿得也很破旧。镇上满街都是泥，很脏。吃饭没有椅子，人们蹲在那里吃饭。我们住在镇政府，一间房里放两张竹榻、一张小桌子。我们开始工作，首先是查明各村各户的成分。我们走访了几个村子。原来新中国成立前此地为土匪出没之处，新中国成立前村里的人家不是当过土匪，就是被土匪抢过。我们去参观了一所农业学校，教室还较整洁。但看起来师资不足,不过有几个老师还挺不错的。师生住的地方实在太差,好几个学生住在一间水泥地的房间里,没有床,打地铺,每人占一小块地方,各人的所有物都放在自己的地铺上。我看房间挺潮湿的,被子也挺脏,就和同志们说:"这个地方办农业学校很好,政府应该重视,多给点钱,改善些条件,我们回去应该反映一下情况。"晚上"四清"队员开会,队长说:"我们搞'四清',主要是抓阶级斗争,同志们千万不要把方向搞错了。"我知道这是针对我白天说的应改善农校条件的话,没有点名批评就算好了。我因为生病后来就提早回所了。

纪珂在生物物理所,以蝴蝶为研究材料,他还带了一个助手到海南岛去捉蝴蝶,倒是挺自在的。不过他的工作得不到所里重视,感到没趣。华罗庚在中国科技大学办了一个统筹方法研究室,他很器重纪珂,亲自三次到我家来看纪珂,邀请他到科大统筹研究室工作。当时科学院的人一般都不愿到科大去,我劝纪珂不要去,在科学院挺好的。1966年春天我到苏州探亲,回来时他已调到科大去了。

"文化大革命",十年浩劫,我家和全国千万家人家一样遭受劫难,最大的损失是我失去了我亲爱的弟弟安球。他留苏回国,几年来工作很有成绩,被认为是地理所最有前途的年轻人。他经受不住批斗,被迫害而死,年仅39岁。

纪珂到科大不久,开始人家不注意他,师生大串联时他还带了周容到西双版纳去捉蝴蝶。后来被隔离审查,关在学校里1年多。周美、周亚也和别的学生一样出去串联,周美到延安等地,周亚只到了上海。我还算运气好没有被关起来,但也挨了大字报和开会批判。那时小学也不上课,周容只有10岁,我们都出去了,他一人在家。他学会了自己做饭,他说烧煳了只要插根葱就没有煳味了。

整天搞运动，一切工作都停了，但你必须到单位去。铺天盖地都是大字报，不是挨批斗，就是批斗别人。党委书记以下的领导班子都被打倒了，他们被称为"走资本主义道路的当权派"，首当其冲地被揪出来，其他还揪出"反革命分子"、"特务"、"右派"、"反动学术权威"等一大串人。每揪出一个人就把他戴上高帽子，画花脸，一大堆人跟在后面，一面高声叫"打倒某某人！"一面敲锣打鼓，还要开大会批斗他们。我和一个留苏的党员研究员在楼上，看着一个个人被揪出来，真是胆战心惊，他说"下一个可能就是我了"，我说"也可能是我"。还好没有揪我们。批斗会非常野蛮，拳打脚踢的，有时还用铁棍打被斗的人。纪珂在唐山交大的老同学姚桐斌，人品学问都是非常好的，在七机部担任重要工作，听说被人打死了，纪珂听了非常震惊。

初期的暴风雨过后，日子比较平静一些，我们被派到农场劳动。农场工人对我们很关心，把最好的农具给我们用，还教我们怎样种地，使我们很感动。我们的工作被批判，说是资产阶级的、脱离实际的，叫我们做有用的东西。我们就去做糖化饲料喂猪，用黑曲霉将秸秆发酵。做出来的糖化的秸秆有香甜味，猪很爱吃，我们就跑遍北京郊区各农场去做糖化饲料。

那时知识青年都要下乡插队接受再教育，周美、周亚到内蒙古阿荣旗插队。纪珂被关在科大隔离审查，周美、周亚要下乡了，学校特许纪珂放假一天，让他出校门和家人团聚。我们一家人好不容易在一起，就到学校附近永定路的一家饭馆一起吃了饭，并到照相馆去照了一张相。这张照片一直保留到现在，每人都手拿毛主席语录，胸前戴着毛主席像章。

第二天周美、周亚就下乡去了，家里只剩我和周容两人。我去上班了,晚上回家,周容笑嘻嘻地拿出一盘烙饼。饼做得特别好,我说:"你什么时候学会做烙饼的啊!"他不说话,后来还是讲出来了,原来是一个小朋友来做的。他们在一起玩,周容说:"我姐姐下乡了,我不会做饭怎么办?"有一个小朋友说:"我会做烙饼,我来帮你做吧!"他就来做了烙饼。还吃了个饱。晚上来了一个中年的女同志,她问是不是她的孩子陈某某今天到我家来过,周容说他是来过,还帮我们做了烙饼。她说那他一定吃了很多吧!他可能两天没吃饭了!她说她的孩子已经几天没回家了,因为工宣队要叫他进学习班,他不愿意去,到处躲,他的妈妈也找不着他。

过了两天,家里没有面粉了,我把十斤粮票和十元钞票放在抽屉里并把抽屉锁好,把钥匙交给周容和门钥匙一起挂在脖子上。晚上回家我问周容面粉买来了吗?他哭丧着脸,不说话。一会他去把吴文林叫来,文林是他最好的朋友。文林说:"叫你妈妈一起去吧!"原来事情是这样,周容和小朋友们一起打羽毛球,后来又来了一个小朋友,少了一个拍子。周容说:"我家有羽毛球拍子。"就是那天做烙饼的那个小朋友说:"你把钥匙给我,我帮你上楼去拿。"周容就把钥匙给了那个小孩,去把羽毛球拍子拿下来了。后来周容想起要去买面粉,打开抽屉一看,粮票没了,钱也没了。他急了,心想那个小孩拿过他的钥匙,一定是他偷的。他就去找文林,一起去找那个小孩。别的小孩说:"那孩子已被工宣队抓到学习班上去了。"他们就跑到学习班去,一个工人师傅对他们说:"叫你们的家长来!"晚上我就和周容、文林一起到了学习班。工人师傅还把我教训了一番。他说:"谁叫你让你的孩子和坏孩子一起玩,以后可要注意了。不然,你的孩子也要带坏了。"说完他就叫那个孩子出来,对他说:"粮票呢?钱呢?"那孩子就从口袋里把粮票和钱拿出来了。

周美、周亚在内蒙古插队很艰苦。那里地广人稀,平均一个人种 20

亩地，广种薄收，主要种玉米和大豆，吃的粮食也主要是玉米。冬天非常冷，不过没什么农活，她们可以回家过冬。她们在内蒙古住的地方跳蚤很多，身上被咬得都是包。虽然吃粗粮，但两人都长得挺胖。周亚干农活很能干，工分评得很高。一人种 20 亩地，很累，尤其是夏天，因为东北纬度高，白天很长。内蒙古工分值比南方高，一个分可得两块多钱。她们回家时把钱带回来，我叫她们拿到银行去存起来。她们拿了一叠旧钞票到银行，告知是插队挣工分挣来的，大家都说她们真能干，插队还挣了那么多钱。在内蒙古农村没什么娱乐，连广播都听不到。她们带了一个半导体收音机去，可以收到北京的广播，很珍爱，但是后来被人偷走了。

纪珂在科大被关了 1 年多后放出来了，我们都非常高兴。但不久由于林彪的"一号命令"各个大学都要搬出北京，科大要搬到安徽。因为周容交往的小孩有的不大好，我又照顾不过来，纪珂就决定带周容到安徽去。

我被派到北京郊区南皋蹲点，因为大多数人都去"五七干校"而我没有去，大家都有意见。造反派第二号人物肖某似乎处处照顾着我，他说我家有小孩没人照管，就不要去"五七干校"了吧！其实去的人很多都有小孩。后来知道当初有人要揪我出来也是他给挡住的。原来"文革"前他当篮球队长，我当工会主席，我经常帮篮球队说话，因此他对我有好感。

在南皋，我们住在老乡家里，在大队食堂开饭，吃的还比较好。每天下地和老乡们一起劳动，他们很耐心地教我们种地。我负责做糖化饲料，因为菌种不好，天气又冷，秸秆发酵不起来。我用土办法培养菌种，最后总算做成了糖化饲料，老乡们非常高兴。他们对我特别好，还做好吃的给我吃。后来所里要来外宾，需要英文翻译就把我叫回去了。

因纪珂跟科大到安徽去了，周美、周亚下乡，家里人少了，造反派的人说我家房子太多了，就叫两家人家搬进来住，每家住一间房间。一套房子住了三家人家，很挤，但很热闹。门口那家姓周，有四口人，夫妇两人带两个男孩，男的叫周启煌，女的叫吴仪芳，大的孩子名周军，小的名周武。四个人住十平方米的房间，他们很有办法，放一张双层的床，上铺周军睡，下铺加一块板，两个大人带一个孩子睡。白天把板拿掉，放一张折叠桌，吃饭、小孩做功课都行了。里面一家姓鄢，夫妇两人带一个女孩。周家很宠小儿子小武，尤其是妈妈。周武两岁，很淘气。当时周美有一个朋友经常送蛋糕给周美，周美也常给小武吃。有一天，那朋友送了一块奶油给周美，放在窗台上。她想吃的时候找不到那奶油了。那边小武不停地拉肚子，原来他把奶油吃了，他还以为是蛋糕呢！他们的爸爸对小军很严，经常打他；因为有妈妈护着，不敢打小武。有一天，吴仪芳不在家，小武淘气，老周大为光火，就打小武屁股，正打得来劲，妈妈回来了，她就大叫："你怎么可以打我的儿子呀！"里面那家女的姓马，是回民，不吃猪肉。她不能闻猪油味，所以都由丈夫到厨房烧饭。他家焖的牛、羊肉特别香。他们的女孩很乖，名叫鄢雅薇，笔画多，小孩学写名字很费劲。

我母亲和姨母在苏州，周美、周亚冬天农闲时，有时去看望她们，住些时候。母亲教她们些英文，并复习功课，"文革"期间学生都不学习，学业都荒废了。刘玉娣说她们家乡吃得好，叫周美、周亚去看看，如果好的话，可以调到无锡去，她们就到无锡乡下刘玉娣家去玩。南方农村，生活条件较好，但劳动强度大，要用肩挑，工分值也低，每一分只有七角钱。她们觉得还不如内蒙古，冬天很长，可以回家，所以开春后她们还是回到阿荣旗去了。

我的妹妹安琳在南京林学院工作，妹夫万元康在南京工学院工作，家住南京。我到苏州探亲，顺路到南京看望他们。"文革"期间，他们下放劳动吃了不少苦。他们有三个儿子，最小的出生后没人照顾，只好送到苏州，由母亲和姨母两位老人照顾。我去时小儿子已3岁，已回南京上幼儿园。他叫万劲，我们叫他小劲。那天他从幼儿园回来，我问他："幼儿园好玩吗？"他说："好玩。"我问幼儿园为什么好玩，他说："幼儿园妹妹多啊！"逗得我们都大笑，他真可爱。我买了一副六面画积木送给他，他特别喜欢。

科大迁到安徽，先说要到安庆。纪珂说如果打仗，不如全家都搬到安庆去，可以团聚，也安全，就叫周美、周亚先去找房子。她们两人到了安庆，冬天十分寒冷，冻得要命，经过千辛万苦，好不容易找到一处房子。但是后来科大又不到安庆去了，我们的计划也就落空了。

科大先到铜陵，他们师生到厂矿劳动，周容就在那里上学。后来科大搬到合肥，因为在那里上学不方便，周容就回到北京来了，还是回北大附中原班。因为安徽省挽留，又给以好的条件，科大就留在安徽合肥，没有搬回北京，我和纪珂只好分居两地了。后来科大照顾子女，可以把在农村插队的孩子调一个到身边来。先叫周美到合肥，可是她不适应那里的气候条件，哮喘病又犯了。所以就把周亚调到合肥陪纪珂。后来，北京郊区的中学缺老师，因为那几年没有大学毕业生，就从插队的高中生中招一些回来当老师，周美被招回来分配到西山后面的温泉二中教英文。周亚在科大当了半年炊事员，业余纪珂帮她补习功课，教她数学。1973年大学招工农兵学员，周亚考上了合肥工业大学。周美则一直在北京教书。周容高中毕业后到北京郊区昌平插队。这样我们家分成两处，纪珂和周亚在合肥，我和周美、周容在北京。

1972年周亚调到科大前，纪珂带周美、周亚到苏州、杭州、黄山去玩了一趟，他们玩得很高兴，还照了许多照片留念。可惜周美在南方经常要犯喘病，不能玩得太久。

有一年春节我到合肥看望纪珂、周亚。那时北京到合肥没有直达火车，要在蚌埠转车。车到了蚌埠，要过一座天桥。我拿着两个包，好不容易走过天桥，想乘从上海到合肥的快车。车在蚌埠停10分钟，火车到站了，人们一拥而上，我拿着两个包，怎么也挤不上去，只好等下一班火车。仍走过天桥，走出车站，先打一个电话告知纪珂，要晚一班车到。走到对面的茶馆，他们为旅客准备了一些躺椅，还有茶水、点心。因为要等三四个小时，我就要了一张躺椅，吃了点东西，睡了一觉。下一班火车是夜里1点钟开，清晨5点多钟到合肥。

科大占用原安徽师范学院的校舍，安师院搬到芜湖去了。学校分配给纪珂一间住房，9平方米，从北京搬去的一些简单家具都放不下，只好把缝纫机挂在梁下。房间是面北的，冬天很冷，生了一个煤饼炉子。有一天夜里纪珂差一点煤气中毒，真危险。我去了，床不够，只好把三个大木箱拼起来当一张床。不过我们春节过得很愉快，纪珂、我、周亚三个人在一起，买了老母鸡、花生米等做来吃。合肥有自由市场，能买到大米、花生、菜油等，而北京每人每月只有6斤米、半斤油，所以我们经常从合肥带米和菜油到北京去。

有一次，纪珂从合肥到北京，过蚌埠时，走过铁轨，手里拿着一袋米，天黑看不清，摔了一跤，把手臂摔断，特别疼。幸好同路的科大老师送他到医院包扎，又一路护送到北京家中。

虽然房子很挤，亲友们到北京来玩的，我都热情招待。那时上海的华姨、瞿姨等人都到北京来玩过，家里经常很热闹。有一次纪回夫妇带了两对夫妇，共六个人来，我把他们安排在两间小房间里住下了。他们在北京玩得很高兴。那时候人们的要求真不高，可谓苦中作乐。

1972年尼克松访华，中美关系好转。1973年邓小平一度掌权。母亲写了一封信给 Wellesley College 校友会，希望周美、周亚能到 Wellesley 上学。不久收到该校校长的信，说可以收周美、周亚为特别生，并给以全额奖学金。我们真感到喜出望外。可惜正当我们为周美、周亚申请出国时，邓小平又下台了，"四人帮"掌权，她们出国无望了。

1974年，周容高中毕业，到昌平农村插队前，我带他到苏州、杭州和上海去玩了一趟。先到苏州看望我母亲，她看见外孙子长得那么高了，特别高兴。我带他游玩了各个园林。从苏州可以由运河坐船到杭州，我们在船上睡了一夜就到杭州了。我们住在母亲的老朋友陈淑姨家，她非常风趣，一进门她见了我就说："你是10月5日生的，对吗？我说你要在10月5日生，你妈妈还不信。""文革"中，杭州文物被破坏很多，但西湖山水风光依旧，并不减色。我们玩了好几天，周容第一次来，更是兴致勃勃。我们又从杭州坐火车到上海，住在华姨家。华姨的外孙小坚，和周容差不多大，两人成了好朋友，一起玩得非常高兴。

1972—1973年间，我和同事周宪庭商量，现在没人管我们了，是否可以做些科研工作，不过要联系实际，免得受批判。我们考虑我们的工作还是和医学联系比较好。后来我们就到儿童医院、人民医院、协和医院蹲点，在各个医院建立了实验室，和医院的医生合作进行细胞遗传学的研究。我从儿童医院胡亚美大夫处学习了各种儿童的遗传病，和他们合作进行染色体病的研究；和人民医院陆道培大夫合作进行再生障碍性贫血的研究；和协和医院侯虞华大夫合作进行白血病染色体的研究，取得了一些成绩。后来又和协和医院妇产科合作进行产前诊断的研究。这些工作可以说是我国医学遗传学和产前诊断的先导，因为我们开始得早，许多医学研究单位下放尚未回来。

纪珂在科大，本职工作不多，他和遗传所合作做家禽的遗传育种研究。他以数量遗传方法进行研究，还到各地讲课，引起农科院畜牧所郑丕留所长的重视，郑为畜牧界元老。他来找纪珂说："现在中国畜牧事业存在危机，各地家畜、家禽的优良品种都有衰退甚至灭亡的危险，因为多年来学习苏联米丘林派遗传学，进行各种杂交，以致纯种优良品种没有了。过去数量遗传学受到批判，没人敢讲，你能讲太好了。希望你多讲讲，挽救我国的优良品种。"后来纪珂就到各地参加畜牧的会议，并举办数量遗传育种讲座，受到热烈欢迎。他翻译了一本数量遗传的书，还写了一本遗传育种的书。

1976年春，周亚跟合工大的同学们一起到上海实习。听说周亚有了一个男朋友，我想趁到苏州探亲之便，到上海看看她的男友。到了上海，周亚和她的同学杨晓楠到车站来接我，见面大家非常高兴。杨晓楠对我说："我是代表同学们来接你的。"我们就一起到他们住的地方。他们住在一个学校的宿舍里，我也就和周亚一起在那里住下。第二天早晨，杨晓楠来了，他问我们："今天你们到哪里去玩？"我说："我想到百货公司去买点东西。"他说："正好我也要去，我们就一起去吧！"后来他们同班同学一起到西郊公园去玩，杨晓楠一直和我们在一起。我觉得这个年轻人挺不错的，长得很帅，很文雅。我想周亚交的这个朋友不错。也是在1976年周美和吴锦川结婚。锦川就住在楼下，和我家是很熟的。所以1976年对我家来说有两件大喜事。

但是1976年更是多事的一年，周恩来总理、毛主席相继去世，唐山大地震。地震那天我独自在北京，纪珂和周亚在合肥，周容在昌平插队，周美正好到威县看锦川去了。夜间屋里物件晃动，把我从梦中惊醒，慌忙跑到楼下隔壁小学的操场上。操场上已挤满了人，都是慌慌张张的，衣冠不整，大家都在谈论地震的事。第二天到所里，经常有余震，人心惶惶的。我们的实验室在偏楼的5楼，因偏楼发现裂缝，怕不安全，我们把实验设备搬到正楼的1楼。我和同志们一起搬，没有电梯，上下5楼跑了很多次。我心脏病大发作，心绞痛特别厉害，血压高到270 mmHg。当时医务室搬在1楼图书馆内，我只好躺在图书馆的长椅上，医生给我打了一针，医院都住满了唐山地震伤员，进不去，只好送我回家。幸亏锦川家小妹照顾我，给我送饭，锦川的父亲也打电报叫周美回来。因有余震，大家不敢住在楼上，在楼前空地上搭起地震棚睡，生活很狼狈。但是我们也会苦中作乐，周容从昌平回来，叫了侄子汪泽青，泽青买菜，周容做菜，到楼上做了糖醋鱼、红烧排骨等大吃一顿。

1976年10月"四人帮"倒台了，真是大快人心。人们欢欣鼓舞，敲锣打鼓地到街上庆贺。十年浩劫，全国人民苦难深重，总算有了出头之日了。

1977年周亚和晓楠结婚，他们在合肥工作，到北京旅行结婚，阖家团聚庆贺，非常高兴。

1977年9月我亲爱的母亲在苏州病逝，享年83岁。

1977年11月9日周美生一男孩，取名吴正琰。

1977年年底，恢复高考，周容考取上海复旦大学。

1978年十一届三中全会后，改革开放，大地回春。召开了科学大会，肯定了科学工作者的工作，我们的工作走上了正轨。周亚和周美相继到美国 Wellesley College 留学。

周美生琰琰时，我们把世芳姨母从苏州接到北京照顾，自从母亲去世后她一人住在苏州，我们不放心。周美出国，琰琰就由世芳姨母照顾。

此时，我们的细胞遗传学工作和医学结合也开展得很好。由于从1973

年起，我们一直和医院合作进行工作，我们做的白血病染色体、羊水培养、产前诊断，以及新生儿染色体病工作等都很有进展。1978年秋，我应邀到广西南宁出席全国白血病会议，作了有关癌细胞起源的学术报告。又到昆明出席动物学会学术会议，我被选为中国动物学会理事。大会控诉了很多动物学家受迫害的情况，真是声泪俱下。"四人帮"的罪行，令人发指。我们参观了位于西山花红洞的昆明动物研究所，好几个组都在进行各种野生动物的染色体工作。那是1965年我到这里和他们合作做猕猴染色体开始的。和同志们见面大家非常高兴。汪德耀先生也来了，他是动物学界的老前辈，是有名的细胞学家，但他鼓吹米丘林学派。他曾说染色体不存在，因为用玻璃棒搅不出来。他看见这么多人都做染色体，很不是滋味。我对他说："我是罪魁祸首了，是我首先把白血球培养做染色体的方法带到山上来的。"他只好苦笑，没有话说。

在昆明我见到了华中大学的老师吴醒夫先生、同学汪海珍夫妇及其他几位同学，见面就说："你还活着啊！""文化大革命"真搞得人不知死活了。各人诉说了这几年的遭遇，昆明的动乱比北京尤甚。

有一次来了一位外宾参观我所，我当翻译。谈起来原来他也是 Ohio State University 研究生毕业的，我和他同一个导师，他就是 Dr. William Shull。他邀请我去美国时到他们学校访问。

我很想了解国外科研新动态，由于"文化大革命"，我们真是太闭塞了，就提出了到美国进修的申请，1979年获得批准。

1979年春，我取得了赴美国的签证。准备6月初先到 Wellesley 参加校友团聚的会。行前先到合肥看望纪珂，再到上海看望在复旦大学上学的周容。科大分配给纪珂两个房间的一个单元，条件比以前好多了。到上海见到周容。复旦大学校园很美。宿舍8个人一间房，虽拥挤，但收拾得很

1980年羊水培养培训班，摄于北京中科院遗传所，前排左6是汪安琦

整洁。看到他们的辅导员老师，说周容很好。还见到一些多年不见的亲友，很高兴。得知华姨将和祥庆舅复婚。祥庆舅已年逾古稀，华姨也快70岁了，他们已是儿孙满堂的人了。原来新中国成立后，祥庆舅到香港去了。当幼儿园老师的华姨一人抚养众多儿女，历尽艰辛，加上因有海外关系，政治上受歧视，吃了许多苦。"文化大革命"时，华姨怕孩子们受海外关系牵连，与之离婚。改革开放后，他们得以复婚，全家团聚，欢乐异常，成为美谈。

我于1979年6月经香港赴美国，到 Wellesley College 参加了校友会，又到几个城市讲学。9月到位于 Atlanta 的疾病控制中心做访问学者，后来又到 MIT 工作。于1980年回国。

1980年周容赴美上学，纪珂被选举为安徽省副省长。他们分配给纪珂的房子较大，纪珂说孩子们都出去了，我们两人就不要分开了。正好安徽医学院生物教研室请我去当兼职教授，我就带着琰琰把家搬到安徽合肥去住了。姨母仍住在北京，我在遗传所仍带着研究生，所以经常要回中关村住，不过主要是在合肥住了。

汪安琦著述目录

学术论文

1 李璞，汪安琦，等. 鲫鱼和金鱼胚胎发育的分期. 动物学报，1959（2）

2 汪安琦，牟家宜. 北京果蝇的调查研究. 动物学报，1959（2）

3 马秀权，汪安琦. 猕猴（Macaca mulatta）血象的研究. 科学记录，1959（7）

4 马秀权，汪安琦. Effect of a single session of X-ray irradiation on the peripheral blood of Rhesus Monkey. 科学记录，1960（4）

5 汪安琦，王春元. X射线照射成熟金鱼对于仔鱼胚胎发育的影响. 动物学报，1960（1）

6 汪安琦. 电离辐射对于动物遗传的影响以及对于人类遗传的危害性. 动物学杂志，1960（4）

7 汪安琦，王春元，等. 超声波处理成熟金鱼对于仔鱼胚胎发育的影响. 科学通报，1960（8）

8 汪安琦，王春元，陈秀兰. 超声波导致金鱼缺失性遗传现象的发现. 科学通报，1961（12）

9 汪安琦，杜若甫. MEA和AET对电离辐射所引起的染色体畸变及精原细胞损伤的

防护作用. 原子能科学技术, 1962（11）

10　汪安琦, 王春元. Effect of ultrasonic wave on the embryonic development of gold fish, Carassius auratus. 遗传学集刊, 1963（1）

11　汪安琦, 王春元. 超声波对于金鱼（Carassius auratus）的遗传效应. 实验生物学报, 1963（2）

12　王春元, 汪安琦. 金鱼胚胎发育不同时期辐射敏感性的研究. 科学通报, 1963（4）

13　汪安琦, 周宪庭. 人体白血细胞在体外受X射线后的染色体畸变. 实验生物学报, 1964（2）

14　王春元, 汪安琦. 金鱼（Carassius auratus）胚胎发育不同时期辐射敏感性的研究 II, 胚胎发育各时期细胞核的损伤与剂量的关系. 遗传学集刊, 1964（4）

15　周宪庭, 宁益华, 汪安琦. Co60g射线急性照射及低剂量长期照射诱发家兔染色体畸变的比较研究. 遗传学集刊, 1965（7）

16　汪安琦, 周宪庭, 等. 人体、猕猴和家兔白血细胞染色体辐射敏感性的比较研究. 科学通报, 1965（10）

17　汪安琦, 周宪庭, 宁益华. 放射医务工作者的体细胞染色体畸变. 遗传学集刊, 1965（7）

18　汪安琦, 周宪庭, 宁益华. 人体白血细胞体外受X射线照射后染色体畸变的剂量效应. 动物学报, 1966（2）

19　汪安琦. 哺乳动物和人体染色体的辐射效应. 动物学杂志, 1966（3）

20　汪安琦, 周宪庭. The effect of radiation dose rate on the frequency of chromosome aberrations induced in human leukocytes irradiated in vitro. 科学通报, 1966（3）

21　汪安琦. 细胞杂交和肿瘤生长的抑制. 遗传学报, 1975（4）

22　陆道培, 郭振萍, 汪安琦, 等. 再生障碍性贫血患者的染色体研究. 遗传学报, 1976（2）

23 汪安琦, 等. Study of a marker chromosome revealed by C–banding staining in L615 Leukemia mouse. 遗传学报, 1976（1）

24 汪安琦, 等. A chromosomal survey of one hundred and fifty–five mental retarded children in Peking. 遗传学报, 1977（1）

25 汪安琦, 等. A simple method of culture of amniotic fluid cells. 中华医学杂志, 1977（8）

26 李实喆, 李立容, 周宪庭, 汪安琦. 正常615小鼠中期染色体核仁组织者银染观察. 遗传学报, 1979（1）

27 汪安琦, 等. 正常人和21三体征家庭的银染核仁形成区的研究. 遗传学报, 1980（4）

28 李锦霞, 汪安琦, 汤火顺. 羊水细胞 CO_2 培养箱原位培养试验成功. 遗传, 1981（6）

29 汪安琦. 家族性额外小染色体的发现及初步研究. 科学通报, 1982（5）

30 汪安琦, 等. 中国人群1、9、16和Y染色体C带多态性的研究——汉族和黎族人群的比较. 遗传学报, 1982（6）

31 董兆文, 汪安琦. 人类的额外小染色体问题. 国外医学, 遗传学分册, 1982（5）

32 董兆文, 汪安琦. 人染色体的银染与G带的复合显示方法. 遗传, 1983（4）

33 汪安琦. Discovery and Preliminary study of familial extra small chromosome A Monthly Journal of Science. 1983（1）

34 董兆文, 汪安琦. 关于额外小染色体起源的研究. 遗传学报, 1983（2）

35 董兆文, 汪安琦. 新生儿细胞遗传学的研究. 国外医学, 遗传学分册, 1983（2）

36 汪安琦, 等. 300例新生儿脐血的染色体检查分析. 安徽医学院学报, 1983（2）

37 李锦霞, 汪安琦, 汤火顺. 羊水细胞原位培养法. 遗传, 1983（3）

38 汪安琦, 等. t（13q；21q）染色体易位三代遗传一家系的报告. 安徽医学院学报,

1983（4）

39 陈虎，汪安琦，等. 合肥地区 15827 例儿科住院病人的遗传病调查. 遗传，1983（5）

40 董兆文，肖桂芳，汪安琦. Distamycin A/DAPI 显带技术及其应用. 科学通报，1983（12）

41 董兆文，肖桂芳，汪安琦. 一个带有大 Y 染色体家族的细胞遗传学研究. 遗传，1984（1）

42 汪安琦，等. 罕见的 7 号染色体和 11 号染色体整臂易位塑携带者引起自发性流产一例. 安徽医学院学报，1984（1）

43 汪安琦，等. 25827 例儿科住院病人的遗传病调查. 安徽医学院学报，1985（1）

44 汪安琦，等. 一个遗传性脊髓近端肌萎缩症家系的报告. 遗传与疾病，1985（1）

45 汪安琦. 46，X，i（Xq）性腺发育不全症一例报告. 遗传与疾病，1985（2）

46 董吟丽，汪安琦. 一例带有大 Y 的 XY 纯性腺发育不全症的细胞遗传学研究. 安徽医学院学报，1985（3）

47 汪安琦，等. 一例遗传性肾炎家系报告. 安徽医学院学报，1985（3）

48 汪安琦，等. 一家两例 X 和 15 号染色体易位报告. 遗传与疾病，1986（4）

49 汪安琦，等. 病毒性疾病患者染色体脆裂性的研究. 遗传学报，1986（3）

50 肖白，周宪庭，汪安琦. 病毒性疾病患者染色体脆裂性的研究. 遗传学报，1986（3）

51 汪安琦，等. 3 例性腺发育不全综合征的细胞遗传学和皮肤纹理检查报告. 安徽医学院学报，1987（1）

译　著

1 埃林格 F. 医学放射生物学. 马秀权，汪安琦，等译. 北京：科学出版社，1962

2 斯奈迪格 GW. 应用于农学和生物学实验的数理统计方法. 杨纪珂，汪安琦译. 北

京：科学出版社，1964

3　法尔康纳 DS. 数量遗传学概论. 杨纪珂，汪安琦译. 北京：科学出版社，1965

4　生物膜结构. 汪安琦，杨周美译. 北京：科学出版社，1973

5　加德纳 EJ. 遗传学原理. 杨纪珂，汪安琦译. 北京：科学出版社，1984

6　汪安琦，祝文华编. 医学遗传咨询手册. 合肥：安徽科学技术出版社，1986

人名索引

B

巴尔金　147，155

鲍敏京　154，155

贝时璋　169

C

曹　进　178

车惜琪　23

陈果夫　79

陈家镛　154

陈立夫　78，79

陈　青　201

陈　莘　63

陈诗纯　69，156

陈希孺　169

陈　桢　148，158

谌湛溪　64

成之德　145

成竟志　145

成众志　145

程宗阳　65，66

D

Doliver Pierse　131

德谟勒斯　102

邓　拓　172，174，175

狄君武　87

丁光生　97

丁普生　97

丁绪贤　97

董纪方 138

董绍庸 102，111~113，121

董寅初 32

E

Eddy 133

F

樊星南 84~86

范治伦 61

方　毅 192，193

封保证 37

冯世璋 102，107

G

George Mock 105，119，120

高尔柏 97

格　林 104，106，161，169

龚　升 178

龚业达 102，106，133

顾荩丞 30

顾卓新 192，193，195

桂宏才 51，60

郭慕孙 148，154，158

H

胡曰恒 102，106

胡昭圣 27

华罗庚 153，163，165，168，176，199

黄　菊 198

黄　宪 51

黄炎培 40，44

黄仪烈 63，68

黄渊甫 4

J

Jack Schaefer 137

贾志斌 169

江问渔 40

蒋伯宁 162，189

蒋介石 40，80，87

蒋醴生 3

蒋竺英 88

金庆章 12，13，22

L

李　昌 193

李传隆 177

李　度 32

李懋仁 60，61，63

李　宓 178

李如佩　32

李希泌　175

李　薰　155

李周雄　68，78

廖世承　25，26，27，30

林雨苍　68，70，78

刘　彬　147，155，157

刘　达　178

刘达人　31

路启藩　82

陆师杰　22

陆婉珍　102，106

罗忠忱　61，62，64，70，73，82，102，130

M

McClintok　129

马　洪　198

马重光　169

茅以升　61，63，153

闵恩泽　102，106

N

倪若水　27

聂荣臻　153

P

彭福久　63

彭啸海　22

Q

齐翔林　169

钱伟长　153

乔石琼　102，107

秦长卿　56，60

秦　牧　173，174

秦同洛　68~70

R

任嘉尧　31

任以安　110

任以都　110

任以书　110

S

申葆诚　154

沈从文　85，87

沈尹默　87

谌湛溪　64

盛世才　51

史宝楚　139

史瀛仙　160，161，171

司徒雷登　97，102

孙长鸣　154，161

孙士莪　7，35，41

孙守全　110，111

孙振潭　77

T

陶逸钟　52，128

童第周　153，163

童幼牧　51

屠佩萸　17

W

瓦其达　130

万　钢　202

万　里　194~197

万元康　133

汪安珏　143

汪安琳　84，133

汪安璞　143

汪安琦　78，81，83~89，91~93，95~97，100~106，109~111，120~122，133，134，139，142，148~152，158~162，177，179，183，184，188，196，197

汪安球　83，86，133，179

汪安瑞　143

汪懋祖　78，84，86，133

王昌颖　31，59

王钧豪　63，70，147

王眉度　32

王世威　50，58

王锡爵　53

王宪伦　23

王之烁　63

王志珍　169

吴文希　3

X

谢卓生　88，93

邢鹏举　27

熊秉信　54

熊庆来　51，54

徐象数　57，59，128

徐　燕　57，59

徐燕谋　27

徐造功　22

徐振辉　173，174

许导生　154，158

薛次莘　57

Y

严忠铎　102，112~114，121

杨凤皋　3，35，41

杨凤鸣　3

杨凤仪　3

杨凤章　3

杨海波　192，194~196

杨纪璀　6，8，13，35，37

杨纪回　6，35，38，40

杨纪璩　22

杨纪玫　6，37

杨纪琬　4，6，7，12，17，21~24，35，37，40，74，95，96，145，146

杨纪瑜　4~7，12

杨纪璋　4，6，7，21，22，35，37，40，44~50，56，65，66，74，76~80，82，88，90，92，93，95，145，166，197

杨君锡　2

杨佩荚　6

杨耀乾　123，136

杨云亭　2

杨正君　131

杨周美　106，109，183

杨周南　40，146

杨周容　42，149，183，184

杨周亚　106，109，183

杨周征　146

杨周原　76

杨周行　146

杨周德　146

杨周复　146

姚明华　65，66，78，83，88，93

姚桐斌　63，81，82，96，112，121

姚鹓雏　65

叶渚沛　146~148，154~158

殷之文　56

于伯敏　22

余肜甫　23

俞大纲　153

俞晋祥　22

袁翰青　153

袁　剑　88~92

袁见齐　55

袁世芳　133，143，149

袁世庄　78，86，95，110，133，139

袁　惕　143

袁　英　139

袁哲平　143

约翰·汤姆锡克　126，127，129

Z

曾肯成　192

曾养志　188

曾昭抡　153

张桂先　35，40，146

张　洁　71

张劲夫　169，176

张景珠　169，170

张民权　70

张少吾　169

张　维　63

张文镇　69

张枕蓉　27~30

张中行　79

章太炎　3，29

赵立人　178

赵汝功　22

赵祖康　76

郑宝铭　32

郑林生　102，106

郑丕留　184，185

郑守仪　55

周鹤鸣　22

周　坚　102

朱声铎　102，106，133

朱　雯　24，25，28

图书在版编目（CIP）数据

杨纪珂自述 / 杨纪珂著． — 长沙：湖南教育出版社，2011.1
（2017.7 重印）
（20 世纪中国科学口述史 / 樊洪业主编）
ISBN 978-7-5355-7482-4

Ⅰ．①杨… Ⅱ．①杨… Ⅲ．①杨纪珂 — 自传 Ⅳ．①K827=7

中国版本图书馆 CIP 数据核字（2011）第 008205 号

书　　名	20 世纪中国科学口述史
	杨纪珂自述
	Yang Jike Zishu
作　　者	杨纪珂
责任编辑	王华玲
责任校对	曾朝晖　鲍艳玲
出版发行	湖南教育出版社（长沙市韶山北路 443 号）
网　　址	http://www.hneph.com
电子邮箱	hnjycbs@sina.com
客　　服	电话 0731-85486979
经　　销	湖南省新华书店
印　　刷	长沙超峰印刷有限公司
开　　本	710×1000　16 开
印　　张	19
字　　数	233 000
版　　次	2011 年 1 月第 1 版　2017 年 7 月第 1 版第 2 次印刷
书　　号	ISBN 978-7-5355-7482-4
定　　价	50.00 元